LAKE VILLA DISTRICT LIBRARY
(847) 356-7711 www.lvdl.org

3 1981 00606 4715

D1564227

EDUARDO RODRÍGUEZ LÓPEZ

Isabel II

Historia de una gran reina

ALMUZARA

LAKE VILLA DISTRICT LIBRARY
847.856.7711 www.lvdl.org

© Eduardo Rodríguez López 2018
© Editorial Almuzara, s.l., 2018

Primera edición: Octubre de 2018

Reservados todos los derechos. «No está permitida la reproducción total o parcial de este libro, ni su tratamiento informático, ni la transmisión de ninguna forma o por cualquier medio, ya sea mecánico, electrónico, por fotocopia, por registro u otros métodos, en el permiso previo y por escrito de los titulares del copyright.»

Editorial Almuzara • Colección Historia
Edición al cuidado de: Rosa García Perea
Director editorial: Antonio Cuesta
www.editorialalmuzara.com
pedidos@editorialalmuzara.com — info@editorialalmuzara.com

Imprime: Black Print
ISBN: 978-84-17418-85-4
Depósito Legal: CO-1737-2018
Hecho e impreso en España—*Made and printed in Spain*

A mi amada esposa,
sin la cual este libro no existiría.

ÍNDICE

1. INTRODUCCIÓN

Esto es lo que publicó en el diario ABC el 10 de agosto de 2003 don Gonzalo Ames, entonces director de la Real Academia de la Historia:

ISABEL II EN SU CENTENARIO

Durante el reinado de Isabel II tuvo lugar en España la transición del Antiguo Régimen socio-económico y político a un nuevo régimen en el que cambiaron las instituciones para favorecer la libertad de iniciativa y de asociación. Comenzó a industrializarse el país gracias a la aplicación de las nuevas técnicas, se formó la red ferroviaria (vigente hasta hoy) y se organizo políticamente España para pasar del absolutismo a la monarquía constitucional y parlamentaria.

Escritores interesados por la historia, sin el conocimiento de las fuentes que es necesario consultar en los archivos, han publicado libros y artículos sobre épocas y personajes del pasado, con el fin de llamar la atención de los lectores. Les interesaron siempre algunas reinas, cuando les parecía encontrar en ellas síntomas de vida licenciosa, con atribuciones de paternidad, de los hijos habidos en el matrimonio, muy variadas y pintorescas, según el capricho de cada escritor, y también acordes con versiones literarias de diversa índole. En España la reina Isabel II ha sido objeto de atención de importantes novelistas, como Valle-Inclán, y de escritores que se distinguen por su gracejo más que por su solvencia intelectual. Estos escritores han hecho escuela, han tenido y tienen centenares de discípulos, eficaces en difundir sus versiones. Hoy se cuentan con los dedos de una mano las gentes de letras que juzgan a la reina de acuerdo con lo que resulta de fuentes fidedignas y no solo con los criterios y valoraciones propios del chisme calumnioso. No faltan historiadores de nota, proclives a dar crédito a cuanto pueda propiciar el descrédito de las personas reales y su acción política.

Ocurre que al gran público llegan solo esas versiones. Creo que es de justicia difundir los aspectos generales del reinado, para que se pueda valorar a Isabel II por su acción política y por los éxitos en la economía, en la sociedad, en las artes y en las letras. No puedo tratar ahora lo que significó la Reina Gobernadora, María Cristina de Borbón, al quedar viuda de Fernando VII en cuanto a poner fin a la llamada «ominosa década» con medidas de apertura que permitieron el regreso de los emigrados y el comienzo y afianzamiento del proceso que habría de conducir al régimen constitucional y a la monarquía parlamentaria.

Me limitaré hoy a señalar algunos de los hechos más notables del «reinado efectivo» de Isabel II, desde que fue declarada mayor de edad a los trece años hasta que dejó España en septiembre de 1868 al triunfar la revolución. La reina niña, sin el apoyo de su madre obligada a que se apartara de la corte y a que residiera en Francia, presidió los consejos de ministros, viéndose sometida a las ambiciones de los políticos y agobiada, ella y todos sus partidarios por los éxitos y los peligros de las llamadas guerras carlistas.

Con Isabel II, los derechos de propiedad mejoraron en su definición, al convertir en bienes nacionales las posesiones de la Iglesia y las comunales de los pueblos. El proceso culminó con la aplicación de la ley de 1855, que estableció la «desamortización general» o venta en pública subasta de todos esos bienes, con las consiguientes imperfecciones de la aplicación de la ley: las tierras y los inmuebles que antes no podían ser objeto de compraventa entraron en el mercado, y fueron asignados según convino a quienes optaron por comprarlos.

La ley de ferrocarriles de 1855 permitió la fundación de sociedades y el crecimiento de la red. Cuando Isabel II salió de España había 6.000 kilómetros de vía en funcionamiento. Puede decirse que la red ferroviaria española es creación del reinado, ya que lo fundamental de ella se trazó y se puso en explotación en tiempos de Isabel II. Igual cabe decir del telégrafo y del sistema de Correos.

Al comenzar el reinado de Isabel II, continuaban vigentes varios sistemas monetarios, en distintos ámbitos espaciales y con variados orígenes. Con las leyes de 1848 y de 1864 se perfilaron la unidad, con el escudo o medio duro, y la sistematización del sistema monetario español.

La fundación del Banco de Isabel II en 1844 y la fusión con él del de San Fernando supuso, con la ley de bancos de emisión de 1856, que se rebautizara la nueva institución como Banco de España. Al diferenciar los bancos de emisión de las sociedades de crédito, estas quedaron capacitadas para invertir en toda clase de negocios.

La reforma de la Hacienda en 1845 supuso su modernización al simplificar y racionalizar el sistema impositivo. Separó impuestos directos e indirectos. En adelante, se publicó el presupuesto cada año.

Las corrientes liberalizadoras del comercio interior y del exterior contribuyeron a intensificar los intercambios. Los aranceles de 1849, menos proteccionistas que los anteriores, supusieron un avance que habría de fomentar la Asociación Librecambista, domiciliada en Madrid, con sucursales en otras capitales, aunque combatida en sus principios liberales, desde Barcelona, por el Fomento del Trabajo Nacional.

Las leyes de minas de 1849 y 1859 dieron mayores posibilidades a la iniciativa privada, con el consiguiente desarrollo de la industria extractiva y de las exportaciones de mineral. Al ampliarse la red ferroviaria, y debido a las diferentes aplicaciones de la máquina de vapor, aumentó la demanda de carbón y la cuantía de la extracción de mineral.

Lo resultante de las cifras de crecimiento económico no reflejan los cambios en las formas de vida y en la sociedad en la España de tiempos de Isabel II. En aquellos años cambió la faz de los pueblos, de las villas y de las ciudades por el aumento del número de escuelas públicas, por la pavimentación de las calles, por el abastecimiento de aguas, por el alcantarillado, por los servicios públicos de limpieza, por la organización del funcionamiento de mercados y mataderos, por el alumbrado, por los servicios contra incendios, por los relojes públicos.

Con el proceso de urbanización aumentó la densidad de poblamiento, se difundió la edificación en altura y mejoró la disposición y el número de plazas, de calles y de paseos con fuentes y arbolado. En las ciudades portuarias fue intensa la acción de mejora de los muelles y demás instalaciones. Los baños de mar empezaron a ser objeto de prescripción facultativa. Importante fue el ejemplo de la Real Familia al instalarse en verano en ciudades del Cantábrico.

El numero de teatros (el de la opera de Madrid fue creación isabelina), de liceos, de círculos y casinos, de fondas y cafés, de casas de baños, de establecimientos de beneficencia, de hospitales, de cementerios en el extrarradio, fueron mejoras que cambiaron la faz de las ciudades y las hicieron más cómodas y sanas.

Las colecciones que formaban el Real Museo de Pintura y Escultura (hoy Museo Nacional del Prado), propiedad privada suya, las donó al Estado por ley de 12 de mayo de 1865. Gracias a su generosidad, no se dividieron las colecciones de arte ni el mobiliario y los enseres de los palacios de Madrid y de los sitios reales. Las pinturas y las esculturas depositadas en el Real Museo pudieron continuar en él. Sus fondos se acrecentaron con nuevas piezas y colecciones como el Tesoro del Delfín y con los cartones de la Real Fábrica de Tapices, que también pertenecían a la reina.

Por Real Decreto de julio de 1858 fue creado el Cuerpo Facultativo de Archiveros, bibliotecarios y anticuarios o arqueólogos. El 21 de abril de 1866 la reina puso la primera piedra de la Biblioteca Nacional, en la que se integraron libros, códices y manuscritos procedentes de la Biblioteca Real. El año próximo (el 9 de abril) se cumplen cien años de la muerte de Isabel II. Espero que se conmemore este centenario como muestra de gratitud de lo que España debe a la reina «De los Tristes Destinos».

Creo que es bastante elocuente. Lo que seguramente por falta de espacio en prensa no explica bien don Gonzalo es que Isabel II no solo regaló al Museo del Prado las obras que eran suyas, también compró las partes que en el testamento de su padre les correspondieron a su madre y a su hermana, en 40.000.000 de reales. Para hacerse una idea de cuánto dinero era esto, el presupuesto de las obras del canal de Isabel II (70 kilómetros de presas, acueductos y conducciones) costaron 80.000.000 de reales; o que los kilómetros de ferrocarril mencionados solo eran superados por entonces en Europa por Inglaterra y Francia, países con una orografía mucho más favorable para obras de ese tipo; y tantas otras cosas más que a lo largo de la obra iremos exponiendo.

Como todos sabemos, en el Museo del Prado no hay una estatua que conmemore esa generosidad, ni siquiera una placa explicativa. Es solo una más de las ingratitudes de los españoles para con Isabel II. Hoy en Madrid Castelar tiene un monumento más lucido y en lugar más preeminente que Isabel II. Ya me gustaría a mí saber qué gratitud le debemos los españoles al señor Castelar o qué dones hemos recibido de él.

Con méritos parecidos a los descritos —por no decir menores— y los que en el libro se describirán, se considera a Carlos III un gran rey, a quien todos honran y aplauden. Además, no se tiene en cuenta el difícil contexto en el cual se desarrolló el reinado de Isabel II, con una muy activa oposición política con la que ningún rey anterior había tenido que lidiar. Reinar es más sencillo y hacedero con el ordeno y mando cuando no hay parlamento en el que los oponentes alzan la voz para protestar, con razón o sin ella, o si al que alza la voz se le manda cortar la cabeza, como hizo Carlos I con los comuneros o Isabel la Católica con Pardo de Cela. Pero no, Isabel II nunca recurrió a esos métodos, lo cual no impidió que su reinado fuese más fecundo que otros reinados apoyados por los patíbulos.

En lo que se equivoca don Gonzalo Ames es en suponer que el centenario de la muerte de Isabel II recibió el homenaje que se merece, aunque sospecho que lo suyo era más un deseo que un pronóstico. Ese aniversario, como todo lo que tenga que ver con Isabel II, pasó desapercibido. El rey Juan Carlos preferiría inaugurar una exposición sobre la filatelia de Gambia antes que algo en memoria de su tatarabuela.

Y cuando dentro de unos años se deba recordar los 200 años de su nacimiento, si como es mi deseo en España hay rey en ese momento, podemos estar seguros de que ese monarca hará lo mismo.

Ingrato destino el de Isabel II, que es ninguneada por hasta quienes le deben sus altos destinos.

Estas páginas nacen con la intención indisimulada de hacerle justicia y, de ser posible, lograr que los que juzguen correctamente a la reina se cuenten con alguna mano más. El autor no oculta su simpatía por el personaje, a quien empezó a estudiar gracias a ese artículo de don Gonzalo Ames. Habiendo tantas obras que se centran en lo que la reina hacía de cintura para abajo, yo escribiré sobre lo que la reina hacía de cintura para arriba, que fue mucho más importante y transcendente.

A modo de introducción explicaré lo que en estas líneas pretendo. Solo se enuncian acontecimientos y documentos históricos por todos conocidos. Lo que sí creo que es nuevo es la interpretación no sesgada de los acontecimientos que todos conocemos.

Todos los personajes históricos tienen detractores y defensores, salvo Isabel II, a quien prácticamente nadie defiende. Incluso es más fácil encontrar a quien defienda a José Bonaparte que a doña Isabel II. Pareciera que con no insultarla ya se está siendo muy generoso con ella, que ningunearla es hacerle un favor y que nadie se atreviera a hablar en su defensa, quizás debido a que seguir la corriente es más fácil y gratificante que remar a contracorriente. A Isabel II se le culpa de muchas cosas y de muchas maneras se la descalifica como reina.

En primer lugar lo primero con que se la descalifica y de manera más recurrente es con su vida personal. La verdad es que no faltan articulistas o incluso historiadores que alegremente la califican de ninfómana o directamente de puta. Será que el sexo siempre vende. A eso solo se puede responder: «Bienaventurados los pueblos cuya mayor queja de sus gobernantes es lo mucho que fornican». Ya me gustaría a mí vivir en un país en el cual lo peor que pueda decirse de su jefe de Estado es que es infiel a su cónyuge. Por no decir aquello de que los gobernantes que follan poco joden mucho, algo de lo que tenemos ejemplos en España.

A veces surge la duda de si hablamos de una reina de España o de la abadesa de un convento, por la fijación de algunos sobre su vida sexual, sobre la que corren y correrán ríos de tinta. Basta hilvanar unos cuantos chascarrillos apócrifos, por otra parte conocidos por todo el mundo, y salpimentarlos con algunas invenciones cuanto más descabelladas mejor, para atraer la atención del lector. Intentaré no caer en esa tentación.

Esto de la vida sexual de Isabel II como elemento descalificador podría tener una excusa en la machista sociedad del siglo XIX, pero que, casi 200 años después, se la pretenda juzgar y condenar a ella por lo mismo que hicieron su padre, su sucesor Amadeo, su hijo y después su nieto, es de un machismo incomprensible, sobre todo si tenemos en cuenta que todos esos caballeros tenían un cónyuge atractivo y nada renuente a satisfacerlos en el terreno sexual, cosa que no tenía Isabel II.

Todos ellos tuvieron una vida sexual mucho más intensa y variada que Isabel II. Si acaso esto que se menciona es algo totalmente intrascendente y anecdótico y casi que simpático. Es también digno de destacar que todos esos caballeros se casaron con mujeres de su elección, y que nadie les impuso nada al respecto, privilegio del que no gozó doña Isabel II.

Y es más incompresible todavía cuando las mujeres que escriben historia (salvo honrosas excepciones) también caen en esa descalificación por motivos sexuales. Curiosamente también es Isabel II una mujer olvidada por las feministas, como si se avergonzaran de ella. Era ella una mujer con poder en un mundo de hombres y contra ellos defendió su cuota de poder y por sí misma, sin tener a su lado una espada conyugal en la que apoyarse para que la salvara de todo mal, como fue el caso de Isabel I la Católica. Era lo que hoy llamarían una mujer empoderada. Es curioso que no salvaguarden su imagen y un legado que ciertamente merece ser defendido. Las razones de esa inacción las desconozco, cuando no es exagerado decir que fue la mujer más importante de la historia de España.

Más adelante en estas páginas también lo compararemos con cómo se trato la vida sexual extramarital igualmente activa de su contemporánea Victoria de Inglaterra, por los políticos de los respectivos países y por sus respectivos historiadores.

Otro elemento de descalificación es su pretendida incultura y su presunta falta de capacidad intelectual para las tareas de Gobierno.

Esta crítica si merece ser considerada, si no por fundada sí por persistente, y por ser aparentemente un elemento objetivo. Sobre su pretendida incultura se alega con alegría como prueba sus faltas de ortografía, cuando la mala ortografía era algo muy común en la época incluso entre escritores: el Duque de Rivas, Prim o Narváez tenían una ortografía igual de mala y no por eso se les califica de cortos de luces. En realidad, de sus contemporáneos solo el marqués de Miraflores se libra de ese mal.

El origen de esta supuesta carencia de luces está en las memorias de su aya durante la regencia de Espartero, Juana de Vega, condesa de Espoz y Mina, unas memorias en las que como es lógico ella, quien las escribe, queda muy bien, y para eso carga las tintas en la incorrecta educación recibida por la reina niña antes de hacerse ella cargo de su atención. El que con sus informaciones sobre la poca aplicación a los estudios de la niña Isabel esté dando munición a sus presentes y futuros detractores es algo que no le importó ni a ella y ni a todos los que rodeaban a la reina. Lo que le importaba era su propia reputación, no la de su reina, o quizás incluso es algo que se hacía deliberadamente vista su poca lealtad hacia la reina.

De esa fuente beben todos los que vinieron posteriormente como Romanones y muchos otros, que afirman que la reina no tenía capacidad intelectual para el destino que le esperaba, camino argumental del que prácticamente ya nadie se separa. Isabel II debe ser la única reina de la que tenemos noticia de sus calificaciones escolares. El que desconozcamos cómo de buenos o malos estudiantes eran otras cabezas coronadas nos hace suponer que eran buenos estudiantes, o al menos mejores que doña Isabel, pero nada respalda esa gratuita suposición.

Curiosamente la crítica a su capacidad intelectual es algo muy poco frecuente durante su reinado y más bien parece que es algo más de nuestro tiempo. Entre sus contemporáneos no existe esa crítica; es más, incluso sus oponentes le reconocen lo que llaman talento. El pretendiente carlista Carlos VII, tras entrevistarse en París con Isabel II, afirma: «Isabel realmente tiene mucho talento y mucha viveza natural (...) La impresión que me hizo Isabel fue buena. Le reconozco talento natural y corazón».

Otro que tampoco era isabelino y menos caballeroso —tan poco caballeroso que llegó al punto de decir que Isabel II se había robado las joyas que con su dinero particular se había comprado (más adelante hablaremos del caso)— como el ministro de Hacienda en el Gobierno de Prim, Laureano Figuerola, dijo en el Parlamento en diciembre de 1869, comparándola con la reina Victoria de Inglaterra: «No teniendo esa señora (la reina Victoria) gran talento, ni aun el talento de doña Isabel de Borbón, ha sido sin embargo una gran reina, y ha hecho feliz un gran pueblo»[1] .

Supongo que, entre los felices súbditos de la reina Victoria, Figuerola se olvida del millón de súbditos victorianos irlandeses que murieron de hambre bajo su reinado, (supongo que poco felices). También tendremos páginas más adelante para comparar ambos reinados y las inquietudes sociales de ambas reinas.

Relacionado con lo anterior, está la acusación de que era una persona, tosca, burda, basta y sin inquietudes culturales de ningún tipo. Todo esto, claro está sin más base que los deseos de quien lo escribe de que así fuese. En realidad los escritos de quienes la trataron nos reflejan una personalidad muy distinta. Hasta sus enemigos políticos no dejan de reconocer que era de un trato personal muy agradable. Sobre su carencia de interés por la cultura hablan más sus actos que ella misma: era mecenas de todos los artistas de todas las ramas. Nadie que a ella se acercaba salía con las manos vacías; incluso los hermanos Bécquer —que pasados unos años prostituirían su talento para insultarla obscenamente y dejarnos

---

1   *Historia de la interinidad y guerra civil de España desde 1868,* Ildefonso A. Bermejo. Madrid. R. Labajos. (1875), tomo I, pág. 786.

muestra de lo bajo que se puede caer— fueron beneficiarios de su generosidad. Además de mecenas de artistas vivos, era sostenedora con donativos de su patrimonio privado del patrimonio artístico que sus políticos abandonaban —cuando no directamente destruían—. El siglo XIX fue un siglo negro para el patrimonio artístico español por las sucesivas desamortizaciones que doña Isabel II intentó frenar en sus efectos más dañinos. Precisamente esa también es una de las cosas que se cargan en su contra, en vez de contar en su haber.

Como ejemplo de lo anterior, en su viaje oficial por Andalucía visitó la Alhambra y, al ver el mal estado en el que se encontraba, dispuso por real decreto que «sin pérdida de tiempo, y sin evitar dispendio de ninguna clase, se proceda a terminar, de la manera más digna y conveniente, la restauración de aquel histórico monumento». Varias décadas después la prensa local se quejaba de que desde aquella visita no se había vuelto a hacer nada en la Alhambra y que volvía a estar en estado lamentable. Ningún otro gobernante del siglo se preocupó tanto por el patrimonio artístico español.

En su época se la acusó de las cosas más peregrinas. La más pintoresca de estas acusaciones, por no decir la más grotesca, era su pretendida crueldad. Acusar a Isabel II de cruel es como calificar a Julio Iglesias de casto: un mal chiste. Pero nada detenía a sus críticos. La mentira desde luego que no les era ajena y se recreaban a gusto en ella. Durante la obra veremos numerosos casos, pero para muestra este botón.

En diciembre de 1866 circuló por Madrid este panfleto de las Juntas Revolucionarias de Madrid:

«Todavía ayer se consumaba el execrable, el espantoso crimen de Daimiel, donde Isabel de Borbón, corriendo en pos de una nueva intriga, o nuevo devaneo, hubo de pasar por encima de una docena de cadáveres, rozar su pie y sus galas con los rotos cráneos de los infelices impelidos a aquel sitio por el látigo de los agentes del Gobierno, sin que en su alma impía encontrase la reina que era bien justo dedicar a aquel inmenso infortunio un minuto de siquiera, un solo minuto, de atención consuelo y amparo…»[2]

---

2   *Isabel II y su tiempo*, Carmen Llorca, pág. 216. Ediciones Itsmo, Madrid . (1984).

Uno lo lee y no puede dejar de pensar: «¡Pues qué hija de puta!». Pero nosotros sabemos, y por supuesto el que lo escribió también lo sabía, que la multitud que no había ido a la estación impelida por látigo ninguno, fue arrollada en medio de la niebla por la locomotora que precedía al tren real. Unos irían por verdadero afecto a la reina y otros quizás sabiendo que las visitas de la reina siempre traían aparejadas el reparto de dinero a los necesitados del lugar. El autor del panfleto también sabía, que no era cierto que Isabel II corriese en pos de devaneo ninguno, sino que estaba de visita oficial con su marido a Portugal. Y verdad es, además, que a la vuelta de su viaje paró en Daimiel, asistió al funeral de los difuntos y visitó casa por casa a todos los afectados, a los que repartió consuelo, lágrimas y socorros económicos a manos llenas. Como siempre, de su propio bolsillo y no del Estado.

Esa era Isabel II, y esos eran sus detractores, sus métodos y su catadura moral, quien mentía con tanto desparpajo en cosas que puede demostrarse que eran falsas. Cuánto no mentirán es lo que es más difícil de desmentir.

Sobre su carencia de talento político, a los hechos me remito: reinar 25 años en el convulso siglo XIX español no parece tarea al alcance de tontas. Otros que se pretendían más listos, como Luis Felipe o Napoleón III, no fueron capaces de igualarla. El más instruido, Amadeo I, no obtuvo más éxito que ella.

¿Y qué decir de los cultísimos e ilustradísimos presidentes de la Primera República? Todos ellos eran doctos e insignes intelectuales adornados por mil latines, y la verdad es que su legado político no es muy aleccionador ni digno de elogio. Tampoco parece que España se beneficiase mucho de su gran bagaje intelectual. Eso sí, dejaron muchos discursos floridos y sonoros, llenos de citas de Cicerón, Suetonio y otros clásicos. Lo malo es que saber latines no mejoraba en nada la vida del pueblo español.

En la obra veremos cómo la reina si tenía un criterio político más claro que muchos de sus políticos.

También se la acusa de ser muy influenciable, débil de carácter y de someterse fácilmente a las presiones de su camarilla. Un somero análisis nos dice lo contrario: de sus treintay dos presidentes de Gobierno en más de cincuenta Gobiernos distintos, (algunos repitieron varias veces) solo nombró uno a gusto de su marido y de la camarilla religiosa de su marido, y para eso fue el más breve. Un solo día duro, un solo día entre los 9.125 días que duró su reinado. También sabemos que, a pesar de la tenaz insistencia de su marido, nunca delegó en él las tareas de Gobierno. Francisco de Asís presidió el Consejo de Ministros una sola vez, cuando la reina estaba de parto de la infanta Eulalia. No parecen los hechos de una mujer de débil carácter, influenciable o sometida a consejos externos.

También demostró firmeza en muchas decisiones durante su exilio, que detallaremos en su momento.

Otra crítica muy extendida es que era la reina de los moderados exclusivamente y eso era un obstáculo para la llegada de los progresistas al poder. Es la acusación preferida de los historiadores que quieren blasonarse de imparciales.

Esto requiere un estudio más detenido que espero poder desgranar en esta obra. El Gobierno más largo de su reinado no fue moderado. Fue el de O'Donnell, que había dejado de ser moderado hacía años. Algunos, en su afán de simplificar, meten en el saco de los moderados a todo el que no era progresista. Eso tiene tanto sentido como decir que el Gobierno de Adolfo Suarez era falangista, ya que Suarez lo había sido.

En realidad el impedimento de la llegada de los progresistas al poder eran ellos mismos, su dogmática cultura política y su incapacidad para gestionar sus esporádicas victorias para obtener de ellas alguna ventaja tangible para el pueblo. Sus cortas estancias en el poder no trajeron nunca los frutos que prometían, y finalmente el voluntario retraimiento los alejaba de modo voluntario del acceso al poder legalmente ¿Cómo nombrar presidente del Gobierno a alguien cuyo partido no participaba en las instituciones? En todo caso lo extraño es que eso, que no es totalmente cierto, aun en caso de serlo debería ser anotado en el haber de la reina y no en el debe. Los progresistas de la época y sus actuales defensores parecen pensar que el acceder al Gobierno era un derecho adquirido, y que la reina tenía algún tipo de obligación hacia ellos y debía entregarles el Gobierno. Estas son palabras de Figuerola tras la caída del Gobierno largo de O'Donnell y al anunciar el retraimiento de los progresistas.

«Hace veintiún años que fue declarada mayor de edad doña Isabel II, hace veintiún años que el partido progresista no ha entrado legalmente en el poder. En 1854 entró auxiliado por los soldados de Vicálvaro. ¿Creéis vosotros que en veintiún años no se ha presentado ocasión oportuna para que este partido legal viniera a turnar pacíficamente en la gobernación del Estado?»

Oculta Figuerola que, con la tinta de la dimisión de O'Donnell aún fresca, la reina los llamó a Palacio y ellos se negaron a asumir la responsabilidad de gobernar. Pero es que además yo me pregunto, dados los antecedentes que el mismo menciona, ¿no será legítima la prevención de la reina hacia un partido que se tira al monte con tanta facilidad? En la España actual Izquierda Unida lleva muchos más años sin tocar el poder. ¿Eso los legitima para optar por la vía golpista revolucionaria?

En las crisis del final del reinado no faltan historiadores que proponen que, de haber la reina llamado al poder a los progresistas o a Prim más concretamente, la historia podría haber sido otra. Otra sí que sería, pero el que fuese mejor es más que dudoso. Es más que dudoso que Prim pudiese contener a las masas revolucionarias y republicanas sin un baño de sangre sobre el cual asentar su dictadura, tal y como hizo tras septiembre del 68. A la vista de lo que el gobierno progresista trajo a España tras el 68, pensar que los progresistas podrían haber sido la solución y no el problema, solo se puede sostener desde el odio a España. Pero es que además, como espero poder explicar, los progresistas no deseaban el poder recibido de manos de la reina, lo deseaban recibido de la revolución, y por eso tras el retraimiento electoral todos los numerosos intentos de traerlos al camino institucional impulsados por la reina fracasaron.

Imaginemos por un instante que el señor Tejero fuese indultado tras el golpe del 23 de febrero de 1981 y que tras ese indulto, para mostrar su «agradecimiento» al frente de un grupo político que voluntariamente renuncia a acudir a las elecciones, se dedicase a intentar dar golpes de Estado cada pocos meses. ¿Alguien sensato pensaría que la solución sería hacerle presidente del Gobierno para que deje de dar golpes de Estado? Yo creo que todo el mundo pensaría que su destino más adecuado sería la cárcel, cuando no el paredón, teniendo en cuenta las muertes que sus intentonas ocasionasen. Pues sorprendentemente hoy hay gente que defiende que Prim debió ser premiado con la presidencia del Gobierno por sus intentos de golpe de Estado.

Dar el Gobierno a los progresistas o a Prim para solucionar la situación sería la renuncia plena a la Constitución, la claudicación del Estado de derecho y el triunfo de los métodos violentos como vía de acceso al poder. Incluso en el convulso siglo XIX sería demasiado disparatado confundir el problema con la solución. Hacer del pirómano bombero no suele funcionar. Y de hecho no funcionó.

Además uno no puede dejar de preguntarse, de dar el Gobierno a los golpistas y desleales. ¿Qué dejamos para los leales y apegados a la legalidad? ¿Alguien defendería a la reina y la constitución viendo que quienes la atacaban reciben honores y la presidencia del Gobierno? Francamente no creo que nadie dejase de seguir el ejemplo de los que accediesen al poder por tales métodos. La reina hacía muy bien en dar el poder a quienes combatían la revolución.

«Por sus frutos los conoceréis». En mi criterio, viendo lo que sucedió cuando los progresistas se libraron de «los obstáculos tradicionales» (o sea, la reina) y de aquella «señora» con la que no se podía gobernar, solo se puede decir que la reina estaba en lo cierto cuando prefirió mantenerlos alejados del poder. El sexenio revolucionario solo nos dejó tres guerras civiles con unos 200.000 muertos y cosas como Cartagena solicitando su incorporación a los Estados Unidos de Norteamérica, pueblos de Andalucía declarándose la guerra unos a otros y disparates varios que, de no ser trágicos y costar muchas vidas, serían hasta divertidos.

2. INFANCIA

Era el cuarto matrimonio de Fernando VII y todavía no tenía descendencia. María Cristina de Borbón Dos Sicilias fue la elegida para intentar remediarlo. Llegó de Nápoles a los 23 años, con la necesidad de amargarle las expectativas al hermano del rey, don Carlos, que, dada la precaria salud de su hermano, ya casi acariciaba el trono con la punta de los dedos.

María Cristina ya tenía una hermana en la corte española, la infanta Luisa Carlota, casada con el hermano menor del rey, Francisco de Paula, de quien ya había tenido descendencia. Por eso se suponía (y se suponía bien) que María Cristina sería una mujer fecunda y fértil, que es lo que se necesitaba, así fue.

Al mes de la boda quedo embarazada, para alegría del rey.

Como su cuñado Francisco de Paula tenía reputación de masón y liberal se suponía que a través de su hermana María Cristina también ella lo sería, por lo que concitó el apoyo de los liberales, que quizás solo la apoyaron por contraponerse a las absolutistas ideas de don Carlos, más que por las pretendidas ideas de ella.

El 3 de abril de 1830 el rey, para asegurar el trono en su descendencia con independencia del sexo, promulgó la Pragmática Sanción, que anulaba la ley semisálica que regia en España desde el primer Borbón. Se volvía así al derecho sucesorio tradicional de Castilla. Era la publicación de un acuerdo secreto de las Cortes de 1789, lo que alejaba de la línea sucesoria a don Carlos.

La medida fue providencial y muy acertada. El 10 de octubre de 1830 nacía María Isabel Luisa de Borbón y Borbón. El que los carlistas combatiesen su derecho hizo que recibiese el entusiástico apoyo de los liberales, no por las ignotas ideas políticas de la niña, solamente por ser el obstáculo a las pretensiones de don Carlos.

Lo mismo sucedió con su madre María Cristina, que se vio empujada al bando liberal sin ser esas sus ideas.

El 30 de enero de 1832 nació otra infanta. Luisa Fernanda fue su nombre.

La corte era un sinvivir de conspiraciones y enfrentamiento de intereses. En esto el rey cae enfermo y se teme por su vida. Los diplomáticos de los países absolutistas maniobran para que se anule la Pragmática, lo que jurídicamente era un disparate. La Pragmática solo era la publicación de una ley, y sería como anular el anuncio sin anular la ley.

Se ejerce presión sobre el rey y la reina, y las presiones tienen éxito: el rey agonizante firma esa anulación con la anuencia de la reina el 18 de septiembre.

Pero el rey se resistía a morir y recuperó la salud para sorpresa de todos y disgusto de su hermano.

Su restablecimiento reforzó la posición de María Cristina. Se nombró un nuevo ministerio presidido por Cea Bermúdez, absolutista pero no demasiado, y sobre todo partidario de la sucesión en Isabel. Calomarde, el urdidor de la trama, fue desterrado. Lo de la bofetada dada por Luisa Carlota no se sabe si es totalmente cierto, pero sí es indudable que Luisa Carlota, mujer de encendido carácter, sería capaz de eso y de mucho mas. Ya en ese tiempo sus planes eran casar a uno de sus hijos con Isabel.

Siguió una purga de capitanes generales partidarios de don Carlos. Se reabrieron las universidades y se amnistió a liberales encarcelados o en el exilio.

Se restableció la Pragmática con toda claridad por Fernando VII en diciembre de 1832, aclarando que todo había sido fruto de un engaño aprovechando su estado de salud y en contra de su voluntad, todo muy en su línea de hacer y deshacer, decir y desdecir.

A don Carlos se le envió a los Estados Pontificios, pero no se fue más lejos de Portugal, pese a que el rey se lo ordenó en repetidas cartas, a las que don Carlos respondía con promesas de fidelidad y obediencia, pero poniendo mil excusas para no cumplir con lo ordenado.

El 30 de junio de 1833, Isabel fue jurada como Princesa de Asturias. Evidentemente don Carlos no juró. Tres meses más tarde, el 29 de septiembre, el rey murió e Isabel añadió el segunda a su nombre: ya era la reina. El 3 de octubre se levantó Bilbao por don Carlos y el 7, Vitoria, a lo que siguió Navarra y otras plazas más. La guerra carlista había comenzado.

La guerra tenía dos vertientes: una dinástica y otra ideológica. Los carlistas luchaban por don Carlos pero también por el absolutismo. El añadido de los fueros es bastante posterior, cuando se comprobó que era un buen banderín de enganche entre navarros y vascos, y los liberales luchaban más que por Isabel II por sus ideas y por lo que ellos entendían que era la libertad.

Mientras que los carlistas eran más homogéneos desde el punto político, en el bando isabelino había gente de ideas políticas más diversas, desde absolutistas y liberales conservadores, como el marqués de Miraflores, hasta liberales de muy distinto grado. La infanta Luisa Carlota y su marido Francisco de Paula maquinan para lograr la regencia apoyando a los liberales más exaltados, que conspiran contra Cea Bermúdez. Para contentarlos, María Cristina cesa a Cea Bermúdez y nombra presidente del Gobierno a Francisco Martínez de la Rosa, político y escritor liberal que había sido ministro durante el trienio, pero de convicciones ya muy descafeinadas y escarmentado por los años, con el que la regenta no llegó a congeniar nunca. La guerra la empuja a apoyarse en los generales. Inicialmente se decanta por el general Córdova como confidente y consejero. Solo Francia, Portugal e Inglaterra reconocen a Isabel II como reina. Miraflores, como embajador en Londres, logra la firma del Tratado de la Cuádruple Alianza en abril de 1834, un importantísimo balón de oxígeno para María Cristina.

Se publicó el Estatuto Real, que no era una constitución pero sí se le parecía algo. Las Cortes eran bicamerales, pero solo de carácter consultivo, y el censo de votantes era muy restringido. Se convocaron Cortes, en las cuales los liberales eran numerosos y sintieron que podían obtener más. En 1834 se declaró una epidemia de cólera en Madrid y al pueblo se le ocurrió culpar a los frailes diciendo que habían envenenado las fuentes de la ciudad. Algunos de ellos pagaron con su vida y varios conventos fueron saqueados e incendiados. La Milicia Nacional, en vez de intentar frenar los desmanes, participó activamente en ellos. En la milicia estaba entonces como oficial Salustiano Olózaga, y en su honor hay que decir que fue de los pocos que intentó frenar la matanza. De Olózaga tendremos bastante que hablar en adelante.

Martínez de la Rosa fue sustituido por el conde de Toreno, de convicciones liberales menos gastadas que de la Rosa. Toreno continuó con la afición liberal de perseguir o cuando mejor dejar que otros persiguieran a curas y frailes, como si eso reportase algún beneficio al país.

A todo esto María Cristina, a los tres meses de enterrar a su marido, ya lo había sustituido por un guapo oficial de su guardia, Fernando Muñoz y Funes, con el que se casó en secreto, asunto que los liberales preferían ignorar puesto que supondría obligatoriamente que debería dejar la regencia, algo que a nadie convenía. Si los carlistas lo conocían —cosa más que probable—, tampoco hicieron mucho uso de eso para deslegitimarla. Durante la regencia tuvo cuatro hijos de Muñoz, y cuatro más posteriormente. No cabe duda de su fertilidad, algo que también heredaron sus dos hijas. Diez embarazos tuvo Luisa Fernanda y doce Isabel II.

Los liberales más radicales, embrión de lo que después serían los progresistas, marcaron la que sería su línea a partir de entonces. Durante todo el periodo isabelino, que consistía en que todo era poco y todo era demasiado tarde, su objetivo declarado era la constitución del 1812. Un precedente de lo que ocurriría muchas veces durante el reinado de Isabel II fue lo acaecido el 18 de enero de 1835: en Madrid se produjo un levantamiento de liberales doceañistas mandado por el teniente Cayetano Cardero para pedir la dimisión del ministro de la Guerra Manuel Llauder (que no gustaba a los liberales exaltados). Los rebeldes se atrincheraron en la Casa de Correos. Cuando intentaba devolverlos a la obediencia fue asesinado el capitán general José de Canternac. A los rebeldes les fue concedido el perdón a cambio de su rendición.

Se sentaba un funestísimo precedente de impunidad. En ese verano estallaron motines en muchas capitales de provincia. En Zaragoza mueren once frailes a manos de las turbas, que como siempre gritaban «viva la libertad». Aquí sí el Gobierno mostro un poco de energía: dos de los asesinos fueron condenados a muerte. Algo parecido ocurrió en Reus, con más muertes de frailes. En Barcelona se quemaron varios conventos con más frailes muertos e incluso se quemaron fábricas y otros edificios públicos. Fue la de Barcelona la revuelta que más esfuerzos costo al Gobierno apagar, pues costó la vida al general Pedro Nolasco Bassa, segundo del capitán general de Cataluña, el general Llauder. La revuelta se sofocó sin castigo para los culpables. Los mismos promotores, viendo que los desmanes llegaban más lejos de lo imaginado, fueron los encargados de desactivarla. No ayudaba a calmar las ansias anticlericales el que entre los carlistas hubiese frailes al frente de partidas que mandaban fusilar a los prisioneros, pero hacer pagar a inocentes los crímenes de otros no parece una buena solución.

Ante la falta de castigo, las revueltas y los asesinatos continuaron y se extendieron por toda España. En Valencia y Murcia se asaltan las cárceles y se mata a los presos acusados de carlistas. Se contagió Madrid y también hubo revuelta encabezada por la Milicia Nacional.

Exigían los rebeldes reformas más profundas, pero sobre todo ser ellos quienes las ejecutasen. Vamos hablando claro: lo que querían era un empleo público. La reina regente cedió y por presiones inglesas, que se cobraban así la ayuda contra los carlistas, entregó el Gobierno a Juan Álvarez de Mendizábal, convencido liberal, llamado «Juan y medio» por su elevada estatura, lo que apaciguo los ánimos, aunque solo temporalmente.

Mendizábal afirmaba ufano que con cien millones y cien mil hombres acabaría con la guerra. El caso es que no tenía ni lo uno ni lo otro, y afanosamente los buscaba. Se ordenó el reclutamiento general solo evitable con una contribución de cuatro mil reales, lo que empujó a muchos al campo carlista para evitar el reclutamiento. Preferían servir de guerrilleros que en un ejército formal sometido a disciplina.

Eran los mejores momentos de los carlistas en la guerra. Tenían más gente de la que podían armar, y los ejércitos isabelinos no eran capaces de obtener una victoria si no decisiva, al menos importante. Los jefes del ejército del norte se sucedían sin obtener éxito militar alguno.

Los motines no aflojaron. Así, en Barcelona las turbas asaltaron la ciudadela para asesinar a los prisioneros carlistas, entre los que estaba Juan O'Donnell, hermano de Leopoldo O'Donnell. Su cuerpo decapitado fue arrastrado por las calles igual que se había hecho con el de Bassa unas semanas antes. Eso sí, siempre rodeado de gritos de «Viva la libertad». El segundo cabo (el segundo al mando en la capitanía general) al día siguiente publicó un bando que decía:

«Si circunstancias imprevistas han ofrecido á nuestros ojos algunas escenas lamentables, preciso es que las apartemos de la memoria. Regocijaos, barceloneses... reposad en la confianza y patriotismo que os deben merecer las autoridades que os gobiernan... Ellas velan por vuestro bienestar»[3].

Nuevamente se premiaba el desorden y el asesinato con impunidad.

Mendizábal decía a todo el que quería escucharle que obtendría recursos para ganar la guerra sin endeudarse, sin más impuestos, sin vender el patrimonio nacional. La gente le llamaba «el Mágico». Pero como él no era mágico y la realidad es muy terca y el mismo se había cerrado las puertas tradicionales para obtener recursos, solo quedaba sacarle el dinero a alguien, y si ese alguien era impopular pues más fácil. Decidió sacárselo a la Iglesia. Así finalmente, ante la desesperada situación económica, se promulgó la desamortización de los bienes eclesiásticos y se suprimieron las órdenes religiosas que no se dedicasen a la beneficencia. Sus bienes se declararon propiedad del Estado y se sacaron a subasta, cosa que, si bien trajo algo de dinero a las arcas del Estado, al mismo tiempo llenó el campo carlista de partidarios católicos, defensores de la Iglesia. También sería esta una línea constante de los progresistas: empujar a gente al bando carlista maltratando a la Iglesia, para quienes como

---

3 *La estafeta de palacio*, Ildefonso A. Bermejo Impr. de R. Labajos 1872, tomo I, pág. 246.

ellos se creían en posesión de la razón y la verdad. Las consecuencias de sus actos no eran importantes, lo importante era el dogma, que en este caso era el anticlericalismo.

Las desamortizaciones no eran algo nuevo, ya las había hecho parcialmente Felipe II y Godoy. La novedad es que se hacía sin el acuerdo de la Iglesia, y además se exclaustraba a los religiosos para vender sus edificios y rentas, empujándolos a la miseria, o más bien al carlismo.

Los disturbios eran de lo más variopinto, siempre protagonizados por la Milicia. Así, por ejemplo, en Zaragoza y ante la presión de una turba que frente a los juzgados pedía la cabeza del los presos o de los jueces, presos que habían sido absueltos de su delito fueron mandados fusilar para contentar a la plebe, que no pueblo.

La desamortización creó una nueva clase social de propietarios de bienes desamortizados, los que estaban muy interesados en mantener Gobiernos liberales que no diesen marcha atrás en las ventas, tal y como ocurrió con la desamortización hecha en el trienio liberal que fue anulada después por Fernando VII.

María Cristina pensaba que se había llegado demasiado lejos y que además los resultados tampoco habían sido tan buenos como se prometiera, seguía sin haber dinero suficiente para acabar con la guerra, y buscó la manera de cesar a Mendizábal, un cese de generales solicitado por Mendizábal y negado por la reina fue la excusa, Mendizábal presento su dimisión pensando que no se la aceptarían, pero la reina se la aceptó aliviada. Nombra en su sustitución a Francisco Javier Isturiz, quien, ante los ardientes ataques de la oposición, que se quejaba amargamente de que la reina gobernadora hubiese aceptado la dimisión que Mendizábal, había presentado sin que nadie se la pidiese, disuelve las Cortes. Los liberales exaltados contraatacaron. La constitución de 1812 era su objetivo ya irrenunciable. En agosto de 1835 la regente estaba en La Granja, como era habitual en verano, adonde llegaban inquietantes noticias de disturbios en provincias, con el habitual conteo de muertos. En Málaga murió a manos de los doceañistas el gobernador civil Donadío y el gobernador militar Sant Just. A Málaga siguió Granada.

Al movimiento de Málaga y Granada respondieron Cádiz, Sevilla, Córdoba, Huelva y otras poblaciones importantes de Andalucía, cuyo capitán general, don Carlos Espinosa, se asoció al desorden y hasta admitió el cargo de presidente de la junta revolucionaria que se formó en la capital del distrito de su mando, haciendo otro tanto en Zaragoza el general don Evaristo San Miguel. Lo mismo hizo Mina en Cataluña. Los carlistas no podían estar más contentos.

En Madrid el general Quesada, que mantenía las tropas en la lealtad, disolvió la Milicia Nacional y publicó un bando en el que declaraba el estado de sitio y en el que decretaba severas penas para los sediciosos, lo que ya que no sentido común si había metido miedo en el cuerpo a los conspiradores.

En La Granja, al final el 12 de agosto estalló el motín de las tropas que daban guardia. María Cristina, forzada por las amenazas de la borracha soldadesca y para evitar males mayores, muy de temer conociendo los funestos precedentes, firmó la constitución de 1812, que regiría hasta que unas nuevas Cortes elaborasen una nueva constitución. Era la demostración de que los liberales progresistas eran más leales a sus ideas que a Isabel II o a la corona misma. Se había incluso barajado la posibilidad de retirar la regencia a María Cristina para dársela a su hermana Luisa Carlota y a su marido Francisco de Paula. Los oficiales curiosamente se habían ausentado todos ese día para acudir a la ópera en Madrid y los soldados tenían más plata en el bolsillo de lo normal. No hay que ser muy perspicaz para ver en la sargentada de La Granja la larga mano de Londres, siempre dispuesto a apoyar a los progresistas españoles para conseguir su anhelado tratado de comercio. ¿De qué otro lado podría salir el dinero que corría alegremente entre los soldados sublevados?

María Cristina tenía que luchar ahora por un lado con los carlistas y por el otro con los liberales, cada día más exaltados. Estaba entre dos fuegos.

En Madrid también estallaron motines. Cuando los combates ya habían cesado y estaba saliendo de Madrid fue asesinado el general Quesada cuyo cadáver, como se había convertido en costumbre, fue desmembrado al ser arrastrado por las calles, como siempre acompañado de gritos de «viva la libertad». Impuesto por los revolucionarios, el nuevo presidente del Gobierno fue José María Calatrava, quien intento calmar la situación y frenar a los más exaltados, lo que logró con dificultad. Olózaga inicia su ascenso político y fue nombrado jefe político de Madrid (una especie de delegado del Gobierno). De vuelta a Madrid, el nuevo Gobierno acentuó la desamortización y demás medidas progresistas, que eran sumamente desagradables a María Cristina y que engordaban las filas del carlismo. Se pensó seriamente en la abdicación o en algún pacto con los carlistas. La influencia inglesa sustituyó a la francesa en la Corte.

En este tiempo como jefe político de Madrid es cuando Olózaga conoce a sor Patrocinio, que entonces era una monja famosa porque decía que tenía los estigmas de Cristo y que el diablo la hacía volar por los cielos de Madrid, también decía que María Cristina era una regente indigna y que Isabel II no debía ser reina. Ya sabemos que pronto cambió de idea. Como jefe político fue Olózaga fue el encargado de investigar el asunto. Sometida a tratamiento médico, las llagas desaparecieron, por lo que declaró que todo había sido una invención. Durante el interrogatorio Olózaga quedo prendado de sor Patrocinio, que entonces era joven y de muy buen ver. Parece que le hizo proposiciones que la monja rechazó, lo que sembró la semilla del odio hacia la monja en Olózaga, que, como veremos más adelante, también era hombre que no sabía aceptar un no a sus pretensiones, amorosexuales o políticas.

Decía Cánovas que este pronunciamiento de La Granja fue el último netamente ideológico y no impulsado por la ambición personal, y debemos creerle, puesto que participó en varios posteriores, no seré yo quien lo desmienta.

En el ejército del norte se sustituyo a Córdova, que se retiró a Francia al saber de la victoria del motín de La Granja, por Baldomero Espartero, con quien Cristina intenta crear una relación de confianza como la que tenía con Córdova, sin demasiado éxito.

Volvió Mendizábal a la cartera de Hacienda y, como su magia seguía sin funcionar, declaró la suspensión de pagos de la deuda pública, lo que no gustó nada a los prestamistas ingleses, que tanto lo habían apoyado para su vuelta al Gobierno.

Las cosas de la guerra no marchaban mal para los carlistas. Si no triunfaron fue porque la desunión y las intrigas políticas no eran exclusiva de los cristinos, más ocupados de sus asuntos internos que de afrontar al enemigo carlista. A pesar de ello Espartero rompió el segundo asedio a Bilbao, lo que dio un cierto respiro a los liberales.

En el Gobierno, los revolucionarios se mostraron igual que los salientes. Pronto, aquellos que como Olózaga no alcanzaron los altos destinos que creían merecer, se mostraron descontentos. Volvieron los motines y el goteo de muertos.

Se redactó una nueva constitución, que la reina juro el 18 de junio de 1837. Era una corrección de la de 1812, y los moderados estaban dispuestos a gobernar con ella.

En este contexto los nacientes moderados la animaban a no renunciar y a esperar tiempos mejores, lo que finalmente hizo.

En septiembre de 1837 don Carlos se plantó en las puertas de Madrid, sabedor de los apuros políticos de su cuñada. Supuso que la ciudad caería como fruta madura. Además se barajo la posibilidad de casar a Isabel con el hijo mayor de don Carlos, a lo que María Cristina, harta de soportar a los liberales exaltados, no se mostraba contraria. Esto resolvería el problema dinástico pero no el político. Evidentemente eso no haría que los liberales aceptasen a los carlistas en el poder. Harían lo que hicieron muchos años después: buscar un rey en otro lado.

Isabel II, de la que hace tiempo que no hablamos, acompañó a su madre en coche descubierto para pasar revista a las tropas que defendían Madrid. Un golpe de efecto que no dejó indiferente a los carlistas, que no lo esperaban. Mariano Fortuny nos dejo el momento inmortalizado en un bonito cuadro.

Espartero, con un rápido movimiento, decidió la situación militar a favor del bando liberal. Don Carlos se retiró entre maldiciones de Cabrera, que ya se imaginaba entrando en Madrid.

La llegada de Espartero a Madrid supuso la caída del Gobierno, fruto de la sargentada de La Granja. Espartero contó con el apoyo de los moderados, pero estos no entraron en el Gobierno, que se formó con progresistas muy de segunda línea, con Espartero como presidente.

La reina María Cristina y su hija Isabel II pasando revista a las
baterías de artillería que defendían Madrid en 1837
Mariano Fortuny

La indisciplina cundía entre las tropas. Así, por ejemplo, el general Ceballos Escalera fue asesinado por sus tropas en Miranda de Ebro. Igual destino sufrió el gobernador militar de Vitoria, Liborio González, el presidente de la Diputación y varias notables personas más. El general Sarsfield también fue muerto a bayonetazos en Pamplona. Estos crímenes fueron castigados unos meses después por Espartero cuando volvió al ejército del norte, lo que enfrió bastante el aprecio que le tenían los liberales exaltados.

Las elecciones de 1838 fueron ganadas por los moderados, gobernando Evaristo Pérez Castro. María Cristina pudo respirar al fin, pero resistió la tentación de anular la constitución, que le había sido impuesta a la fuerza. Quizás no estaba segura de sus fuerzas. El ejército era muy liberal y ella necesitaba apoyarse en él. Si como muchos autores afirman ella era de pensamiento absolutista, la verdad es que no hizo nada para demostrarlo. Aceptó la constitución sin problemas.

La guerra estaba bien encaminada y la victoria no estaba lejos. En agosto de 1839 se llego al pacto de Vergara, en el cual Maroto rindió el grueso de las fuerzas de don Carlos, que pasó a Francia para no volver más. Aún quedaba Cabrera en Cataluña hasta julio del año siguiente, pero el asunto militar estaba prácticamente decidido.

Tras la victoria electoral de los moderados, los progresistas conservaban su cuota de poder en los ayuntamientos y en la Milicia Nacional. María Cristina necesitaba el primer espadón decimonónico para tener fuerza y lo buscó en Espartero, cuyas ideas políticas no estaban del todo claras. Espartero era sin duda liberal, pero había servido como militar a las órdenes de Fernando VII, algo que por ejemplo Narváez se había negado a hacer. Era lógico suponer que su liberalismo no fuese mayor que el de este.

María Cristina de forma consciente o inconsciente buscaba lo que después también buscaría su hija durante todo su reinado: el centro político, alguien capaz de contentar a conservadores y a progresistas, dado que Espartero hasta ese momento no se había significado mucho en política. Pensó que podría ser su hombre, algo parecido a lo que después significó O'Donnell en el reinado de su hija. Evidentemente el talento político de O'Donnell estaba a años luz por delante del de Espartero.

La victoria sobre los carlistas lo había convertido en el hombre fuerte de España. Le fue concedido el sonoro título de duque de la Victoria y todos cuantos honores eran posibles. Era el poder en la sombra y los ministros no dejaban de ver con temor sus cada día más claras ambiciones políticas, pero la regente se cuidaba mucho de no hacer nada que le desagradase.

Se votó una ley de ayuntamientos que recortaba competencias y que evidentemente fue muy mal recibida por los progresistas, que como sería la norma desde entonces preparaban motines cuando las leyes no les gustaban. La ley dividía la administración de los ayuntamientos en dos ramas: una parte consultiva que sería elegida por elección popular y otra ejecutiva que sería el alcalde de elección gubernativa.

Pero entre los concejales electos, ciertamente no era muy liberal pero sí muy sensata, y quizás por eso no gustó.

El interés en controlar los ayuntamientos tanto por parte de los moderados como por parte de los progresistas radicaba en que, siendo el derecho al voto restringido a cierto nivel de renta, eran los ayuntamientos los que decidían quién entraba en el censo y quién no. Las elecciones se ganaban o se perdían según quien hiciese el censo. Además, los ayuntamientos controlaban la Milicia Nacional, que era el brazo armado del progresismo, una auténtica milicia de partido fuertemente armada.

Para intentar obtener el apoyo de Espartero, acordó una entrevista personal en Barcelona, aprovechando la necesidad de que la reina niña tomase baños, para mejorar de una especie de psoriasis que tuvo toda la vida y que le mejoraba mucho con los baños de mar.

El viaje comenzó el 11 de junio de 1840. Se dice que fue entonces la primera vez que Isabel II compartió mesa con su madre.

De la infancia de Isabel II se sabe que la pasó entre camaristas alejada de su madre y que su aya desde el nacimiento fue la marquesa de Santa Cruz, por la que parece que nunca sintió mucho afecto. Tampoco parece que la relación afectiva con su madre fuese muy fuerte, aunque quizás no tan débil como después la condesa de Espoz y Mina nos quiere hacer creer. Su afecto más fuerte era con su hermana, como es lógico, que era su compañera de juegos y de estudios. Más de juegos que de estudios, eso sí.

María Cristina le ofreció a Espartero encabezar el Gobierno, lo que aceptó. La idea era que lo dilatara hasta que lograse expulsar a los últimos carlistas de Cataluña. Aceptó pese a que hipócritamente decía sentir repugnancia por la política y preferir el mando de soldados. En realidad Espartero temía que, alejándose del mando del ejército, la regente pusiese a otro al frente, y así perder la fuerza que apoyaba sus aspiraciones. En Barcelona le envió a María Cristina su programa de Gobierno, que era abiertamente progresista. María Cristina había errado el tiro. Espartero ofrecía, eso sí, lealtad a Isabel II. Era firmemente monárquico, pero por lo demás era claramente contrario a la nueva ley municipal.

La regente se había metido en la boca del lobo. Barcelona era progresista y aquel de quien ella esperaba apoyo resultaba que también. Pedía además que, en caso de que como era previsible la mayoría parlamentaria le fuese adversa, se convocasen nuevas elecciones, que como es lógico se encargaría de ganar. En todo el siglo xix todas las elecciones fueron ganadas por el Gobierno que las convocaba, lo que no dice mucho de la limpieza del proceso, todo hay que decirlo. Eso sí, los manejos electorales eran iguales, ya fuesen moderados, unionistas o progresistas quienes gobernasen. Por eso es que la capacidad de disolución de las cortes era la más preciada prerrogativa regia y lo primero que todo nuevo presidente del Gobierno pedía a la reina. En un proceso inverso al actual, no eran las cortes las que hacían al presidente del Gobierno, sino el presidente del Gobierno el que hacia unas cortes a su medida, o al menos lo intentaba. La nula disciplina de partido hacía que los diputados fácilmente negasen la lealtad a quien les había elegido para el puesto, entendiendo que quien los elegía era el Gobierno, no los votantes.

Para demostrar que aún era ella aun quien mandaba, la regente sanciona la ley de ayuntamientos. Era un órdago a la grande. Espartero cogió un berrinche que le tuvo en cama un día. Escribió a la regente una carta dimitiendo de todos sus títulos, grados y condecoraciones, y anunciando que se retiraba a su casa. María Cristina tampoco estaba contenta, lo había jugado todo a la carta de Espartero y ahora tenía pocas alternativas para meter en cintura a los progresistas, que tampoco sabían que ahora su líder era Espartero. No faltó quien aconsejó a la regente que aceptase la renuncia de Espartero y nombrase en su lugar a gente más leal. Sonó entonces el nombre de Diego León como sustituto de Espartero. Era el único que podía hacer sombra al prestigio de Espartero en el ejército, pero este era un paso para el que no se sentía con fuerzas María Cristina y solo hubiese acelerado los acontecimientos sin que cambiaran su curso. Espartero era un instrumento de la revolución, no su causa.

Se intentó una nueva entrevista en la que Espartero se autonombró portavoz de la voluntad popular y del ejército. Grave asunto. María Cristina pide la dimisión al presidente del Gobierno Pérez de Castro, quien accede y le aconseja que intente alguna transacción. Espartero disimuladamente promueve manifestaciones contra la regente para meter más presión y demostrar su fuerza. Se producen enfrentamientos con los partidarios de la regente (que también los tenía) en los que hay muertos. Se nombra presidente del Consejo de Ministros a un progresista, Antonio González. En Madrid ya se alzan voces contra la regencia. El nuevo presidente, como era de esperar, solicitó la anulación de la ley de ayuntamientos, el cese de casi todos los funcionarios y la consabida disolución de la Cortes. La regente se negó y forzó su dimisión. Antonio González no encontró tampoco el apoyo de Espartero, que no estaba nada interesado en la consolidación de un Gobierno que él no presidiese. Una cosa sí que hay que decir a favor de los políticos decimonónicos, y es la facilidad con que dimitían, muy distinta de los políticos actuales, que no dimiten ni a punta de pistola. En el siglo xix, cuando recibían una negativa de la Corona a sus deseos, dimitían *ipso facto*, lo que tampoco ponía las cosas fáciles a la Corona.

María Cristina se desplazó a Valencia, creyendo encontrar territorio más favorable. En Valencia estaba Leopoldo O'Donnell, que le había ofrecido su espada. Pero el ayuntamiento, como muchos, era progresista y el recibimiento fue muy poco caluroso. Nombró otro Gobierno, esta vez moderado pero de perfil bajo, con Modesto Cortázar al frente. Ante eso, el 1 de septiembre estalló la revolución en Madrid, que fue secundada por la mayoría de las provincias, en las cuales se establecieron las acostumbradas juntas, al frente de las cuales se colocaron aquellos que más alto gritaron, que se erigían en independientes del Gobierno y actuaban a su antojo. Se alegaba que la regente se había situado al margen de la constitución. Lo que era no solo radicalmente falso, sino que además lo que si era plenamente anticonstitucional, era la existencia de las mencionadas juntas. Para poner las cartas boca arriba, el día 5 ordena a Espartero que acuda a Madrid a sofocar la revolución. Espartero no está dispuesto a hacerlo y le sugiere o casi le ordena que publique un manifiesto ofreciendo que la constitución no será alterada (algo que nadie había planteado), que se disolverán las Cortes y que las nuevas cortes decidirán sobre las leyes ya acordadas (la de ayuntamientos se entiende) y un nuevo Gobierno «con consejeros de concepto liberal, puros, justos y sabios». Al mismo tiempo por Madrid empezaron a circular panfletos contra María Cristina donde se aireaba su matrimonio secreto, alentados por su hermana Luisa Carlota desde Francia, a donde había sido expulsada en 1836, y por Luis González Bravo, en aquel entonces director de un panfleto llamado «El Guirigay», donde la trataba de prostituta. Era un torpedo en la línea de flotación de la regente. Su nuevo matrimonio la imposibilitaba legalmente para ejercer la regencia, algo que hasta ese momento a nadie había convenido ventilar.

Para completar el cuadro también describe sus manejos económicos y la presentan no sin razón como una mujer ávida de dinero, etiqueta que ya nunca la abandonó.

Sobre el comportamiento de Espartero en esta crisis es esclarecedor lo que nos cuenta Bermejo:

«Antes de proseguir adelante, conviene apuntar una circunstancia que, á más de dar el debido interés á la presente historia, predispone el ánimo á ver muy de cerca cuáles eran las intenciones del general Espartero, para lo cual es necesario retroceder un poco. En Febrero, cuando el partido revolucionario envió una turba de miserables á insultar á los diputados conservadores en el seno de la Representación nacional, se pensó en mandar al general León á Madrid en clase de capitán general de Castilla la Nueva; pero el duque de la Victoria, pretextando la necesidad que había de él en el ejército, anuló este nombramiento y le aplazó hasta que supo por aviso secreto que se había verificado el pronunciamiento de Madrid. Llamó entonces Espartero á León y le dijo: «Es necesario que parta Vd. á Madrid, donde hay visos de graves trastornos, y solamente Vd. podrá impedirlos.» Creyole D. Diego León, y con aquella lealtad que fue siempre en él tan acabada, creyendo sinceridad lo que no era más que disimulado artificio, le respondió al tomar real orden:

«D. Baldomero, temo mucho que mis principios militares me obliguen á rechazar con la fuerza cualquier tentativa revolucionaria.»—«En ese caso, Le contestó Espartero, deja Vd. tendidos dos mil cadáveres en las calles de Madrid.» Estas frases, tan imponentes por el terror que infundían, sonaron bien en los oídos de León, aun cuando de este órgano era un poco tardo, porque revelaron que Espartero era amigo del orden y de la Reina. Mucho tienen de fingidas sirenas los pretextos de algunos grandes hombres. ¡Qué arrebolados de bien público se presentan! ¡Qué acompañados de palabras dulces y halagüeñas! ¡Qué engaño unos contra otros, no se ocultan en tales apariencias y demostraciones exteriores Se representan ángeles, y se rematan en sierpes que se abrazan para morder y envenenar. Y esto sucedió entre Espartero y León; hizo aquel á este otro encargo.

En el momento que se daban el abrazo de despedida, exclamó Espartero: «Y dígale usted á la Reina, cuando la salude en su tránsito por Valencia, que le suplico de rodillas que no preste oídos á sus consejeros, que yo, general en jefe, permanezco fiel á su causa.»[4]

Espartero lo envió a Madrid cuando ya era imposible que tuviese éxito. Si llevado por su fogoso carácter, Diego León hubiera emprendido una feroz represión, habría quedado manchado para siempre su nombre. Pero León no paso de Zaragoza, ciudad muy adicta a Espartero y donde ya había estallado también la rebelión y se había quedado sin tropas. María Cristina rechazo tanto su espada como la de Narváez y O'Donnell y algunos más cuando estos estaban dispuestos a levantar su bandera frente a Espartero. Su negativa a encender otra guerra civil, aun a costa de perder la regencia, solo puede elogiarse.

Para evitar que fuese nombrado por los revolucionarios, es ella quien nombra presidente del Gobierno a Espartero y lo convoca a Valencia. Este, sin embargo, marcha a Madrid, donde es recibido con festejos dignos de un rey, evidentemente no para reprimir la revolución como se le había pedido, sino para encabezarla. Es la primera vez que los

---

4   *La estafeta de palacio,* Ildefonso A. Bermejo Impr. de R. Labajos 1872. Tomo I, pág. 666.

progresistas muestran que ellos toman la revolución como fuente del poder y no a la Corona. No parece, sin embargo, que quisiera asumir el la regencia, sino solo que quisiera manejar a la regente, no sustituirla. El 8 de octubre nombra un Gobierno a su gusto, progresista íntegramente, en el que el hasta entonces presidente de la junta revolucionaria de Madrid, Joaquín María Ferrer, es nombrado ministro de Estado, y el cónsul en Bayona, a quien el bien informado Aviraneta acusa de contrabando a favor de los carlistas durante la guerra, es ministro de Hacienda. Después se desplaza a Valencia, donde, en contraste con el recibimiento a la regente, es recibido en loor de multitudes. Al igual que pasara con Fernando VII, son desenganchados los caballos de su carruaje para ser llevado por sus partidarios. Para que quede más claro da plantón a María Cristina y se va a dormir cuando ella lo esperaba.

Espartero esperaba una rendición incondicional de María Cristina, pero para pasmo de los nuevos ministros les pide un programa de Gobierno antes de la jura. Al día siguiente se lo presentan. En él se pide la reprobación de sus anteriores ministros, instaurar la corregencia, aprobar los actos de las juntas y otras concesiones. María Cristina calla y se procede al juramento. Tras el acto pide quedarse a solas con Espartero, a quien comunica que el programa es incompatible con su dignidad y su decoro, y le comunica su decisión de renunciar a la regencia. También le encarga el amparo de sus hijas. Espartero esperaba cualquier cosa menos eso. Le pide y le suplica que reconsidere su decisión, pero en realidad María Cristina no tenía más opciones, continuar con la regencia en esas condiciones era imposible. Una vez abierta la caja de Pandora de su situación personal, su posición en Madrid era insostenible. Prefiere marcharse antes de que la expulsen y quizás con ella a su hija.

Los nuevos ministros le ofrecen modificar el programa presentado e incluso eliminarlo totalmente y le ruegan también que reconsidere su decisión. Ella se muestra inflexible. Como será habitual, los progresistas no habían medido las consecuencias de sus actos y ya no se podía volver atrás en todo lo publicado. La escena debió ser algo parecido a la de la película de los hermanos Marx en la que Groucho dice aquello de «estos son mis principios, pero si no le gustan tengo otros». Aún les regaló María Cristina un consejo o más bien pronostico que, como es lógico, no supieron aprovechar sus ministros. Ante la insistencia de Cortina de que retirase su renuncia le contestó: «No te canses, Cortina. No puedo gobernar en España, porque tengo compromisos con un partido; por lo mismo que Espartero no podrá hacerlo tampoco».

El 12 de octubre renunció formalmente a la regencia. Nombró ayo de sus hijas a Manuel José Quintana, poeta liberal, detalle a tener en cuenta. El 17, tras despedirse entre lágrimas de sus hijas, marchó para Marsella en el vapor Mercurio.

Una desconcertada Isabel II entró en Madrid el 28 de octubre con Espartero a caballo al estribo de su carruaje bajo una pertinaz lluvia y con un recibimiento tibio. En Palacio les esperan cartas de su madre, que leyeron con fruición y entre lágrimas las dos insignes huérfanas.

3. LA REGENCIA DE ESPARTERO

Antes de entrar en pormenores sería bueno explicar cuáles eran las costumbres políticas de la época, que eran comunes a todos los partidos.

Cada cambio de Gobierno suponía un cambio radical de empleados de la Administración, desde el ministro hasta el último portero, que como es lógico pasaban a engrosar las filas de la oposición con más ardimiento, puesto que de eso dependía su sustento. Es lo que se llamaba la cesantía, que tan bien describe Galdós en alguna de sus novelas.

Acceder al Gobierno suponía disponer de los medios para contentar a los propios en detrimento de los perdedores. Como es lógico, no había puestos suficientes para todos los propios. Los que no alcanzaban un puesto que creían merecer, prestos cambiaban de bando por la ofensa de no ver cumplidas sus expectativas de empleo público.

Es lo que en la época Idelfonso Bermejo calificó como «empleomanía». Con esos mimbres era difícil hacer buenos cestos, y desde luego que eso no era responsabilidad de la reina.

El sistema era el mismo en toda España, y se extendía como un cáncer. Un diputado, para tener posibilidades de ser reelecto, tenía que proporcionar puestos a sus leales. Si no los obtenía del Gobierno, se pasaba a la oposición. Obtener puestos para sus leales era vital para su permanencia. Es el germen del caciquismo.

Otra característica de los políticos isabelinos era su incapacidad para crear coaliciones constructivas. Un fruto de lo que explico en los párrafos anteriores es que todo se basaba en un «quítate tú para ponerme yo» o más bien un «quítate tú para volver a ponerme yo», y claro, cuando son mucho los que así piensan y solo hay puesto para uno, surge el conflicto. Por eso los partidos eran eficaces en crear coaliciones para deponer a quien fuese. El problema surgía cuando había que sustituir al depuesto. Esto también fue una regla que no se dejó de cumplir en todo el periodo.

Sobre la voluntad popular es más difícil opinar. No existían las encuestas de opinión y juzgar esta por las manifestaciones populares más o menos numerosas es aventurado.

El pueblo español del XIX gustaba de los motines y las algaradas, la bullanga que se decía en la época. A juzgar por el sentido de estas, le era casi indiferente la bandera que las convocase.

El mismo pueblo barcelonés que estalló en motines contra María Cristina en 1840 es el que la recibió entre entusiasmados vítores tres años más tarde, si bien las torpezas de Espartero puedan justificar algo la mudanza en ese caso concreto.

El pueblo español de la época podría ser diagnosticado de bipolar: unas veces se amotinaba en un sentido y poco después en sentido contrario. Todo ello con intermedios de apatía e indiferencia.

En los años de la década de los sesenta el pueblo español aclamaba entusiásticamente a Isabel II en sus viajes por España. Ese mismo pueblo poco después vio con indiferencia su caída y después vitoreó entusiasmado a Prim en su entrada en Madrid, a quien solo unos pocos meses después deseaba la muerte en manifestaciones contra las quintas. También vio con indiferencia su muerte, que a nadie importó, por no decir que a muchos alegró. También fue un periodo de indiferencia el reinado de Amadeo. Cayó Amadeo y se proclamó la república en medio de gran exaltación popular. También cayó la república en medio de la indiferencia más absoluta, para nuevamente entusiasmarse con la llegada de Alfonso XII. Es famosa la siguiente anécdota. Un hombre, en medio de la multitud, se queja de los gritos y vivas desaforados al rey y alguien le dice: «Pues esto no es nada. Si viera usted lo que grité cuando echamos a la puta de su madre...».

Todos esos cambios de opinión pendulares ocurrieron en solo una década. Eso hace difícil decidir cuál era el verdadero sentimiento popular, si es que tal cosa existía.

Los usos parlamentarios se basaban en lo que se denominó «régimen de las dos confianzas», por el cual un Gobierno debía reunir la confianza de la Corona y de las Cortes. La prerrogativa de convocar elecciones y nombrar Gobierno libremente era de la reina, y fue así en todas las constituciones, incluso en la nonata del bienio progresista. Pero como la capacidad legislativa estaba en «el rey con las cortes», tal y como decía la constitución, tener mayoría parlamentaria era necesario para legislar y aprobar los presupuestos anuales, sin los cuales no se podían cobrar los impuestos. No existía la prórroga automática de los anteriores en caso de bloqueo parlamentario.

Los diputados se elegían por un periodo de tres años, que se elevó a cinco en la constitución del 45. Pero en realidad solo el Gobierno de O'Donnell se acercó a ese límite. Las sesiones parlamentarias anuales se abrían en octubre o noviembre y acababan en junio del año siguiente usualmente. Al periodo anual de sesiones en la época se le llamaba legislatura. El Gobierno podía suspender las sesiones a su voluntad, con la única limitación de que en cada año debería haber una legislatura. La constitución nada decía sobre su duración. Se dio algún caso en que la legislatura duró solo dos días. Cada nueva legislatura anual se nombraba a un nuevo presidente del congreso. Esa elección, aunque nada decía la constitución al respecto, se convertía en lo que se llamó «cuestión de gabinete». De no ser electo el candidato gubernamental, se entendía que el Gobierno no contaba con la confianza de las Cortes, lo que abocaba a la reina o a convocar nuevas elecciones, o a elegir otro nuevo Gobierno. Estos usos, que no ayudaban en nada a la estabilidad, no estaban recogidos en la Constitución, pero fueron siempre cumplidos, al estilo de la constitución no escrita inglesa. Las Cortes tenían pues medio de forzar la dimisión del Gobierno, en lo que hoy llamaríamos moción de censura, pero esta moción no exigía la presentación de un candidato alternativo, pues esto sería menoscabar la prerrogativa regia. Estas nociones negativas sin candidato alternativo eran fuente de endémica inestabilidad, lo que se evitaba convocando elecciones, de las que siempre salía una mayoría gubernamental tal y como hemos dicho. Lo que durase esa mayoría ya es harina de otro costal. Quizás fruto de aquellas lecciones es que hoy las mociones de censura obligatoriamente tienen que presentar un candidato alternativo.

En buena lógica, los diputados que el año anterior apoyaban al Gobierno al año siguiente deberían seguir haciéndolo, pero como ya hemos dicho la disciplina de partido era inexistente y los partidos estaban divididos en familias políticas y grupos de intereses enfrentados entre sí, por eso cada nueva legislatura era una incógnita para el Gobierno.

Las sesiones de las legislatura se abrían a propuesta del Gobierno de dos maneras: por mera comunicación o con un «discurso de la Corona», que era una especie de debate del estado de la nación, donde se daba cuenta de la gestión del año anterior y se trazaban líneas maestras para la legislatura entrante. Este discurso unas veces lo leía la reina y otras el Gobierno por delegación regia. También el resultado de la votación se entendía como decisorio para la continuidad del Gobierno, y sin embargo nada de esto estaba recogido en la constitución. Vemos pues que la libertad proclamada por las constituciones para que la reina eligiese a su Gobierno estaba muy mediatizada por el uso parlamentario, que pese a no tener sustento constitucional no dejaba de ser respetado. Siempre que el Congreso votó una censura al Gobierno este dimitió o fueron convocadas nuevas elecciones, y a veces las dos cosas.

La regencia de Espartero, como era algo no buscado e imprevisto, pronto suscitó desuniones entre los progresistas, y se pensó que un solo regente era poco. Evidentemente había más gente que se consideraba a sí misma como digna de tal puesto.

Entre los candidatos al puesto estaba su tío, Francisco de Asís, lo que no dejaba de tener cierta lógica: era su pariente no carlista más cercano. Pero Espartero no soltaría la presa tan fácilmente.

El 10 de mayo del 41 Espartero fue votado en las Cortes como regente único, pero por estrecho margen y gracias al voto de los senadores moderados. La división estaba servida. Los partidarios de una regencia colegial no quedaron satisfechos y como era habitual empezaron a conspirar para obtener con las espadas lo que las votaciones les negaban.

Volviendo a Isabel II, con solo 10 años cobró un protagonismo que no había tenido hasta entonces: de ser un personaje secundario a quien nadie prestaba verdadera atención pasó a ser la piedra sobre la que se sustentaba el Gobierno de Espartero y así sería con todos los Gobiernos sucesivos desde ese momento. Todos los Gobiernos, fuesen del color que fuesen, deseaban apropiarse de la autoridad moral de la reina.

Los moderados estaban en estado de *shock*, sin líder y desnortados. María Cristina, irritada, pensaba que los políticos moderados habían hecho poco en su defensa, quizás con algo de razón. Pero también es cierto que ella no se lo había puesto fácil al inclinarse por Espartero antes de ir a Barcelona.

María Cristina monta en cólera cuando finalmente su hermana obtiene permiso para volver a Madrid, de donde María Cristina la había expulsado en 1836. Teme María Cristina, y con razón, que intente acercarse a Isabel II, y a ser posible acordar el matrimonio de Isabel con alguno de sus hijos, proyecto que era el objetivo de su vida. Todos quieren tener a la reina niña de su lado, mientras que es fácil suponer que ella, ahora desconectada de su madre, de la que recibe cartas para intentar que su hija no la olvide, se siente desorientada ante una atención que nadie antes le había prestado, y por eso ella de natural afectuosa lo es con su nueva aya la condesa de Espoz y Mina, que sustituyó a la dimisionaria marquesa de Santa Cruz y también lo es con Espartero. También nombró Espartero a Agustín Argüelles, tutor de la reina, quizás para contentar a Argüelles, que había sido candidato a la regencia con un puesto de postín. Este nombramiento ocasionó la protesta de María Cristina, que había renunciado a la regencia, pero no a la tutoría de sus hijas, cosa que nunca se había planteado ni discutido.

Espartero por su parte se encargó de hacer la vida agradable a las dos niñas, con continuas distracciones, asistencia a espectáculos y paseos públicos. Necesitaba que el pueblo viese que él era quien estaba con la reina, para, por conducto de la reina, ser receptor del apoyo popular. La marquesa de Santa Cruz intenta evitarlo, pero sin mucho éxito.

Posiblemente fue Espartero el primer hombre adulto con el que bailó Isabel II, actividad de la que siempre gustó mucho.

La sustitución de la marquesa de Santa Cruz fue un punto de inflexión en María Cristina. Sintió que perdía el endeble control que tenía sobre la niña y temió las enseñanzas que pudiese recibir.

Olózaga en cierta ocasión le escribió a Espoz y Mina que España necesitaba que educase una reina Victoria española ¿Quizás pensando en ser él un *lord* Melbourne? Cuando en realidad lo que necesitaba España como agua de mayo era un Palmerston, un Peel, un Gladstone o un Disraeli españoles, eso es lo que verdaderamente España necesitaba y no obtuvo.

El intento de recobrar el control sobre la reina ocasionó los acontecimientos de octubre de 1841.

En ese momento el representante oficioso de María Cristina en Madrid era Donoso Cortés, quien transmitía a París las informaciones que obtenía de Palacio a través de camaristas leales a María Cristina.

Se intentó sumar a la conspiración a carlistas moderados, y aunque posteriormente lo negó más o menos enfáticamente, está claro que el alma de la conspiración era María Cristina. Se trataba de secuestrar a la reina en Palacio y lo que se pretendía después no está demasiado claro. No estaban seguros de poder contar con las tropas de Madrid. Se supone que el plan era trasladarla al norte donde O'Donnell tendría que sublevarse, pero curiosamente no habían previsto medios para el traslado. ¿Pensaban llevarla a uña de caballo?

El caso es que el Gobierno se enteró del plan y que los acontecimientos se precipitan. O'Donnell decide pronunciarse en Pamplona, donde toma la ciudadela. Narváez en Andalucía no puede hacer nada por falta de apoyos. En un disparatado intento de hacer algo de todas formas, el general Concha asalta el Palacio Real con el regimiento de la Princesa. Hubiese sido mucho más fácil intentar el secuestro cuando la reina salía a pasear a diario con muy poca escolta, pero debió parecerles poco heroico. Se le unieron Pezuela y Diego León, pero sin tropas de refuerzo. No contaron con que Domingo Dulce al frente del zaguanete de alabarderos quería ganar su tercera laureada, y fue imposible subir por la escalera principal de palacio, que era una posición táctica inmejorable. Todo el que intentaba subir sufría fuego por los costados y por la espalda. De todas formas la refriega duró once largas horas, que es lo que tardó en llegar la Milicia Nacional. Muy rápidos no estuvieron. ¿Qué hacia Espartero mientras? Nada. Argüelles, tutor de la reina, a quien los sublevados habían detenido y encerrado en las caballerizas, pudo escapar y, a pesar de su edad, acudió corriendo a casa de Espartero para dar noticia del tiroteo en Palacio. Espartero no salió de su casa en toda la noche. La indecisión en los momentos críticos era una de sus características personales.

El caso es que el plan, mal concebido y mal ejecutado, fracasó. O'Donnell ganó la frontera con Francia, como Narváez, Concha o Pezuela. Otros no tuvieron tanta suerte y fueron arrestados. Diego de León fue ejecutado, junto con Montes de Oca, Quiroga, Gobernando, Boria, Borso de Carminatti y Fulgosio —este último un antiguo carlista—. Acudió a Palacio con una capa blanca en la que pensaba envolver a la reina para llevarla a las grupas de su caballo. ¿Hasta Francia? En la muerte de Diego León, que murió como un valiente dando las ordenes al pelotón que lo fusiló, algunos no dejan de ver el resentimiento que Espartero le guardaba desde que tras el abrazo de Vergara algunos lo propusieran para jefe del ejército del norte, en un intento de frenar la preponderancia de Espartero, en quien ya desde entonces no dejaban de ver ambiciones políticas. Pero María Cristina no se atrevió a dar ese paso, que muy posiblemente hubiese salvado su regencia.

A la represión en Madrid sumó unas docenas más de fusilados el general Zurbano, hombre de feroz carácter. Enviado por Espartero al País Vasco, fusiló sin formación de causa a los que consideró implicados. Llegó Zurbano a publicar un bando donde condenaba a muerte a los que sin ser militares usasen boina o se dejasen bigote.

Espartero se mostró inflexible y no quiso saber nada de indultos. Algunas damas se lo pidieron a la reina, pero Espoz y Mina y su tutor Argüelles negaron que siendo menor pudiese la reina indultar a nadie; incluso pusieron dificultades para que se lo pidiese a Espartero. No pudo firmar ese indulto, pero lo compensaría firmando muchos más —quizás demasiados— en unos pocos años. La actitud de la condesa de Espoz y Mina no debe sorprendernos, teniendo en cuenta que era la viuda de quien, siendo capitán general de Cataluña, había aprobado el fusilamiento de la madre de Cabrera, culpable del delito de ser madre de Cabrera. Quizás pretendía trasmitir a la reina niña los peculiares valores morales y éticos de su difunto marido. Por suerte fracasó en ese intento.

Quizás sea esto a lo que una autora insigne se refiera cuando habla de «rayos de luz» liberales que la reina supuestamente recibía de los liberales progresistas que la rodeaban. Por suerte Isabel II no aprendió esta funesta lección, y en cuanto tuvo poder indultó a diestro y siniestro, aunque también es posible que, de haber tomado la lección de Espartero, ahora posiblemente los españoles las tuviesen en más aprecio. A fin de cuentas no falta quien quiera canonizar a Isabel la Católica, que mandó decapitar sin dudar al mariscal Pardo de Cela y que eliminó a los que eran obstáculo en su camino hacia el trono como su hermano, o el novio designado por el rey para ella, Pedro Girón. «Casualmente» murieron ambos de «repentinos males estomacales». Mientras que se quiere canonizar a la primera Isabel, que no tenía escrúpulos morales de ningún tipo en dar trabajo al verdugo, se insulta a la segunda Isabel, que fue la reina más bondadosa y de más dulce corazón que se pueda imaginar, y que pagaba traiciones con perdones y favores, por sus supuestos pecados carnales e íntimos. Los pecados cometidos por los gobernantes de cintura para arriba deben ser menos graves que los cometidos de cintura para abajo, según los criterios éticos progresistas de ayer y de hoy.

Tuvo Olózaga como embajador en París la peregrina idea de solicitar el Gobierno francés que expulsase a María Cristina de Francia por su implicación en el fracasado movimiento. La contestación francesa fue una bofetada que otro más prudente habría previsto.

«Muy señor mío: He puesto á la vista del Rey y de su Consejo las cartas que me ha dirigido Vd. con fecha del 12 y del 15, pidiendo que el Gobierno de S. M. se sirva mandar á la Reina Cristina que salga de Francia en el plazo más breve posible.

Algunos reparos tendría que hacer respecto á varias expresiones de estas cartas, poco conformes con las consideraciones que entre sí observan los Gobiernos; más lo que voy á contestar ahora es la esencia misma de las cosas. El Gobierno del Rey reconoce sus deberes para con los Gobiernos vecinos con quienes se halla en paz; siempre los ha observado escrupulosamente, y en particular con el Gobierno de España, más el Gobierno del Rey tiene también otros deberes que llenar; los tiene principalmente para con su propio honor. La Reina Cristina, al salir de España, ha venido á buscar un asilo en Francia, cerca de su más allegado deudo y del amigo más seguro de la Reina su hija; la sobrina del Rey, la madre dé la Reina Isabel, debía hallar entre nosotros la hospitalidad; esa hospitalidad le será conservada. El Rey, oído el parecer de su Consejo, me manda trasmitirle á Vd. esta contestación.

Guizot[5]»

Espoz y Mina nos dejó un vivido relato de esos acontecimientos y su versión personal sobre la educación que recibía la reina, que como es «lógico» era muy mala antes de llegar ella. Ella intentó mejorarla según su versión. Ciertamente la educación era somera, como era común a todas las mujeres de noble cuna: clases de escritura, geografía, equitación, aritmética, danza, piano y canto, francés, labores de aguja y sobre todo religión. Sus favoritas eran las de equitación y canto. Sería Isabel una consumada amazona y tenía de adulta una bonita y educada voz de soprano. También parece que a la vista de las tareas escolares que le enviaban a su madre tenía muy buena mano para el dibujo. Fue su profesora de dibujo Rosario Weis, ahijada y discípula de Goya, mujer de notable talento, tanto que obras suyas fueron atribuidas a Goya durante muchos años. Su pronta muerte, a los 29 años, privó a España de su talento. Era la única mujer que participaba en las exposiciones anuales que organizaba la Academia de Bellas Artes de San Fernando.

---

5 *La estafeta de palacio*, Ildefonso A. Bermejo Impr. de R. Labajos 1872. Tomo II, pág. 164.

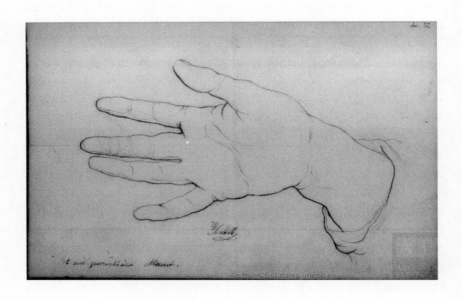

©Archivos-Estatales. mecd.es

Los horarios previstos se cumplían pocas veces y las clases se anulaban a la primera excusa. Del carácter de la reina niña podemos decir que era igual que de adulta, muy dulce y afectuosa, y nada reacia a recibir correcciones. Ya demostraba la generosidad que luego la caracterizaría.

En cierta ocasión se acercó alguien con aspecto de mendigo al coche de la reina durante un paseo y la reina lo trató como si lo conociera. Sobre lo que le inquirió Espoz y Mina, la reina le contestó: «Es Alejo. Fue criado de mi padre y lo despidieron a su muerte. Yo le doy las monedas que tengo».

Desde ese día la condesa organizó un sistema para que la reina recibiese memoriales solicitando ayuda y se le asignó un presupuesto para ese fin. La reina se dedicaba al asunto con gusto. Con el tiempo se puede decir que Isabel II era el verdadero ministerio de Asuntos Sociales de todos sus Gobiernos, eso sí siempre con dinero propio y no del Estado. Más adelante incidiremos sobre el tema con más detenimiento.

La reina misma le dijo a Galdós: «Los que eran ilustrados y sabían de constituciones y de todas esa cosas no me aleccionaban sino en los casos que pudieran serles favorables, dejándome a oscuras si se trataba de algo que mi buen conocimiento pudiera favorecer al contrario... ¿Qué podría hacer yo, jovencilla reina, no viendo a mi lado más que personas que se doblaban como cañas, ni oyendo más que voces de adulación que me aturdían?».

A esto Isabel Burdiel, en su documentadísima y magna obra, responde: «Sin duda olvidaba, interesadamente, los tenues rayos de luz que logró introducir la condesa de Espoz y Mina entre la niebla absolutista que rodeó su infancia y primera adolescencia.»[6]

Yo no creo que lo olvidase; es más, esa descripción de la situación que hace la reina parece pensada expresamente para la Espoz y Mina, sobre todo a la luz de lo que ocurrió posteriormente en 1843 y 1846, cuando demostró que era más leal al progresismo y a Espartero que a la reina. Yo en el lugar de la reina también tendría prevenciones sobre lo que la condesa le intentó inculcar a la vista de su poca lealtad.

---

6   *Isabel II, o el laberinto del poder.* Isabel Burdiel, pág. 110. Editorial: Taurus. (2016).

Por otro lado, atribuir la «luz» al pensamiento progresista decimonónico me parece una opinión personal que a la luz de los acontecimientos posteriores no se puede decir que esté sustentada en los hechos. Es la opción de la autora, legítima desde luego, pero muy discutible también. La luz que representaban los progresistas es como la luz que se ve en el túnel, que en vez de la salida es la locomotora que nos atropellará.

Es sorprendente la buena prensa que tienen los progresistas decimonónicos hoy en día. Debe ser consecuencia del poder de las palabras. ¿Cómo estar en contra de alguien que dice representar el progreso? Que los periodos de su Gobierno no aportasen progreso alguno siempre es algo de lo que se puede culpar a los demás. El que un Gobierno progresista como el de Espartero bombardee ciudades como Barcelona o Sevilla y después fusile a unos cien desdichados en una represión innecesaria no hace que se le llame un Gobierno represivo y cruel, como todavía hoy se llama al último Gobierno de Narváez o González Bravo, que no cometieron esas crueldades. Parece que llamarse progresista es tener bula para fusilar.

Pero volvamos a doña Isabel. Su maestro era Ventosa, que pretendió enseñarle con un método pedagógico novedoso —que él decía que era muy bueno—. Consistía en intentar enseñar divirtiendo. Una enseñanza lúdica, sin aprender las cosas de memoria, algo que hoy parece que vuelve a tener partidarios. Ventosa fue despedido por hacerle llegar a la reina un retrato de su primo Francisco de Asís y decirle que era con quien debía casarse. No hay que ser muy listo para ver la mano de Luisa Carlota detrás, quien tras su regreso a España visitaba a su augusta sobrina todo lo que le dejaban. Cuando no le dejaban, se hacía la encontradiza en los paseos de la reina por el Retiro o el Prado.

Ventosa, que fue designado para el crucial puesto de profesor de su augusta hija por la supuestamente absolutista María Cristina, era profundamente liberal, algo que algunos doctos historiadores parecen olvidar. ¿Interesadamente? Tan liberal que Espartero no pensó en cambiarlo, como sí hizo con el resto de personal de Palacio. Casa mal eso con la pretendida niebla absolutista que se supone rodeaba a Isabel II. Por otro lado, suponer que ser criada en un entorno absolutista necesariamente tendría que dejar pensamientos absolutistas es un pensamiento sumamente simplista. No todos los que se educaron en el franquismo resultaron franquistas de adultos, como nos demuestra el rey Juan Carlos I.

Isabel II fue siempre una reina constitucional y, pese a los aspavientos y gimoteos sobreactuados e histriónicos de los progresistas, demostró siempre ser más constitucional que ellos.

El despido de Ventosa supuso un cierto escándalo y precipitó también la dimisión de la marquesa de Belgida, progresista declarada que a su dimisión describe «el espíritu inquisitorial de fiscalización de desconfianza y de recelo, por no decir de opresión». ¿Estamos ante la primera camarilla? En su renuncia dice entre otras cosas: «se la tiene incomunicada, rodeada solamente de cierta bandería por no ni llamar pandilla, que espía sus acciones y palabras, y de la cual recibe únicamente inspiraciones.»[7]

Se ajusta mucho a lo que Isabel II relata a Galdós sobre su infancia.

Estos asuntos, además de la propia concepción de la regencia como unipersonal, era una más de las variadas causas de desunión entre los progresistas.

La experiencia de octubre del 1841 también demostró a los moderados que solos no tenían bastante fuerza contra Espartero, pero siempre podrían encontrar entre los progresistas descontentos apoyo si lo sabían buscar. En la política española nunca faltaban descontentos con el propio partido, por las razones ya explicadas.

La regencia de Espartero supuso entre otras cosas un acercamiento a Inglaterra. Esto también será una constante en el periodo isabelino. Inglaterra apoya a los progresistas y Francia a los moderados, por eso cuando se tienen que exiliar los progresistas van a Inglaterra y los moderados a Francia.

Los desaires franceses se compensaban con los cariños de los ingleses hacia Espartero. Una de la obsesiones de los

---

7   *Eco del Comercio*. 28 de junio de 1842.

ingleses era establecer un tratado de libre comercio con España, para poder vender sus telas con menos aranceles (a poder ser ninguno). Lo intentaron durante la guerra carlista, pero con buen criterio se pensó que eso supondría convertir Cataluña en una nueva Navarra.

Los catalanes eran progresistas, pero contrarios a ese acuerdo que perjudicaría mucho a su naciente industria. El temor a ese acuerdo provocó el levantamiento de Barcelona en otoño de 1842, que fue apagado a sangre y fuego y por orden expresa de Espartero. La ciudad fue bombardeada desde Montjuic y murieron veinte personas. Unos cien fueron fusilados en la represión posterior. Espartero perdía prosélitos a puñados.

Espartero intentó arreglarlo nombrado presidente del Gobierno a Joaquín María López, después de ofrecerle el Gobierno entre otros a Olózaga, que lo rechazó por estar ya en conversaciones con los moderados. Espartero no encontró apoyo entre los supuestamente suyos, que sospechaban que aspiraba a prolongar la minoría de la reina, ante la oposición parlamentaria. Joaquín María López dimitió y Espartero disolvió las Cortes en mayo del 43.

Inmediatamente se pronunció Prim y Milans del Bosch en Reus, solicitando a la mayoría de edad de la reina ¡de 13 años! Le siguió todo el Levante. En menos de un mes todo el país se alzó contra Espartero. La mecánica fue la de siempre: se crean juntas locales que asumen el poder y se lo niegan al Gobierno central.

Tampoco los pronunciados estaban unidos. Como era y sería siempre habitual, desconfiaban unos de los otros, y con razón, nadie quería quedarse sin poltrona.

Nadie habla de devolver la regencia a María Cristina, lo que evidentemente no le gusta, pero para no quedarse definitivamente fuera de juego apoya la revuelta. El 27 de junio desembarcan en Valencia entre otros Narváez y Concha, y proclaman un manifiesto ambiguo como todos, pero asumiendo el poder militar de las juntas locales. Serrano, que como ministro de Espartero había combatido a los ahora pronunciados, cambia de bando y desde Barcelona, para evitar quedar sobrepasado por los generales moderados, se erige en ministro universal y decreta la destitución de Espartero, que salió de Madrid para enfrentarse a los sublevados. Los progresistas refuerzan las medidas de seguridad en torno a la reina temiendo otro intento de secuestro.

Narváez venció a Seoane en Torrejón de Ardoz y estaba a las puertas de Madrid, mientras Espartero paseaba por la Mancha no se sabe haciendo qué. En su camino hacia Cádiz bombardea Sevilla. Tampoco se sabe muy concretamente con qué sentido. Si quería pelear Narváez le esperaba en Madrid. El 22 Narváez entra en Madrid, mientras desde Barcelona Serrano firma decretos en los que devuelve el Gobierno a Joaquín María López.

Sobre la caída de Espartero de la regencia son muy precisas las palabras de Carlos Marx: «Fue cayendo de la idolatría al entusiasmo, del entusiasmo a la lealtad, de la lealtad al respeto, del respeto a la indiferencia, de la indiferencia al desprecio, del desprecio a la indignación, y de la indignación al mar».

Espartero se embarca en Cádiz para Inglaterra, tierra de exilio para los progresistas. Al mismo tiempo Espoz y Mina dimite como aya de Isabel II soltándole una parrafada infumable en la que viene a decir que era más leal a Espartero que a la reina. Ciertamente era segura su destitución, pero esperándola hubiese demostrado una estatura moral y una lealtad que evidentemente no tenía hacia una reina niña que lloró al saber su partida. De nada valieron las lágrimas de la reina. Por si quedaban dudas, solo unos años después, en 1846, Espoz y Mina participó en la revuelta progresista de Galicia, donde algunos pretendían dar la corona al infante don Enrique de Borbón. No tenía motivos la reina para recordar con gratitud la presunta lealtad de la que fuera su aya y a la que ella había dado todas las pruebas de afecto imaginables y todos los honores.

«… Vuestra Majestad puede disponer hasta de mi existencia, a la patria y a vuestra Majestad la consagré la noche del 7 de Octubre, pero mi reputación, señora, es un bien que no puedo sacrificar por ninguna consideración, y la perdería infaliblemente si, después del cambio político que ha habido, permaneciese por más tiempo en un cargo de tanta responsabilidad.

Permítame vuestra majestad le diga que yo haría traición a mis principios, que son los mismos que profesaron mi padre y mi esposo, si por segunda vez me expusiera a oír un discurso como el que ayer dirigió a vuestra majestad en su cámara el general Aspiroz, Señora por más que digan, vuestra majestad ha estado libre y segura mientras la ha guardado el pueblo, más segura que hoy guardada por alguna bayonetas vendidas al oro de Francia. Vuestra majestad me ha oído decir varias veces que acepte el honroso encargo de aya de vuestra majestad con mucha dificultad, y tan solo porque creí poder prestar un pequeño servicio en ello a mi patria, pues entonces no podía haber el poderoso motivo del respetuoso afecto que la benevolencia de vuestra majestad me ha inspirado, pero si acepte, señora, tan grande compromiso fue porque vi amparado y sostenido un principio constitucional que ahora se destruye, y cuya destrucción no quiero sancionar en la parte que me toca.»[8]

Lo que más o menos quiere decir en su calderoniano discurso (*Al rey la hacienda y la vida se ha de dar, pero el honor es patrimonio del alma, y el alma solo es de Dios...*)

que era más leal a Espartero que a la reina. Sus escrúpulos constitucionales no dejan de ser una manida excusa como demuestra su participación en 1846 en anticonstitucionales pronunciamientos. ¿Vendidos al oro inglés? Ya sabemos y posteriores acontecimientos nos mostrarán con diáfana claridad que para los progresistas la constitución es algo que tiene que ser respetado desde el punto de vista religioso, pero sobre todo por los demás, y no por ellos mismos.

El discurso mencionado de Aspiroz solo decía que se le había encomendado la seguridad de la reina, tal y como dijo Espartero al asumir la regencia. Nada de que escandalizarse.

La coalición había triunfado otra vez. Como desde un principio sabían que no se pondrían de acuerdo en una nueva regencia, y ante su propia incapacidad de gestionar su triunfo, aquellos hombres de pelo en pecho decidieron pasarle el marrón a una niña de 13 años, de la que por supuesto no tardarían en criticar su inmadurez. Ni siendo

---

8   *Memorias de la condesa de Espoz y Mina*, Juana Vega de Mina, pág. 429. B.O.E. (2014).

Isabel II con catorce años, por Madrazo

Seneca reencarnado en una niña de 13 años sería Isabel II capaz de poner orden en aquellos hombres.

Evidentemente ellos no pensaron que Isabel II pudiese reinar, y por supuesto la idea era hacerlo ellos en su nombre. El problema era que esa idea la tenían muchos. Por eso era importante maniobrar rápido para colocarse cerca de la reina. Quien se llevo el gato al agua momentáneamente fue Donoso Cortés, que es nombrado secretario de la reina. Se repone en su puesto a la marquesa de Santa Cruz, lo que refuerza el control de María Cristina.

Quizás para compensar el Gobierno nombra a Salustiano Olózaga ayo instructor de la reina, un personaje que marcaría su reinado. Pronto surgió el enfrentamiento de Olózaga con Donoso, dotados como estaban los dos de un ego superlativo.

Isabel II acogió a los dos personajes con afecto tal y como hacía con todo el mundo. Era una jovencita de trece a la que adultos adulaban. De su relación con Olózaga nacen las primeras infamias. A Donoso Cortes para desprestigiar a Olózaga no se le ocurre otra cosa que la peregrina idea de hacer correr el rumor de que este era «demasiado afectuoso» con ella. Manchar el nombre de una inocente niña es algo que le es indiferente, daños colaterales que se diría hoy. Sí parece que Olózaga, cuya catadura moral no era mejor, intentó algún acercamiento indebido a Isabel II, pero sus artes de seducción solo estaban entrenadas en criadas y taberneras, y por eso intentaba emborracharla o hacerle llegar inadecuada «literatura» francesa, el entonces famoso *Teresa filosofa* más concretamente, hábilmente interceptada por el perro de presa que era la marquesa de Santa Cruz, que no la dejaba sola ni en el retrete.

De esos sucesos algunos son capaces de afirmar que Olózaga fue el primer hombre de Isabel II, una tontería que precisamente por serlo tiene seguidores. Es como si dentro de ciento cincuenta años se pretenda escribir la historia tomando como fuente *El Jueves* y las cosas que dice de nuestros actuales reyes. Esa y no otra es la solvencia intelectual de quien tal cosa afirme. Pero ya sabemos que el sexo siempre vende, y esa es la única intención de algunos.

Tal y como estaban las cosas en lo político en ese momento Narváez tenía el poder *de facto*, mientras que *de iure* lo tenían los progresistas. Pero nadie se hacía ilusiones de que eso durase mucho tiempo.

Finalmente Isabel II es declarada mayor de edad por las Cortes, que fuese algo palmariamente inconstitucional era intrascendente. Las voces que lo advirtieron fueron despreciadas. El 10 de noviembre de 1843 juró la constitución como reina de pleno derecho.

Joaquín María López presentó la dimisión como presidente del Consejo de Ministros y le sustituyó Olózaga, con el sorprendente apoyo de los moderados. Se suponía que un Gobierno progresista facilitaría el regreso de María Cristina con menos escándalo, pero Olózaga tenía sus propias ideas.

El nombramiento de Olózaga sentó muy mal en Palacio, donde desconocían las menudencias políticas de su nombramiento. Sobre esto Carlos Cambronero nos cuenta una anécdota muy jugosa.

Al segundo día de la formación del Gobierno, la reina los invitó a comer con ella. Se presentaron muy dispuestos los ministros cuando desde el servicio de la reina se les dijo que había ocurrido un malentendido y que lamentándolo mucho no había comida para ellos. El inteligente Olózaga contestó:

«No importa, otro día tenderemos esa honra si S.M. lo determina, y si no, nos basta la de haber sido invitados, pero yo sabía la falsedad del motivo que se alegaba, y esa falsedad había sido presentada a S.M. con colores tan verdaderos, que se le había hacho creer; yo sabiendo lo cierto del caso, tome sobre mí el decir «no venimos aquí deseosos de alimentarnos en esta o en otra mesa, sino ansiosos del honor de sentarnos a la mesa de S.M.; S.M. comerá, y nosotros lo veremos».

Esta resolución, de que participaron todos mis compañeros, hizo que en efecto se verificase la honra que se nos había ofrecido, y la suerte hizo que en presencia de la persona que había dicho que no había comida, se sirviera la más abundante y delicada mesa que podíamos ver en circunstancias semejantes»[9].

Como Olózaga no era tonto, sabía que su posición era muy inestable. Para eso necesitaba lo que todos los presidentes de Gobierno pidieron y pedirán en el futuro a la reina: la disolución de las Cortes para hacer unas a su medida.

Pero, en vez de pedirlo directamente, temiendo que la reina no se lo concediera, decidió engañarla. Obtuvo la firma sin explicarle a la niña qué era lo que en realidad firmaba. Estamos ante el famoso Asunto Olózaga.

Cuando la marquesa de Santa Cruz, que no pudo estar en la firma, le preguntó a la reina qué había firmado, esta confusamente le dijo que algo «para que no haya Cortes». La marquesa de Santa Cruz se echó las manos a la cabeza. Llamó a Narváez y al resto de políticos moderados, que levantaron un acta en la cual la reina afirmaba que había sido obligada a la fuerza a firmar tal decreto. Olózaga fue fulminantemente cesado. Intentó defenderse en las Cortes con la elocuencia que le caracterizaba, pero no era posible decir que la reina mentía sin caer en un desacato todavía más grave. La acusación contra Olózaga tuvo credibilidad, entre otras cosas porque ya era por todo Madrid conocido que Olózaga se permitía maneras excesivamente familiares e inadecuadas con la reina, confianzas y poco acatamiento fuera de lugar que de haber evitado no darían credibilidad a la acusación presente.

Sugerir que el asunto era una maquinación de la propia Isabel II es totalmente peregrino. En primer lugar, era una niña incapaz de semejante intriga, y en segundo, ella no tenía necesidad de excusas para cesar a Olózaga si tal fuese su voluntad. Claramente la intriga partió de Narváez, quien, para no mancharse, encargó el trabajo sucio a González Bravo. Emplear ese método para eliminar a los progresistas fue una mala decisión que encaminaba a la reina por el camino de su padre y su «fui forzado», si bien ella tenía la excusa de sus 13 años. Incluso en caso de ser verdad, hubiera sido más inteligente y valioso para la reputación de la corona cesar a Olózaga y enterrar el incidente.

---

9   *Isabel II íntima*, C. Carbonero, pág. 113. Kessinger Publishing (1908).

Olózaga ganó a caballo la frontera con Portugal, camino de Londres. Era el fin del periodo progresista. Olózaga había durado nueve días en el Gobierno. Otros serían aún más breves. Sí tuvo tiempo de obtener de la reina el Toisón de Oro, distinción inusitada que en la época solo se entregaba a personas con sangre real y a la que nunca renunció pese a que se suponía que la reina que se lo había concedido era el compendio de todos los males para los progresistas. Olózaga era un megalómano muy vanidoso.

Olózaga abrigó un imperecedero rencor a Isabel II por lo que él consideró un agravio y una ofensa a su honor, pero no quiso darse cuenta de que fue él mismo quien había ensuciado su honor al obtener una firma de la reina mediante engaño. Él creó las condiciones para los acontecimientos posteriores. Fue su convencimiento de que podría manipular impunemente a una ingenua niña lo que le cegó y lo que hizo que no calibrara las consecuencias de su acto.

El periodo en el Gobierno del autodenominado Partido del Progreso duró casi tres años, en los cuales España no vio progreso alguno en el ámbito material ni en ámbito alguno. Esto es algo que los historiadores suelen pasar por alto. ¿Será que a nadie le extraña ni se esperaba otra cosa? Es lógico y esperable que los anteriores Gobiernos progresistas durante la guerra carlista atendiesen a la guerra como objetivo prioritario y no pudiesen realizar políticas de progreso material, pero desde 1841 España estaba en paz, y tampoco se hizo absolutamente nada, ni obras públicas, ni reformas, ni nada más que discusiones y discursos de políticos, eso sí muy elocuentes todos.

Otra de las características de los políticos decimonónicos era que eran muy buenos oradores. Esta era la cualidad que cuidaban mucho y de la que se sentían más orgullosos. Cuando se busca información sobre ellos es de lo primero que se lee siempre, que eran muy buenos oradores. Que fuesen buenos gestores es algo que raramente se lee, y por norma suele decirse de figuras de segunda línea, como Bravo Murillo. Lo malo es que España necesitaba mejoras de todo tipo, necesitaba gestores eficientes y no vendedores de crecepelos enamorados del campanudo sonido de su propia voz.

4. MATRIMONIO DE ISABEL II Y PERÍODO MODERADO

La caída de Olózaga supuso la muerte política de los progresistas durante mucho tiempo.

Los moderados recrudecieron su campaña para lograr el regreso de María Cristina, entre otras cosas diciendo que era necesaria la presencia de la madre para la correcta educación moral de la hija. Que eso pusiera en duda la moral de la reina no les pareció importante; es más, para reforzar su tesis empezaron a circular por Madrid rumores que no dejaban en buen lugar a la reina. Paradójicamente los rumores que dejaban en mal lugar a la reina siempre saldrán de sus supuestos defensores más que de progresistas, carlistas o revolucionarios.

Esto también se convertiría en una norma durante el periodo isabelino. Casi siempre fueron los presuntos partidarios de la reina los que más ensuciaron su reputación cuando por algún motivo sentían que la reina escapaba de su control. Solo al final del reinado los progresistas también atacaron por ese flanco a la reina. Pero incluso entonces quienes proporcionaban la munición eran los moderados.

Narváez seguía siendo el hombre fuerte, pero prefirió dejar que González Bravo presidiese el Gobierno y manejarlo desde la sombra, quizás por dudar de sus propias cualidades como gobernante o quizás para dejar que otro hiciese cosas que él suponía impopulares. Se reinstauró la polémica ley de ayuntamientos y se hizo una nueva ley de prensa. Se liquidó la Milicia Nacional y se creó la Guardia Civil para limpiar de bandoleros los caminos de España, que buena falta hacía.

La Milicia Nacional siempre fue una de las más queridas reivindicaciones de los progresistas. Era una milicia armada controlada por los ayuntamientos, que a su vez eran controlados por los progresistas. Fueron la punta de lanza de los motines progresistas y el contrapeso al poder militar del ejército, controlado por moderados o más posteriormente por los unionistas de la Unión liberal.

Otro asunto pendiente que tenía González Bravo era regularizar la situación matrimonial de María Cristina. Se empezó en febrero de 1844 por hacer a Fernando Muñoz duque de Riansares con grandeza de primera clase y se le concedieron un puñado de cruces y medallas para adornar su pecho. Isabel II se muestra deseosa del regreso de su madre, lo que nos indica que no le tenía tan poco cariño como Espoz y Mina nos quería hacer creer. Finalmente, el 22 de marzo de 1844 regresó María Cristina a Madrid. La reina estaba eufórica al recibir a su madre.

María Cristina también estaba eufórica y, para que todos fuesen conscientes de su victoria, viajó a Valencia y Barcelona nuevamente para que su hija tomase los baños, y continuó hasta Navarra y el País Vasco, pasando por Zaragoza, donde la reina con trece años pasó revista a las tropas a caballo, asombrando por su singular maestría como amazona, algo que siempre le caracterizó, y ante un público tan exigente como los militares españoles. En el País Vasco, donde poco hacía se luchaba contra ella, ahora era recibida con grandes demostraciones de cariño. Antes de salir de viaje un alma poco caritativa dejó sobre el escritorio de María Cristina un ejemplar del *Guirigay*, periódico que dirigiera González Bravo, en el que la llamaba «ilustre prostituta». En consecuencia encargó a Narváez que nombrase un nuevo Gobierno. En Valencia y Barcelona, los mismos que la insultaron hacia solo tres años la vitorearon ahora entusiasmados. El pueblo español es así, no tiene memoria. Y es mejor que sus gobernantes tampoco la tengan.

En el regreso de ese viaje en Pamplona tuvieron una entrevista con los hijos de Luis Felipe de Orleáns rey de Francia, los duques de Nemours y Aumale, en la que se trató de matrimonios, no de ellos que ya estaban casados, sino de su hermano menor el duque de Montpensier con Luisa Fernanda.

Mucho se ha hablado y se ha escrito sobre la pretendida tendencia de María Cristina al absolutismo, tanto por parte de los progresistas en su tiempo como por parte de los historiadores posteriormente.

Los tercos hechos parecen desmentirlo. Si su concepción de la monarquía fuese absolutista, nunca estuvo en mejor situación para intentar una marcha atrás. Los progresistas estaban eliminados desde el punto de vista político y tenía al ejército controlado. A pesar de eso, siguió por la senda constitucional. La constitución del 45 ciertamente era más monárquica y conservadora, pero consolidaba definitivamente el régimen representativo y el sistema de la doble confianza para los Gobiernos. Estos tenían que reunir la confianza de la corona y la de las Cortes. Perder una de ellas suponía su caída, y ciertamente las caídas provocadas por la reina no eran más caprichosas que las provocadas por los señores diputados.

En realidad, en ese momento ya ni los carlistas eran claramente absolutistas, o al menos intentaban disimularlo.

El 13 de octubre de 1844 se casó en privado María Cristina, o quizás se pueda decir que se casó por segunda vez. La validez del primer matrimonio no está del todo clara. Para obtener la dispensa papal se paralizó la desamortización y se devolvieron a la Iglesia las propiedades eclesiásticas no vendidas. Solo quedaba arreglar el asunto del matrimonio de la reina, cosa delicadísima que como sabemos se solucionó de la peor manera.

A González Bravo lo sustituyó Narváez, que finalmente se decidió a salir de la sombra y asumir el poder. Se elaboró la constitución de 1845, claramente más monárquica que la de 1837. La reina tenía la capacidad de nombrar y cesar libremente a los ministros, convocar y disolver las Cortes. Con estas compartía la iniciativa legislativa. Tenía el derecho a vetar y no sancionar los acuerdos de las Cortes. Como se ve, tenía unas amplias facultades políticas, que le habían sido concedidas con la idea de que las usase solo a gusto de los políticos de turno, evidentemente, tal y como pronto veremos.

Las tensiones con María Cristina por el asunto de la boda de la reina lo hicieron dimitir en febrero de 1846. Fue sustituido por el marqués de Miraflores, que cayó por el mismo motivo a los treinta y nueve días. Volvió Narváez y duró aún menos, diecinueve días. Entró entonces Francisco Javier Insturiz, que era el presidente del consejo cuando se casó Isabel II.

Durante su primer Gobierno, Narváez sufre un atentado que hoy llamaríamos sin dudar terrorista: su carruaje es tiroteado por varios tiradores con trabucos. Narváez sale ileso, pero muere un ayudante suyo. Prim, resentido porque los moderados a quienes apoyó contra Espartero le ganaron la partida política a los progresistas, está implicado, por no decir que es directamente el instigador. Es juzgado y condenado a muerte. Se repite el juicio por defectos de forma y se le condena a seis años de castillo en las Marianas (lo que no era muy distinto de una condena a muerte). La madre de Prim implora a la reina y esta a petición de Narváez, y como ella no es Espartero, lo indulta con placer. Prim, de quien hablaremos ampliamente más adelante, le debe la vida a Isabel II. Ya sabemos cómo se lo pago. Quizás hubiese sido mejor fusilar a Prim en su momento, pero la historia es la que es.

Esta es la carta que Narváez envió a Prim:

«Excmo. Señor conde de Reus: Mi estimado amigo y compañero: Con esta misma fecha recibirá Vd. un decreto de indulto, que ha firmado con placer extraordinario nuestra querida y bondadosa Reina. Estamos en época de perdones y de olvido general. Reitero á Vd. mis promesas de otros tiempos, para las cuales cuento con su lealtad y patriotismo. Sea cualquiera la bandera que Vd. tremole, como ella sea desplegada con franqueza, respetaré sus designios, aun cuando yo desearía que hoy que nos estrechamos con nuevos lazos de amistad, nos acogiésemos bajo un mismo estandarte. Hoy me complazco en haber enjugado las lágrimas de su buena y cariñosa madre de Vd., á la cual me he ofrecido con la sinceridad que acostumbro, y á quien he suplicado interceda para atraerle á mejor camino. Reitero á Vd. las seguridades de mi distinguido aprecio, á la par que le saluda con toda consideración su mejor amigo, Ramón María Narváez.»

El asunto del matrimonio de Isabel II se puede decir que se suscitó casi desde su nacimiento, cuando su tía Luisa Carlota alegaba que Fernando VII le había expresado su deseo de que su hija se casase con alguno de los hijos de ella, y a eso dedicó ella su vida, lográndolo pero sin llegar a verlo.

Ya durante el exilio de su madre María Cristina y siendo aya de la reina niña la condesa de Espoz y Mina esta relata como el embajador francés la interroga sobre si la reina niña ya había llegado a la pubertad, extremo que como es lógico ella se negó a aclararle, esto nos da una idea del gran interés que existía en el extranjero sobre este matrimonio.

También nos cuenta la condesa de Espoz y Mina como Luisa Carlota durante el exilio de su hermana hacía todos los esfuerzos posible para que su hijo estuviese en la proximidad de su regia prima, algo que el aya se esforzaba en impedir sin mucho éxito. Hacerle llegar un retrato de su primo Francisco de Asís a la reina le costó el puesto al profesor Ventosa como ya hemos contado.

Tras el fin de la guerra carlista Austria que había apoyado a los carlistas, intentó que se celebrase un matrimonio con el conde de Montemolín, en quien su padre había abdicado sus pretendidos derechos, más la oposición de los liberales que como era previsible no admitían que los carlistas ganasen en el altar lo que habían perdido en el campo de batalla, hizo ese enlace imposible.

Para hacer posible esa combinación, Carlos Luis, conde de Montemolín, publicó un manifiesto declarándose casi liberal.

«Sé muy bien que el mejor medio de evitar la repetición de las revoluciones es no empeñarse en destruir cuanto ellas han levantado ni en levantar cuanto ellas han destruido. Justicia sin violencias, reparación sin reacciones, prudente y equitativa transacción entre los intereses, aprovechar lo mucho bueno que nos legaron en nuestros mayores, sin contrarrestar el espíritu de la época en lo que encierra de saludable. He aquí mi política.»[10]

---

10 *Historia general de España*, M. Morayta. Tomo VII, págs. 1077 y 1078. Establecimiento tipografico y Casa editorial de Felipe Gonzalez Rojas (1893-1898).

Pero sus palabras no fueron muy creídas, y más cuando se supo que había enviado a Cabrera para encender la sublevación en el Maestrazgo otra vez. Por fortuna Cabrera fue interceptado por las autoridades francesas

Francia e Inglaterra sí persistieron en sus gestiones al respecto, creyéndose en el derecho a decidir tan importante cuestión. Siendo presidente del Gobierno Miraflores escribió en 1842 un folleto titulado «Examen imparcial de la cuestión de casamiento de S. M. la reina de España doña Isabel II», donde reivindicaba el derecho exclusivo de España a decidir esa cuestión. Ingleses y franceses desde luego no hicieron caso a este documento. Los ingleses lo que no querían de ninguna manera era que Isabel se casase con algún hijo del rey francés y los franceses que no lo hiciese con ningún príncipe cercano a los ingleses, por lo que pretendían que la reina de España solo se podía casar con algún descendiente de Felipe V, es decir, con un Borbón, de los que excluía a sus hijos. Al mismo tiempo pretendía la mano de la hermana de la reina, la infanta doña Luisa, para su hijo el duque de Montpensier.

Es de señalarse que Isabel II de niña no parecía muy saludable. Se tenían serias dudas de que pudiese tener descendencia por su algo tardía pubertad. Los hechos posteriores demostraron lo erróneo de esos cálculos.

Se puede decir que el rey de los franceses pretendía jugar a dos barajas: por un lado negaba tener aspiraciones al trono de España para sus hijos y por otro colocaba a Montpensier en situación de alcanzarlo para sí o para su descendencia.

El primer candidato fue el conde de Trapani, Borbón italiano, hermano de María Cristina y por lo tanto tío carnal de Isabel —esas cosas en la época tenían poca importancia—. Contaba con el apoyo de Narváez y el de su hermana la reina madre, aunque el de esta algo más tibio. Su candidatura cayó muy mal en España. Era un joven muy feo y que estudiaba con los jesuitas, muy mal vistos entonces.

También se barajó incluso la posibilidad de casarla con don Pedro, hijo de Pedro IV de Portugal. Pero si Isabel era muy joven, más lo era el novio, que en 1845 tenía ocho años. La idea fue desechada. En septiembre de 1845 en el palacio francés de Eu se reunieron los soberanos de Francia e Inglaterra. Se trató en extensión el asunto de las bodas españolas, como si fuese asunto de ellos, y se acordó:

1º Que la reina de España debía casarse con un descendiente de Felipe V.
2º Que no podían ser candidatos ni ningún hijo del rey francés ni ningún Coburgo.
3º Que el duque de Montpensier solo se podría casar con la infanta María Luisa Fernanda después de que la reina tuviese descendencia.

A este acuerdo se llegó a espaldas de España. Volvió al Gobierno Narváez tras el breve paréntesis de Miraflores (34 días), lo que pareció reforzar la candidatura de Trapani. Pero Narváez aún duró menos (19 días). Fue sustituido por Insturiz. La candidatura Trapani era cada día más impopular y se abandonó.

María Cristina escribió al jefe de la casa Coburgo, padre del príncipe Leopoldo. Era sobrino del rey de Bélgica, primo del príncipe Alberto, rey consorte de Inglaterra y hermano del rey consorte de Portugal Fernando, ofreciendo la mano de su hija para este príncipe.

Se enteró del asunto el conde de Aberdeen (ministro de Exteriores ingles) y este se lo comunicó al ministro francés. La noticia disgustó mucho a Luis Felipe, que no quería admitir que en ese asunto se decidiera sin contar con él. De todos modos, los Coburgo, deseosos de no indisponerse con los franceses, no tenían mucho entusiasmo por la boda, y sus parientes ingleses tampoco hacían mucha fuerza por ella. A María Cristina le gustaba Leopoldo Francisco de Sajonia Coburgo, guapo mozo y bien plantado, culto y educado, de trato muy agradable. Vamos, el yerno perfecto. A la reina Isabel tampoco le desagradaba. Se envió a Miraflores, que ya no era presidente del Gobierno, primero a París y después a Londres, para sondear más de cerca las posibilidades de esa boda. Para comprobar hasta qué punto llegaba la oposición de Luis Felipe, se entrevistó con él.

En esa entrevista Luis Felipe con gran cinismo le dice:

«Yo no quiero imponer marido a mi sobrina, lo que quiero es que elija dentro de los individuos de la familia. Tiene seis: tres hijos de don Carlos, dos de don Francisco y Trapani. Ella puede elegir. Por mi parte no omitiré ninguna especie de esfuerzo para evitar que un Coburgo se case con la reina».

Para no querer imponer tampoco le da mucho donde elegir, porque de esa lista estaban descartados los hijos de don Carlos y Trapani. Solo quedaban dos.

A Aberdeen le sustituyó lord Palmerston en Asuntos Exteriores ingleses. Escribió a su embajador en España, que no apoyaba ni vetaba a ninguno de los candidatos que se barajaban. Se redujeron a tres: Leopoldo de Coburgo y los dos hijos de Francisco de Paula, lo que alteraba el acuerdo de Eu, al incluir un Coburgo entre los candidatos.

Posteriormente, en un despacho del 27 de agosto, dice: «Después de haber hecho un cuidadoso examen de la cuestión el Gobierno de S. M., la reina de Inglaterra pensaba que el infante don Enrique era el solo príncipe español a propósito por sus cualidades personales para ser el marido de la reina».

Fiel a su política de siempre Inglaterra apoya al candidato más cercano a los progresistas españoles. La política inglesa de la época era cualquier cosa menos imprevisible.

Don Enrique había participado en un reciente pronunciamiento progresista en Galicia, donde estaba al mando de la fragata Manzanares. En esos momentos desde el extranjero se reunía con Olózaga, Espartero y demás progresistas exiliados, lo que no parecía muy adecuado para un candidato a rey consorte. Se puede decir que él solo se excluía a sí mismo.

Al final solo quedó Francisco de Asís. El matrimonio fue simultáneo con el de Luisa Fernanda con Montpensier. El 10 de octubre del 1846, día en que la reina cumplía 16 años —para Francisco de Asís eso era una ventaja, pues como marido tenía más fácil recordar la fecha del aniversario, algo que a todos los hombres se nos hace difícil—, el matrimonio simultáneo también contrariaba el acuerdo de Eu. Puestos a incumplir un acuerdo que España no estaba obligada a cumplir puesto que no era parte, mejor hubiese sido incumplirlo del todo y que la reina escogiese a su marido a su gusto. Los ingleses protestaron pero tampoco pasó nada grave.

Las fiestas fueron lucidísimas y hubo todo tipo de espectáculos y decoraciones públicas para el pueblo, desde fuegos artificiales a corridas de toros. Los cronistas destacan el afecto popular hacia la reina y la indiferencia hacia el rey consorte.

Se notará que se menciona poco a Isabel II. Nadie tuvo en cuenta sus deseos ni necesidades, y quedó en una soledad afectiva perpetua. Nunca tuvo en su marido un compañero, más bien un rival político y una fuente de problemas de todo tipo.

Isabel II era una muchacha afectuosa y con necesidad de ser amada. De haber sido amada por su marido hubiera sido una espléndida e intachable esposa, pero Francisco de Asís solo se casó por cálculo y nunca hizo esfuerzo alguno para estrechar lazos con su prima. La dejó no solo en la soledad amorosa y sexual; la soledad de Isabel II era también afectiva. Necesitaba sentirse querida, por eso era generosa hasta la imprudencia y se daba abiertamente a su pueblo. Su generosidad no era solo económica o monetaria, era también afectiva, nunca fue tacaña con sus afectos.

No sabemos si lo de «con Paquita NO» es cierto y, la verdad, tampoco es muy importante. Lo cierto es que la reina sí fue violentada en su decisión. Evidentemente hubiera sido mucho mejor seguir el consejo de Miraflores y aplazar la cuestión unos años, la reina era joven. De esperar solo año y medio la cosa hubiera sido muy distinta. En 1848 Luis Felipe fue destronado y Isabel II hubiera podido elegir más libre y adecuadamente.

Parece que el primer contacto de Isabel II con sor Patrocinio es en esa época, cuando la monja al parecer fue la elegida para disipar las dudas que tenía la reina sobre la virilidad del novio. Lo que yo me pregunto es cómo podía saber las monjas esas cosas para dar tales informaciones… En fin, misterios de la historia.

El matrimonio fue un fracaso, es conocida la frase que se supone le dijo a León y Castillo muchos años después ya anciana sobre el asunto: «¿Que pensarías tú de un hombre que en la noche de bodas tenía en su cuerpo más encajes que yo?». Triste es comparar esto con lo que la reina Victoria escribió en su diario sobre la noche de bodas:

«NUNCA, NUNCA he pasado una noche así. MI QUERIDO, QUERIDO, QUERIDO Alberto [...] con su gran amor y afecto me ha hecho sentir que estoy en un paraíso de amor y felicidad, algo que nunca esperaba sentir. Me cogió en sus brazos y nos besamos una y otra vez. Su belleza, su dulzura y su amabilidad —nunca podré agradecer suficientes veces tener un marido así— [...] que me llama con nombres tiernos como nunca antes me han llamado ha sido una increíble bendición. Este ha sido el día más feliz de mi vida.»

Algunos parecen olvidar que las reinas también son mujeres.

La noche de bodas de Isabel fue en el palacio de la Moncloa (tan de actualidad hoy en día) y de ella solo sabemos que el matrimonio fue consumado, y poco más. Casi que mejor así.

La paz matrimonial de Isabel II duró muy poco. Es lo que se llamó «la cuestión de Palacio». Isabel pronto se sintió engañada y usada, y su resentimiento se dirigió además de a su marido hacia su madre a la que culpaba y con razón de su desacertado matrimonio. Poco después del matrimonio Insturiz perdió la votación para elegir al presidente del Congreso, lo que se consideró una muestra de la pérdida de confianza por parte del Congreso. Según el principio de la necesaria doble confianza, presentó su dimisión.

Por consejo de su madre, en enero de 1847 fue designado el duque de Sotomayor, Carlos Martínez de Irujo. Isabel II empezó a mostrarse más reacia a recibir consejos de gente, que a fin de cuentas eran más fieles a su madre que a ella, y en compañía de su cuñada la infanta Josefa se dedicó a frecuentar fiestas y espectáculos, a divertirse en fin, tal y como es normal en una muchacha de 16 años. En esa época nació la relación con Francisco Serrano, a quien había conocido siendo ministro de la Guerra en el Gobierno de Espartero. Quizás le gustase que había sido de los que en las Cortes se había opuesto a su matrimonio, o simplemente que era guapo. Las reconvenciones de su madre caían en saco roto, por lo que esta, quizás con la intención de que se asustase al verse sola y sin su consejo, decidió viajar a París. Craso error. La reina se alegró de su partida.

Su furia juvenil era para con todos los que habían violentado su voluntad. Pero como siempre sus enfados eran inofensivos. El Gobierno intento mediar para frenar lo que consideraban un escándalo, aunque solo lo era para lo que querían escandalizarse. La popularidad de Isabel II en ese tiempo era enorme. El pueblo comprendía y casi alentaba el comportamiento de una joven que se había casado contra su voluntad. No sobra decir que Francisco de Asís ni entonces ni nunca gozó de popularidad alguna.

El Gobierno intentó alejar a Serrano destinándolo fuera de Madrid y como es lógico la reina negó su firma a tal cosa. Los tiempos en que firmaba lo que le presentaban los ministros sin preguntar habían pasado, lo que evidentemente escandalizaba a los ministros. ¿Qué se habría creído aquella niña? Debían pensar.

La reina, que para eso lo era, cesó al Gobierno, del que con razón pensó que era más leal a su madre que a ella, y que pretendía tratarla como a una niña cuando habían sido ellos los que se empeñaron en que dejase de serlo. Ahora tendrían que afrontar las consecuencias de sus actos. El 27 de marzo designó a Joaquín Francisco Pacheco como nuevo presidente del Gobierno, moderado puritano, los más cercanos a los progresistas. A fin de cuentas ejercía el derecho que los moderados tanto habían defendido al redactar la constitución, lo que los dejaba sin argumentos para quejarse. No parece tan tonta Isabel II.

Los puritanos eran un grupo de los muchos en que estaban divididos los moderados. Eran los más moderados de los moderados o, si se quiere, su ala más centrista y cercana a los progresistas. Formaban este grupo gente como los dos hermanos generales de la Concha, José Luis Sartorius, Serrano, Ros de Olano o José de Salamanca, entre otros muchos. Se puede decir que la preponderancia de este grupo fue el primer intento fallido de una política de centro. No cuajo porque, más que un grupo político organizado, era un grupo de gente con afinidades políticas pero sobre todo personales y de negocios. Aún era pronto para una política verdaderamente centrista.

Despidió a la marquesa de Santa Cruz, por la que nunca había sentido afecto, y al intendente de palacio, Egaña. Nuevamente gente de María Cristina y no de la reina, ya no quería tutelas. Todo esto reforzó aún más su popularidad. La gente se alegraba de que la reina dejase de ser la reina de un partido y pasase a ser la reina a secas. Los progresistas organizaron manifestaciones de apoyo multitudinarias, aprovechando sus diarios paseos por Madrid. La reina disfrutaba de ese afecto popular, que en parte le compensaba de la frialdad de su marido.

La reina acostumbraba a pasear por Madrid con una escolta simbólica, en compañía de su cuñada la infanta Josefa de Borbón, familiarmente Pepita o de su suegro, unas veces a caballo y otras en un tílburi (el coche deportivo de la época), que ella misma conducía por el paseo del Prado o por el Retiro. Incluso acudía de incógnito al teatro o a las verbenas populares. En la época debía haber poca gente en Madrid que no conociese a la reina de vista en persona. En esta época era frecuente verla en el restaurante Lhardy.

Se decreto una amnistía que incluyó a Espartero y se permitió el regreso de Olózaga. Esto era más de lo que los moderados podían soportar. María Cristina intentó regresar, pero ni la reina ni los ministros tenían interés en tal cosa y se le «aconsejó» no hacerlo.

El 4 de mayo la reina fue víctima de atentado, que acabo siendo frustrado. Regresaba de pasear en coche abierto con su entonces inseparable amiga y cuñada la infanta Josefa. Le dispararon dos tiros que solo alcanzaron a dejar unos fogonazos en el sombrero. Fue detenido Ángel de la Riva, abogado y periodista. Su culpabilidad era dudosa. En todo caso la reina, como siempre, lo indultó.

La misma noche del atentado acudió al teatro del Circo, donde casualmente actuaba la bailarina Guy Stephan, amante de Narváez.

Olózaga había sido elegido diputado por Albacete y Arnedo y en su viaje a Madrid había sido detenido y devuelto a la frontera. Escribió una exposición a la reina en la que entre otras cosas decía:

«No es mi ánimo, señora, al dirigirme a V. M. quejarme de tal vejación, quizás al tratarme con tal rigor, creyeron los ministros agradar a V. M. olvidando en aquel instante los sentimientos de benevolencia que abriga su noble corazón. Pero el que tuvo un día la singular honra de dirigir la educación de V. M. el que cerca de su augusta persona tuvo tantas ocasiones de admirar su bondadoso carácter, el que tiene presentes mil pruebas de sus generosos sentimientos, no podrá creer jamás que el tierno corazón de V. M. abrigue sentimiento alguno que no sea de maternal bondad hacia todos sus súbditos.»[11]

Y ofrecía:

«En cambio el exponente no puede ofrecer a V. M. más que el sacrificio de su vida si fuese necesario, para la conservación de su augusta persona, y la consolidación del trono constitucional.»[12]

La reina escribió al margen: «Hágase como se pide». En la misma publicación añade una explicación:

«Yo no puedo abrigar rencor contra nadie. Deseo que no haya enconos ni resentimientos entre los españoles aunque pertenezcan a diversos partidos, y yo quiero y debo dar ejemplo, Mi voluntad es que se haga lo que pide Olózaga.»

A la luz de los acontecimientos posteriores, sabemos que Olózaga solo decía la verdad al hablar del bondadoso corazón de la reina. Olózaga dedico su vida política a intentar vengar un supuesto agravio cometido por una niña de trece años, obviando que fue su conducta desleal la que dio la oportunidad de sufrir el agravio. El rencor no le abandonó nunca.

Por contra la reina sí que demostró que sus palabras eran verdad y que era incapaz de guardar rencor a nadie. Olózaga fue siempre bien tratado, la reina nunca dejó de cumplir su promesa. En realidad, se desconoce el caso de una promesa de la reina que no fuese cumplida por su voluntad. Ella era radicalmente distinta de su padre.

Isabel II intentó anular el matrimonio. Le ofreció un acuerdo de divorcio a Francisco de Asís que este rechazó.

---

11 *Gaceta de Madrid,* 4 de abril de 1847.
12 *Gaceta de Madrid,* 4 de abril de 1847.

La anulación eclesiástica tropezó con el gran obstáculo de que el matrimonio había sido consumado. Francisco de Asís podría tener una sexualidad dudosa, pero sabía cuáles eran sus deberes.

Los moderados no puritanos, que eran la mayoría, pasaron a la ofensiva. Su táctica, la de siempre: ensuciar la reputación de la reina. Alentaron al rey a forzar la situación. Este se negó a acompañarla a Aranjuez y se recluyó en el palacio del Pardo. Isabel disfrutaba de la relación con Serrano y no parecía tener intención de cambiar de idea. No se atacaba la política del Gobierno, que no era atacable, se atacaba a la reina para hacer caer al Gobierno. La ética o incluso conveniencia de esto para el bien de España era algo secundario.

Lo que interesaba era recuperar el poder por el círculo de moderados afines a María Cristina. Cualquier consideración cedía ante esa prioridad. Incluso los ingleses desairados por el matrimonio de la reina se pusieron de su lado en la prensa, la que celebra que recuperase su independencia frente a influencias ajenas. Incluso defiende la anulación de un matrimonio que define como impuesto. Evidentemente no dejaban de calcular que un posible Gobierno progresista haría más posible el ansiado acuerdo comercial, y más si estos se sentían en deuda con Inglaterra.

Para colmo de males, para los moderados corría el rumor de que la reina pensaba llamar al Gobierno a los progresistas. Esto los tenía al borde del ictus. El Gobierno puritano intentaba por todos los medios que el matrimonio se reconciliase. En una entrevista famosa con el ministro Benavides, Francisco de Asís dice:

«Yo sé que Isabelita no me ama. Yo la disculpo, porque nuestro enlace ha sido fruto de la razón de Estado y no de la inclinación. Yo soy tanto o más tolerante en ese sentido, cuando yo tampoco he podido tenerla cariño... Aceptaría entrar en el camino del disimulo. Siempre me he manifestado propicio a sostener las apariencias para evitar este desagradable rompimiento, pero Isabelita, o más ingenua o más vehemente, no ha podido cumplir con ese deber hipócrita, sacrificio que exigía el bien de la nación. Yo me casé porque debía casarme, porque el oficio de rey lisonjea. Yo entraba ganado en la partida y no debí tirar por la ventana la fortuna con que la ocasión me brindaba, y entré con el propósito de ser tolerante, para que lo fuesen igualmente conmigo. Para mí no habría sido nunca enojosa la presencia de un privado, yo habría tolerado a Serrano. Nada exigiría si no se me hubiese agraviado a mi persona, pero me han maltratado con calificativos indignos, me han faltado al respeto, no han tenido para mí las consideraciones debidas, y por lo tanto, le aborrezco. Es un pequeño Godoy que no ha sabido conducirse, porque aquel al menos para obtener la privanza de mi abuela enamoró primero a Carlos IV...

El bien de quince millones de habitantes exige este y otros sacrificios. Yo no he nacido para Isabelita ni Isabelita para mí, pero es necesario que los pueblos entiendan lo contrario. Yo seré tolerante, pero desaparezca la influencia de Serrano y yo aceptaré la concordia.»[13]

Para Francisco de Asís ella siempre fue Isabelita y para la reina él será siempre Paquito o Paco.

Mientras todo esto pasa, los mismos que decidieron que Isabel II era mayor de edad a los trece años ahora conspiran con María Cristina para imponerle una regencia en la persona de su marido hasta los veinticinco años, o una abdicación, cualquier cosa con tal de recobrar el poder.

No deja de ser curioso que no encontrasen incongruente declarar mayor de edad a una niña de trece años para cuatro años después darse cuenta de que era demasiado joven con 17. Cosas de la política decimonónica.

El Gobierno lo más que consigue de Francisco de Asís es que regrese a palacio. Pero este pone un plazo de cuatro meses. Corrían rumores de un embarazo de la reina y él no quería cubrir una paternidad de Serrano. La reina no estaba embarazada.

Narváez regresa en agosto e inicia contactos con Serrano y Salamanca (ministro de Hacienda). Serrano empieza a estar asustado de la situación y Salamanca empieza a dudar de estar en el bando ganador. Necesita seguir siendo ministro para arreglar sus maltrechos asuntos económicos, que están

---

13 *La estafeta de palacio,* Ildefonso A. Bermejo Impr. de R. Labajos 1872. Tomo II, págs. 804 y 805.

muy ligados con los de Narváez, Riansares y por lo tanto de María Cristina también.

Los moderados, incapaces de calibrar las consecuencias de sus acciones, no parecían percatarse de que estaban empujando a la reina a los brazos de los progresistas, que al menos eran los únicos que no la insultaban.

Serrano sí se dio cuenta. Él no era progresista, era un moderado puritano bastante cercano al progresismo, pero al menos en ese tiempo no creía que un nuevo Gobierno progresista fuese buena idea.

La llegada de Narváez provocó la reacción del embajador ingles, como siempre defensor de los progresistas.

«Tan luego como el embajador inglés tuvo conocimiento de la próxima llegada á Madrid del general Narváez, cuentan que, vestido de particular y sin las formalidades de etiqueta, se presentó en Palacio y pidió permiso para hablar con la Reina sobre asuntos muy urgentes. Recibido en audiencia privada, este diplomático se esforzó en aconsejar á la joven Princesa que, puesto que ya era cosa irremediable la llegada del duque de Valencia, no aceptase su cooperación para formar gabinete.

Y que temiera indisponerse con el Gobierno de la Reina Victoria, que había de llevar muy á mal esta determinación. S. M. tuvo la suficiente entereza para responder al ministro inglés que no sabía lo que hacía; que extrañaba mucho el interés que el enviado manifestaba, y que obraría según conviniera al bien del país, sin más indicaciones que las que le suministrasen los españoles, que era á los que estaba decidida á complacer. Enojado Bulwer con la respuesta, pasó seguidamente a ver á Serrano, al cual excitó á que intercediese con la Reina para que el duque de Valencia no entrase en las regiones del poder; y aun cuando lo intentó, no pudo en aquellos instantes lograr su propósito.»[14]

Isabel II era profundamente española y patriota, y le molestaban mucho las intromisiones de Francia o Inglaterra en los asuntos españoles. El recuerdo de los asuntos previos a su boda fue una dura lección.

---

14 *La estafeta de palacio*, Ildefonso A. Bermejo Impr. de R. Labajos 1872. Tomo II, pág. 810.

En agosto accede al poder otro puritano, Florencio García Goyena. En el Gobierno hay dos ministros progresistas y dos moderados. Salamanca continúa como ministro de Hacienda, en un intento de conciliación, que como es lógico fracasó, como fracasarán siempre los Gobiernos de coalición. La reina piensa en un Gobierno plenamente progresista, pero no deja de escuchar a Narváez.

Nos cuenta Miraflores que fueron juntos Narváez y Serrano a convencer a la reina, «no sencillamente ni mucho menos» de la inconveniencia de un Gobierno progresista presidido por Mendizábal. Finalmente convencieron a la reina y Narváez el 4 de octubre vuelve a presidir el Gobierno, pero aún no está resuelta la «cuestión de Palacio». Inmediatamente llama a María Cristina. Con promesas y amenazas una vez que estaba claro que la reina no estaba embarazada, consigue que el rey regrese también a Palacio. La reina cedía y los moderados ganaron.

Perdió no solo la reina, sino la monarquía en sí misma. El usar la vida personal de la reina como instrumento político fue una lección que los políticos aprendieron y ya nunca olvidaron. La monarquía había perdido su dignidad.

Serrano fue destinado a la Capitanía General de Granada, donde entretuvo sus ocios en conquistar las Chafarinas, que continúan siendo españolas.

Se avecinan tiempos turbulentos en Europa. En mayo de 1848 cae Luis Felipe en Francia. El Gobierno obtiene poderes especiales y se prepara para resistir. La estabilidad se mantuvo en España y eso acrecentó mucho el prestigio nacional e internacional de Narváez. La casualidad hizo que estuviese el hombre adecuado, en el puesto adecuado, en el momento adecuado.

Narváez estaba enterado de los planes revolucionarios. Solo le faltaba saber el cuando. Algunos como Martínez de la Rosa proponían una política de concesiones para evitar las revoluciones como las que ya habían ocurrido en Berlín o Viena, mientras que otros como Ríos Rosas o Pidal eran partidarios de la política de resistencia pura y dura. Martínez de la Rosa intentó convencer a Narváez de sus tesis. Este le dijo que ya no creía posible que los revolucionarios diesen marcha atrás en sus planes ya muy avanzados. Pero para tranquilizarle hizo un último intento: llamó a su despacho a Mendizábal y a Sagasti, y les dijo que tenían su palabra de que, si desaparecían los planes sediciosos, estaría dispuesto a alternar el poder con ellos. Por lo pronto prometía suavizar la ley de imprenta, olvidar agravios y anular la autorización que las Cortes le habían concedido con poderes especiales para hacer frente a la próxima revolución.

Los progresistas le contestaron que bajo su palabra de caballeros, que no había planes de sedición ni nada parecido, y Sagasti añadió que ellos eran unas víctimas inocentes de las injustificadas violencias del Gobierno.

Monto en cólera Narváez y, tras algunas palabras gruesas, dijo:

«Juro a Dios que en el momento que estalle la sedición que Uds. me niegan he de hacer memorable el día del vencimiento, no dando cuartel al vencido, que eso y más todavía merecen los que mienten con tanto descoco. Y esto le digo al señor Sagasti, que hace tres noches juró en el piso tercero de una casa de la calle de Embajadores derramar hasta la última gota de sangre en pro de la libertad y contra los tiranos afrancesados, bochorno y ludibrio de la nación española.»[15]

Intentaron los progresistas hablar, pero cortó el intento Narváez diciendo: «Bandera negra, no hay cuartel». La bandera negra se enarbolaba en la guerra carlista para señalar que el combate sería a muerte y que no se tomarían prisioneros. Salieron los progresistas cavilando quién sería el traidor que había descubierto sus planes, pero no sintiendo vergüenza por haber sido descubiertos faltando a su palabra de presuntos caballeros. La verdad es que lo que sí se puede decir de ellos es que en este caso fueron consecuentes. Para los progresistas el único medio digno de acceder al poder era la revolución, y así lo demostraron durante todo el reinado isabelino. Siempre rechazaron todas las ofertas para acceder al poder de modo civilizado.

15 *La estafeta de palacio*, Ildefonso A. Bermejo Impr. de R. Labajos 1872. Tomo III, pág. 99.

Evidentemente siguieron con sus planes. Estalló la revolución el 26 de marzo. Empezó con la muerte de policías en los barrios populares y el reparto de armas. Montó Narváez a caballo y acudió al peligro. Los gritos de los alzados eran heterogéneos, tanto daban vivas a la república como a la reina constitucional. Se levantaron barricadas y el combate se generalizó toda la noche, pero con el día la victoria del Gobierno fue completa. Se preparó todo para el Consejo de Ministros donde se habría de decidir la suerte de los prisioneros. Nos cuenta Bermejo esta conversación de Narváez con Sartorius:

«¿Por qué se castiga usted tanto el mostacho, general?». Y Narváez respondió: «Porque quiero presentarme feo ante mis compañeros, mu feo, feroz, un tigre; porque quiero que me teman, pues ha llegado a mí noticia de que el conde de Vistahermosa, blando de corazón e imbuido por las palabras de S. M., está intrigando con firmeza para que no se fusile a nadie. Y como yo he prometido ser muy crudo a Sagasti y a Mendizábal, tengo que cumplir con mi palabra. El general Iriarte se ha escondido, pero le encontrarán y será fusilado, porque también me ha engañado».

Sartorius, que no ignoraba lo que sucedía en otras partes, se reía secretamente de las palabras que pronunciaba el duque de Valencia y solamente se atrevió a responder lo siguiente: «Puede suceder que alguien pida clemencia, y no pueda usted desoír su suplica». Narváez clavo sus ojos en el joven Sartorius y exclamó: «¿Se refiere usted a S. M...? Si me lo suplica, le digo rotundamente que no me da la gana, y si me lo manda presento mi dimisión, hago renuncia de mi empleo de general y me retiro a mi casa. Ya me conoce la reina, y sabe que cuando me propongo una cosa no retrocedo.»[16]

La reina efectivamente lo conocía y también sabía cómo aplacarlo. Narváez era un hombre de encendido carácter pero de enfados pasajeros, característica que él cultivaba deliberadamente. De él la reina decía: «Tú eres un cosa cuando

---

16 *La estafeta de palacio*, Ildefonso A. Bermejo Impr. de R. Labajos 1872. Tomo III, pág. 106.

estás enojado y otra cuando estás sereno», y al final triunfó la clemencia regia y el dulce corazón de la reina, lo que desgraciadamente solo sirvió para que los progresistas decidieran hacer otro intento en cuanto recompusieran sus fuerzas.

En realidad la revolución fracasó por falta de apoyo popular. El pueblo tampoco es que tuviese muchos motivos de queja, los quejosos eran los políticos. Olózaga escapó cuando estaba detenido en una fuga de película y se exilió evitando un exilio más lejano, a las Marianas. Una pena, dicen que esas islas del Pacífico son preciosas.

Los ingleses, aún dolidos por el asunto de la boda real, no dejan de mandar notas al Gobierno «recomendando» políticas liberales, o más bien las políticas que ellos entienden por liberales. En realidad el asunto se reducía a lo de siempre: querían que gobernasen los progresistas para así hacer un tratado comercial que favoreciese a sus intereses. «Estrictamente negocios», como diría el mafioso. El caso es que el descaro llegó a que incluso el embajador inglés Bulwer enviase la nota a un periódico progresista antes de entregarla al Gobierno. A duras penas los ministros pudieron contener a Narváez. Se le contestó con una nota dura en la que en términos diplomáticos se dijo a los ingleses que atendieran sus asuntos. Quedó la cosa así, pero solo momentáneamente. En una actitud típicamente inglesa el mismo Gobierno que públicamente abogaba por los progresistas españoles pasó a favorecer secretamente al absolutista Montemolín, quien «casualmente» estaba refugiado en Londres y ahora tenía dinero y armas. Cualquier cosa con tal de perjudicar a España por no ser dócil a sus deseos.

No bajó la guardia el Gobierno de Narváez al notar cosas sospechosas como que algunos soldados y sargentos manejaban más dinero del que sus menguados sueldos podían permitir. El segundo asalto del combate revolucionario estalló el 7 de mayo de 1848. Empieza la revuelta en el cuartel de San Mateo, capitaneada por los sargentos, sin duda deseosos de ser oficiales. Ocupan la Plaza Mayor y allí son combatidos y derrotados por el entonces brigadier Lersundi. De los prisioneros tras consejo de guerra se sorteó a uno de cada diez, y de estos a uno de cada cinco para la pena capital, tal y como prescribían las ordenanzas militares para estos actos. Enterada la reina de esto fue llamado Lersundi a Palacio. Estando reunidos la reina y la reina madre con Narváez y el ministro de la Guerra, la reina entre lágrimas imploraba que no se derramase más sangre, que para ella todos eran sus hijos, incluso los rebeldes. En similares términos se expresaba María Cristina, les dijo Pezuela.

«Señora, no pueden los corazones buenos y leales permanecer insensibles a los clamores de una ilustre princesa, mayormente si piden clemencia para sus hijos. Pero hijo y servidor de V.M. era el general Fulgosio, villana y traidoramente asesinado en el mismo sitio que lo fue otro general defensor de vuestra causa, que se llamaba Canterac. Hijos de V.M. han sido los dignos oficiales que defendiéndoos han muerto en las calles en esta infausta jornada. Hijos vuestros, Señora, los infelices soldados que en bastante numero han derramado su sangre defendiendo el orden y combatiendo a los que perturbaban los derechos del trono dando gritos sediciosos en pro de la república. Clemente ha sido V. M. con los insurrectos del 26 de marzo, que os han pagado con una ingrata y temeraria reincidencia… Puede V. M. usar de su elevada e irrevocable prerrogativa, absuelva si quiere a los delincuentes, pero tenga presente que sanciona el crimen de rebeldía y que aplaude el asesinato de Fulgosio y la muerte de los leales militares que han defendido con arrojo el trono que ocupáis.»[17]

Aún intentaron terciar las reinas madre e hija, pero Narváez cortó el intento diciendo a Pezuela que partiese a cumplir con los deberes de la ordenanza. Era difícil fusilar a nadie bajo el reinado de Isabel II por mucho que lo mereciese. Fueron fusilados un sargento, dos cabos y cinco soldados, junto con cinco paisanos. La represión Zugasti tras «la Gloriosa» contaba los fusilados por docenas sin juicio que aclarase culpabilidades ni sorteo alguno.

Era de dominio público el aliento que el embajador Bulwer dio a esos lamentables sucesos y el amparo que otorgó a sus

---

17 *La estafeta de palacio*, Ildefonso A. Bermejo Impr. de R. Labajos 1872. Tomo III, pág. 133.

culpables, y es expulsado por apoyar a los insurrectos. Narváez había prometido colgar a Serrano y expulsar de una patada en el culo a Bulwer. Lo primero sabemos que no lo hizo. Con respecto a lo segundo, parece que como mucho se limitó a zarandearlo de las soladas de la chaqueta. Los ingleses, como es lógico, se lo tomaron muy a mal.

Consecuencia de esto es la intentona carlista, la que se llamó segunda guerra carlista o guerra de los *matiners*. Los planes carlistas eran bastante ambiciosos, pero en el País Vasco y Navarra fracasaron ante la vigilancia de las autoridades, aleccionadas por Narváez. Tuvo Cabrera algo más de éxito inicialmente en Cataluña. Era el capitán general de Cataluña Novaliches. Los catalanes desconfiaban de Cabrera, viendo a los ingleses detrás de él, y con los ingleses siempre vendría el temido acuerdo comercial que arruinaría a la industria catalana. En esta guerra se dio una de esas coaliciones que solo eran posibles en España. A los carlistas se unieron los republicanos. Si bien no luchaban juntos orgánicamente, sí había una cierta coordinación y desde luego no se hostigaban los unos a los otros. En la España del XIX cualquier coalición era posible si se trataba de derribar al Gobierno.

Novaliches no tenía mucho éxito ante la táctica de Cabrera de combatir en pequeñas partidas y rehuir el enfrentamiento directo. Fue sustituido Novaliches por el general Córdova, que en un cambio de táctica intentó comprar a los jefes carlistas ofreciéndoles dinero y el mantenimiento de los grados, con relativo éxito. Pero como es lógico la táctica de premiar a los desleales creaba descontento en los leales. Esto, que era una tónica general, era letal para la disciplina del ejército. Medraban y ascendían más rápido los desleales que los leales, con las consecuencias que podemos imaginar y que veremos más adelante.

Fue sustituido también Córdova. Le reemplazo el marqués del Duero, don Manuel de la Concha. Los carlistas estaban crecidos y ya atacaban ciudades medianas como Manresa o Mataró.

Pero no todo era guerra en España. Había un Gobierno que dirigía y no solo se ocupaba en sostenerse en el poder como lo anteriores. Era ministro de Hacienda Mon, que emprendió reformas hacendísticas muy razonables que, aunque impopulares, como todo lo referente a ese ramo, ayudaron a sanear en algo las siempre difíciles cuentas de España. Mientras esto pasaba en España, en Europa la revolución campaba a sus anchas derribando tronos gobernados por gente que todo el mundo tenía y tiene por más competentes que Isabel II. Luis Felipe de Orleans perdió su corona en Francia. Durante esa revolución ocurrió algo que marcaria a Montpensier para siempre ante los españoles. Estando con su esposa Luisa Fernanda, que estaba embarazada, en las Tullerías, entraron los revolucionarios. Perdió contacto con ella y fueron otras personas las que tuvieron que salvarla. El estigma de cobarde, quizás inmerecido, ya lo acompañó para siempre, y eso es algo que los españoles de la época no perdonaban. La revolución no excluyó ni siquiera a los Estados papales. El papa Pio IX tuvo que huir de Roma disfrazado de criado para salvar la vida. De acuerdo con Francia se envía un cuerpo expedicionario para devolver al papa al Vaticano. Era la vuelta de España al ruedo internacional.

Empezaba el largo Gobierno de Narváez, un sordo combate entre los políticos, que se creen exclusivos depositarios de la acción política y la Corona. No es que intenten suprimir las prerrogativas reales de nombrar libremente los Gobierno, eso ni en el bienio progresista se planteó. Lo que pretendían era vaciar de contenido las prerrogativas reales sin negarlas, que la Corona ejerciese sus prerrogativas al dictado de los políticos. Esto podría ser hasta legitimo. Pero no era eso lo que decían las constituciones si los políticos pensaban que los Gobiernos deberían nombrarlos las Cortes. Deberían haber tenido el valor de plantearlo directamente, pero eso nunca ocurrió. El enemigo imaginario de los políticos isabelinos eran lo que llamaban «las camarillas», que según ellos tenían una nociva influencia sobre la voluntad de la reina. Que los hechos demostrasen lo contrario era algo secundario. Cualquier opinión de la reina que se desviase de los deseos de los políticos era atribuida a alguna maligna camarilla o a «alguna tierna influencia». Si por el contrario la reina seguía el consejo de ese grupo político, estos no se consideraban a sí mismo camarilla. La camarilla siempre eran «los otros». Por alguna extraña razón las conspiraciones y las maquinaciones entre políticos eran consideradas todos legítimas y virtuosas, pero la acción política que la constitución otorgaba a la reina era anatema. En realidad se trataba no de despojarla de sus atribuciones constitucionales, pero sí cuando menos de mediatizarlas, que solo fuesen usadas en beneficio propio.

En realidad los políticos no querían eliminar las supuestas camarillas, lo que querían era cambiarlas por las suyas. Por ese motivo, cuando había un cambio de régimen, los nuevos lo primero que pretendían era cambiar la servidumbre de Palacio para que la reina solo escuchase a los suyos, tal y como hizo Espartero en 1840 y volvió a hacer en 1854. Los políticos no estaban en contra del sistema, estaban en contra de no poder aprovecharse del sistema.

La constitución otorgaba unos poderes a la reina que los políticos no querían discutir. Lo que deseaban era que los utilizase a su gusto. El régimen de la doble confianza era igual para las Cortes y para la Corona. Las Cortes no tenían escrúpulos en retirar la confianza a un Gobierno apoyado por la Corona, pero si era la Corona la que legítimamente negaba la confianza a un Gobierno apoyado por las Cortes se armaba un escándalo mayúsculo.

Por muchos historiadores se suele decir que la reina cambiaba Gobiernos a capricho. Un análisis sin prejuicios y libre de sesgos no lo muestra así. Cada cambio de Gobierno tenía una razón política, con la que se puede estar de acuerdo o en desacuerdo, pero incluso el «gabinete relámpago» respondió a una motivación política, equivocada quizás, como la misma reina reconoció, pero no era el capricho de quien cambia el Gobierno como quien cambia el vestido.

Pero es que incluso en el ámbito de las motivaciones de los cambios de Gobierno es la reina la que obra con más limpieza y altura de miras. Los señores diputados, si retiraban su confianza a un Gobierno, no lo hacían por capricho, lo hacían por algo mucho peor y más mezquino: con estrictas miras de medro personal y por intereses políticos y económicos espurios. Mientras, como es lógico, la reina no lo hacía por medrar como los políticos, ella ya no podía subir más. Ella hacía lo que equivocadamente o no consideraba mejor para España, y la verdad es que pocas veces se equivocaba.

Sobre las motivaciones de los políticos para hacer la guerra parlamentaria a los Gobiernos es muy claro Narváez que decía:

«Estas divisiones desaparecerán cuando yo pueda convertir a España en una Jauja, donde haya muchos jefes políticos, muchos intendentes, muchos puestos elevados, y un gabinete compuesto de cien ministros, y me parece que me quedo corto». A lo que replicaba Pidal: «Cuando haya menos amor propio y más patriotismo, General.»[18]

En esta misma línea se expresa el marqués de Miraflores en sus memorias:

«La escasa moralidad de los hombres políticos está atestiguada por la ya establecida actitud que tomaban los partidos en las alternadas luchas políticas, todas encerradas en el estrecho círculo de vencedores y vencidos, disponiendo los vencedores de la suerte del Estado. Como si fuese su propiedad, tanto de las cosas como de las personas, sin otra mira que el propio interés, y con el objeto fijo de prolongar la posesión del poder en sus manos el mayor tiempo posible.

En cambio, los vencidos, desde el día de su vencimiento, empezaban a aprestar sus armas para luchar contra los vencedores, conspirando incansables y sin reparar en medios hasta conseguir su fin de apoderarse otra vez del mando, reforzándose siempre los vencidos con un gran número de los que considerándose en su día como vencedores no habían podido alcanzar lo que deseaban en el reparto del botín de la victoria, que consistía en la posesión de todos los puestos públicos, y en las consiguientes ventajas que de ellos resultaba.»[19]

Vamos, un «quítate tú para ponerme yo» de los de toda la vida. Bien decía la reina:

«Todos quieren mandarme. Yo quiero que me manden, pero quisiera verlos menos impacientes. ¿No habría medio

---

18 *La estafeta de palacio*, Ildefonso A. Bermejo Impr. de R. Labajos 1872. Tomo III pág. 253.

19 *Memorias del reinado de Isabel II, Atlas*, Marqués de Miraflores. Madrid, 1964, 1ª edición 1873. Tomo II, pág. 469.

de establecer una ley que dispusiera que cada ministerio durase dos meses, que es el tiempo más largo que pueden sufrir los que han quedado cesantes?»

Por eso los redactores de la constitución la dotaron de tales poderes, para frenar las ansias de los políticos por medrar y subir en su carrera. La Corona era el indispensable freno a la demagogia y al cainismo de los políticos.

Hoy, metidos en la mentalidad política actual, esto nos parece una inadmisible barrera a la voluntad popular, a la democracia en sí misma, pero era algo indispensable en la época. Tal y como el sexenio revolucionario nos mostró, «los obstáculos tradicionales» eran un salvavidas para España.

El suponer que las cortes decimonónicas representaban la voluntad popular es una gran ingenuidad. A lo restringido del censo se deben sumar las múltiples trampas electorales que hacían todos los partidos, tanto moderados como unionistas o progresistas. El falseamiento de la voluntad popular era la regla, pero es que también en la época el nivel de formación de la población no era el más adecuado para hacer experimentos electorales. En realidad, el sufragio universal de la revolución del 1868 no cambió nada el funcionamiento del sistema electoral, y si lo hizo fue para peor. Al votar electores menos instruidos, las manipulaciones eran más fáciles.

Un intento de institucionalizar los consejos que recibía la reina fue la propuesta del marqués de Miraflores de crear un Consejo Real en el que personas de probada virtud y sabiduría serían las encargadas de aconsejar a la reina al margen de sus ministros. Pero no fue posible crear tal organismo, y la causa es la de siempre: todos se creían dotados de las virtudes necesarias para ser miembros del tal organismo y, salvo que este tuviese miles de consejeros, no arreglaría nada. Sus dictámenes siempre crearían legiones de descontentos.

En todo caso, las pretendidas camarillas sería más ajustado adjudicárselas a la reina madre o al rey. Quizás desengañada por lo ocurrido en 1847, la reina parecía demostrar poco interés en los asuntos políticos, y prefería divertirse en fiestas y espectáculos. No era mujer que pudiese estar mucho tiempo sin afectos, y como con el de su marido no podía contar, lo encontró en el conde de Bedmar.

Los amantes de Isabel II son fuente de un inagotable anecdotario que ha hecho correr ríos de tinta, y sin duda merecen una reflexión. Es sangrante comparar cómo trataron esos asuntos los políticos españoles y cómo lo hicieron los políticos ingleses, pero más sangrante todavía es comparar cómo lo trataron los historiadores ingleses y cómo lo trataron y lo tratan los españoles.

Sobre los amantes de la reina Victoria (que también existieron) hablo en otro capítulo de esta obra; de los de doña Isabel se puede afirmar que tuvieron más repercusión mediática y al mismo tiempo menos influencia política que los de la reina inglesa. De Victoria de Inglaterra sí aplicamos el mismo criterio que se le aplica a Isabel II para dar por buenos rumores y atribuirle relaciones, bastando un «se dice» como prueba irrefutable. En ese caso podemos decir que Victoria fue amante de dos presidentes de su Gobierno.

Pero dejemos a los mentirosos ingleses y volvamos a doña Isabel II sin dobleces ni hipocresías.

La década moderada avanzaba, y también lo hacía España, país que solo necesitaba algo de estabilidad para prosperar. El Gobierno decidió impulsar las obras publicas. Se creó el ministerio de Fomento, cosa harto necesaria. Aún había destrucciones de la guerra de la independencia que, por falta de dinero y de tiempo, ni se habían reconstruido. Se repararon carreteras y se trazaron otras nuevas. El actual sistema de seis carreteras radiales es de la época. El florecimiento de los negocios creó una inexistente clase mercantil, de la que el mejor exponente era el marqués de Salamanca, que era el perejil de todas las salsas gubernamentales. Era socio de Narváez y de María Cristina. Con Narváez la relación acabo mal cuando tuvo unas pérdidas en bolsa de las que culpó a Salamanca; con María Cristina la relación fue más prolongada.

Se inició la construcción de ferrocarriles, negocio en el que participó Salamanca y la reina madre. Esta confusión de negocios y política sembró la semilla del descontento, y ciertamente era muy poco edificante. Por otro lado quería decir que en España se hacían negocios, cosa de la que el país estaba necesitado como agua de mayo.

La cuestión de los negocios sería la piedra sobre la que se fundaron todas las críticas de la oposición. El que ellos también participasen de los negocios poco claros no era óbice para criticar al Gobierno con acusaciones de corrupción. Así Donoso Cortés, hombre de María Cristina que estaba metido en todo negocio lucrativo que había en España, no dudaba en hablar en las Cortes de «esa corrupción espantosa, esa corrupción que está en la medula de nuestros huesos, que nos entra por todos los poros, que se respira en el aire que nos envuelve».

Un episodio chusco ocurrió en octubre del 49. Por instigación de su marido la reina forzó la dimisión de Narváez (a quien no había que forzarlo mucho para esto de dimitir), pero tuvo la picardía de hacerle saber que era su marido quien estaba detrás del asunto. Se nombró presidente del Gobierno a Serafín María de Soto, conde de Clonard. El escándalo fue mayúsculo y la reina devolvió el poder a Narváez solo un día después. Este efímero Gobierno fue el único éxito palpable que se puede atribuir a la según muchos todopoderosa camarilla. Poca cosa en realidad.

Esta aprovechó para desterrar de Madrid a los miembros de la camarilla del rey y arrestó al rey mismo en sus habitaciones.

A los políticos ya se les estaba haciendo muy largo el Gobierno de Narváez (que no podía tener cien ministros). Empezaron a maquinar cómo cambiar la situación. La dimisión de su ministro de Hacienda, Juan Bravo Murillo, fue la señal de salida. Era un hombre más cercano a María Cristina que a Narváez, o al menos más manejable. Ante el descontento Narváez, harto de miserias políticas, se apresuró a dimitir, pero la reina no le admitió esa dimisión, no había repuesto claro. Finalmente, en enero de 1851 dimitió irrevocablemente y se marchó a Bayona como solía hacer tras sus dimisiones.

Bravo Murillo fue el designado para presidir el Gobierno. Cualquier otra combinación hubiera sido duramente combatida. Durante su Gobierno se firmó el concordato con la Santa Sede de 1851, en el que, a cambio de otras concesiones, el Papa reconocía las ventas hechas de bienes desamortizados, lo que daba tranquilidad a los compradores de que esas ventas no se desharían. Esto tenía mucha más importancia de lo que los progresistas querían admitir. Contra lo que ellos pensaban y piensan también hoy en día mucha gente, la reina no era la única católica del país. Los españoles eran profundamente católicos y la obsesión progresista de maltratar a la Iglesia servía solo para engordar las filas de los carlistas.

En diciembre de 1851 nació la infanta María Isabel Francisca de Paula, a la que después se conocería como la Chata, la primera que sobrevivió. Aquello la llenó de contento. Isabel era una amante madre de sus hijos, una nueva diferencia con Victoria de Inglaterra.

La labor del Gobierno de Bravo Murillo fue fecunda. Se regularizó la hacienda, cosa inaudita en la época (y en la nuestra también). Se reformó la Administración del Estado modernizándola y se potenciaron las obras publicas de todo tipo, pero cometió el pecado de llevar sus ansias reformadoras demasiado lejos.

Entre las obras que se empezaron está la del canal de Isabel II, obra importantísima para paliar el endémico problema de Madrid por la escasez de agua de calidad. La obra costó 80.000.000 de reales.

Sería exagerado decir que la sufragó la reina, pero sí que no hay que dejar de tener en cuenta que el año anterior la reina había perdonado al Estado 90.000.000 millones de reales que le debía de atrasos de su asignación económica. Aprovechando que tenía la cartera abierta, le regaló 8.000.000 a Narváez para que pudiera vivir sin aprietos.

Se planteó una reforma constitucional para evitar los vaivenes de Gobiernos y que las mayorías parlamentarias fuesen tan efímeras como cambiantes.

Evidentemente eso no gusto nada a los políticos, pues suponía una pérdida de herramientas de presión que no estaban dispuestos a consentir. El que fuese bueno o malo para España ni se discutió. El propósito de la reforma era crear Gobiernos estables, y eso no gustaba a los que aspiraban a ser Gobierno, como es de suponer.

Una de las cosas que más soliviantaron los ánimos fue la propuesta de que las sesiones de las Cortes fuesen a puerta cerrada. Como ya dije, una de los motivos de que los políticos estaban más orgullosos eran sus habilidades oratorias. Ser un buen orador era el mejor reconocimiento que un diputado podría soñar. El hablar sin público y sin periodistas era como pedirle a un torero que torease a plaza vacía.

Otras propuestas de la reforma eran la posibilidad de gobernar por decreto en caso de urgencia si las Cortes no estaban reunidas. Los presidentes de las Cortes serían elegidos por el Gobierno. Se reducía el número de diputados a 170 y se restringía el sufragio a los 150 mayores contribuyentes de cada circunscripción. El Senado sería nato, vitalicio y hereditario, y por último los derechos individuales saldrían de la constitución y se regularían por ley orgánica.

Cayó como una bomba. Sorprendentemente el rey y su suegra María Cristina, a quienes alegremente siempre se les achacaban pensamientos absolutistas, estuvieron en contra de esa reforma, especialmente María Cristina, que amenazó con exiliarse si se aprobaba. En este contexto tuvo lugar el atentado contra la reina del cura Merino, confuso asunto en el que algunos quisieron ver la mano del rey, que era el que más ganaba eliminándola. Habiendo ya una heredera le quedaba a él una larga regencia, su sueño dorado. Pero considero que es dudoso que alguien de su carácter tomara tan drástica decisión.

Volvamos al Gobierno de Bravo Murillo. Este nombramiento sentó muy mal a Narváez, que pensó que había dimitido previamente como ministro de Hacienda de su Gobierno para después presidir el suyo propio, y sentó muy mal a los militares en general, que no gustaban de ser mandados por un civil.

Bravo Murillo con su proyecto de reforma, por más que estuviese muy bien intencionado, lo que hizo fue darles la excusa que necesitaban. Pronto, todos los descontentos del Gobierno, que eran los que perdieron su empleo en el cambio, se sumaron a la oposición.

Se abrieron la Cortes, que estaban cerradas, y en la elección del presidente de la Cámara fue derrotado el candidato gubernamental, lo que en aplicación de los usos políticos implicaba la dimisión del Gobierno o la convocatoria de nuevas cortes. La reina se inclinó por la segunda opción. Bravo Murillo se enfrentaba decidido al poder militar de O'Donnell, Concha y Narváez, a los que ahora se sumaban los progresistas. Dura pugna. Se dice que dijo: «Apruébese la reforma, merezca yo la confianza de la Corona, que yo probaré a los españoles que, sin más insignia que este frac, ahorcaré generales con sus propias fajas».

Hay quien tacha con insistencia la política de Isabel II como errática. Sería bueno saber cómo calificar entonces a la política de Narváez y los progresistas, un par de años atrás irreconciliables enemigos y ahora aliados firmes. Todo es posible cuando se pelea por un sitio en los despachos oficiales.

La campaña electoral fue durísima. Se envió a Narváez en comisión al extranjero para alejarlo, pero llegando a Bayona escribió una exposición a la reina quejándose del trato recibido. Para que no quedase sin publicidad, también se la envió a los periódicos, que la publicaron encantados.

La reina demostró tener más criterio político del que se le atribuye comúnmente. Sabía que de esa lucha Bravo Murillo no podría salir vencedor si se llegaba al terreno de la fuerza.

La entrevista fue así:

«Preguntó la reina:

—¿Qué piensas hacer?

—No puedo contestar de una manera terminante si antes no se me dice si encontraré siempre propicio el apoyo de la Corona, única garantía de los Gobiernos para obrar con acierto.

—¿Qué harías —añadió la reina— si la Corona te diese ese apoyo que deseas?

—Señora no es ocasión de hablar de hipótesis, sino de saber si la corona ha de apoyarme.

—Sin saber lo que pretendes, ¿cómo quieres que yo te responda con resolución?

Bravo Murillo tanteaba habilidosamente y en estas contestaciones no encontró lo que buscaba, por lo que se vio decidido a exclamar:

—¡Conviene saber dónde estamos! Yo quisiera resistir, y si la insurrección levanta cabeza, anonadarla, pero sin el apoyo de la Corona no soy poderoso para tamaña empresa.

—¿Y crees tú —repuso vuestra regia madre— que una reina constitucional debe darte un apoyo ilimitado en el terreno de la fuerza? Los poderes que son insuficientes para prevenir las insurrecciones no deben pedir el apoyo de la fuerza material a una reina que no quiere que se derrame sangre.

—No prosiga, V. M. En este momento he tomado mi decisión.

—No vayas a presumir que estoy descontenta de ti ni de tus compañeros. Merecéis mi confianza, pero yo desearía que previnieras las eventualidades funestas sin recurrir a medios extremos. Y bien podrás hacerlo, que eres hombre de mucho talento.»[20]

Isabel II demostró ser más prudente que Bravo Murillo y no hizo promesas que no podría cumplir. No se recuerda el caso de una promesa de la reina incumplida; de sus políticos es rara la cumplida. El asunto de la reforma propuesta también parece indicar que la tendencia involucionista que se atribuye a María Cristina y a la reina misma no parece que fuese tal. Ninguna de las dos se posicionó a favor de una reforma que parecía beneficiar a la corona y colmar sus supuestas aspiraciones, pero que con buen criterio parece que pensaron que era un regalo envenenado no solicitado.

Hay quien afirma (el propio Bravo Murillo) que la reina estaba aleccionada por María Cristina. Suele pasar que, cuando Isabel II toma una decisión acertada, algunos, para no tener que reconocer que no era tan tonta como afirman, lo atribuyen a consejos de su madre o de cualquier otro. Pero incluso en ese caso, y sabiendo como sabemos que todo el mundo le daba consejos a la reina, y en todos los sentidos, contradictorios entre ellos, por lo que difícilmente se puede decir que cualquier decisión suya no fuese aconsejada por alguien, cuando recibes múltiples consejos en sentidos contrapuestos es dificilísimo optar por algo que no te haya aconsejado alguien. En todo caso tenía el buen criterio de escoger el consejo bueno entre la multitud de ellos que recibía, o al menos así lo hizo en este caso y en otros que veremos.

---

20 *La estafeta de palacio,* Ildefonso A. Bermejo Impr. de R. Labajos 1872. Tomo III, pág. 396.

Bravo Murillo dimitió y le sustituyó un general Federico Roncali, un intento de aplacar a los militares que no funcionó. Roncali retiró la propuesta de reforma y presentó otra muy descafeinada. Fue inútil, la oposición continuó igual o más duramente contra el Gobierno. De lo que sería lícito deducir que no era la reforma la causa de la oposición, sino una mera excusa.

Se convocaron nuevas elecciones en febrero de 1853. El resultado fue que ganó el Gobierno, como es «lógico», pero con una oposición numerosa, lo bastante numerosa como para hacerse oír. El motivo de los ataques esta vez era Narváez y su solicitud de ocupar su asiento en el Senado. Se suspenden las sesiones de las Cortes para intentar frenar a la oposición.

Se insiste en los ataques a los negocios de María Cristina, en parte justificados, pero también por suponerla principal consejera de su hija. Roncali solo duró cuatro meses en el poder.

Le sucedió otro general de segunda fila, Francisco Lersundi. Este intentó atraerse a algunos miembros de la oposición por el medio de siempre, los puestos políticos.

El enfrentamiento no cedió. Se recurrió a lo de siempre por parte de los moderados, a airear la vida privada de la reina como medio para deslegitimarla. Cuando la reina no está de su lado es que algún favorito la está manipulando. La posibilidad de que la reina decida que otros tienen mejores ideas políticas que ellos no les entraba en la cabeza.

Por otro lado se insiste en presentar a la reina como partidaria de una involución absolutista, que no existe más que en su imaginación, por no decir que saben falsa, pero que deciden usar por parecerles conveniente. La verdad no era un valor en alza en aquella época. La única prueba admisible de que no es así sería que le otorgase el Gobierno a la oposición. Cualquier otra cosa es insuficiente.

En realidad, como era lógico la vida privada de la reina no les importaba nada, solo era un arma arrojadiza, una excusa, de estar los quejosos en el poder. Ya se encargarían de no airearla y considerarla un mero asunto privado, como hicieron en el pasado y como harán en el futuro.

Tampoco es que criticasen a Riansares y María Cristina por sus turbios negocios guiados de una elevada ética. Los criticaban porque los mantenían alejados del reparto del pastel.

Las Cortes continuaron suspendidas. Lersundi duró un mes más que su predecesor. Lo sustituyó el conde de San Luis, José Luis Sartorius, antiguo ministro con Narváez. Era uno de los fundadores de la coalición de oposición. Tenía fama de combativo y se esperaba que pudiese manejar unas Cortes abiertas. Se le suponía cercano a Narváez, con quien estaba en los primeros tiempos de la coalición opositora. Era un hábil manejador del palo y la zanahoria.

Ofreció ministerios a gente cercana a los opositores y levantó el destierro a Narváez, quien visito a la reina a su regreso. La entrevista fue fría por ambas partes. Ofreció puestos a los generales Córdova, Ros de Olano y Concha, todos ellos opositores, que rechazaron la mano tendida.

Los militares como O'Donnell, Concha, Serrano o Ros de Olano seguían sin querer a un civil como presidente, y buscaron estrechar más lazos con los progresistas más moderados. La coalición avanzaba y se apunta directamente a la reina. Se abrieron las Cortes el 19 de noviembre, sin la presencia de la reina, por lo avanzado de su embarazo.

Se presentó en el Congreso una ley de ferrocarriles para regularizar sus concesiones, pero en el Senado ya se estaba discutiendo un proyecto sobre el mismo tema, y en aplicación del reglamento la del Senado tendría preferencia.

San Luis pidió al Senado que retirase su ley, pero el Senado estaba lleno de senadores moderados vitalicios que no eran tan manejables como los diputados que le debían el puesto al Gobierno.

El Gobierno perdió la votación. La oposición clamaba en la prensa, que tras perder la votación en el Senado procedía que el Gobierno presentase su dimisión, en cumplimiento del régimen de las dos confianzas. El Gobierno respondió, y con razón, que contaba con mayoría en el Congreso, donde los diputados eran electos y que, siendo los senadores vitalicios, donde residía la voluntad popular era en la Cámara Baja. Que una votación en el Senado provocase la dimisión del Gobierno era algo que no tenía precedentes ni era constitucional, ni era esa la esencia del régimen de las dos confianzas y que San Luis no estaba dispuesto a conceder.

Respondió el Gobierno cerrando las Cortes otra vez y cesando a los senadores que siendo funcionarios votaron en su contra del Gobierno. En vista de que la zanahoria no funcionaba bien se decidió por el palo, pero lo único que consiguió es aumentar el número de descontentos y opositores. A partir de ese momento la oposición empezó a pensar en usar medios extraparlamentarios: la revolución, para ser claros.

El conflicto político subía de grados, pero visto desde la distancia no está muy claro qué es lo que lo ocasionaba. ¿Cuál era la diferencia ideológica irreconciliable entre San Luis y O'Donnell? En principio, el motivo del conflicto parecía ser el proyecto de reforma de Bravo Murillo, pero retirado este proyecto la oposición no aflojó, al contrario, se hizo más aguda. Luego parecía que podría ser un conflicto por el poder de los civiles sobre los militares, pero hubo dos Gobiernos presididos por militares y tampoco eso solucionó nada.

Algunos autores con buenos sentimientos y deseosos de que los próceres de la oposición tuviesen un motivo digno para su oposición al Gobierno lo presentan como un conflicto por resolver cuál de las dos confianzas era la primordial, si la del Parlamento o la de la Corona. Como un imaginario conflicto entre las tendencias antiliberales del Gobierno y las tendencias presuntamente más liberales y parlamentarias de la oposición.

Ese sí sería un motivo político digno, pero tiene el problema de que los moderados de la oposición cuando gobernaron no hicieron nada por recortar o limitar la prerrogativa regia. Es más, ellos fueron sus defensores al redactar la constitución vigente.

Sería posible y legítimo que hubiesen cambiado de opinión con el paso del tiempo, pero la historia es cruel y nos muestra que pasados unos pocos años, cuando recobraron el poder, gente como Narváez y O'Donnell ya no parecía que tuviesen ningún conflicto por gobernar con la confianza regia.

La confianza de la reina era algo malo cuando la recibían los otros y algo bueno cuando la recibían ellos.

Narváez, el antiguo defensor de la prerrogativa regia, es ahora defensor del parlamentarismo y amigo de los progresistas que perseguía en el 48. Pasados otros años será lo que era en un principio, defensor de la reina. Y luego algunos dicen que la errática era Isabel II. ¿Cómo calificar a O'Donnell, que había ofrecido su espada a María Cristina en Valencia en 1841 y en Navarra en 1843 contra Espartero, y ahora se aliaba con los progresistas que la denigran?

A los que no estamos dotados de un alma tan bondadosa solo nos queda deducir que detrás de todo este conflicto político estaba el más firme principio ideológico de la época: «Quítate tú para ponerme yo», que no por prosaico dejó de tener vigencia nunca.

Los conspiradores barajaron todas las posibilidades, incluso la de destronar a la reina, pero eso tenía dos problemas: el primero, que no sabían por quién sustituirla, y el segundo, que era un objetivo muy difícil para sus fuerzas. Los moderados por otro lado temían que la revolución se les fuese de las manos y que después los progresistas decidieran prescindir de ellos. No querían regalar el Gobierno a otros, lo querían para ellos. Narváez, que como ya había sido presidente del consejo no tenía tanta prisa por acceder al poder —o quizás porque se dio cuenta de que sublevarse con los que hacía poco mandaba fusilar era demasiado inconsecuente incluso para la caótica política de la época—, se puso de perfil y se retiró de la primera línea de la conspiración.

Se insistía por activa y por pasiva que la reina era absolutista, sin más prueba que el que se negaba a los deseos de los opositores. La labor opositora de la prensa era fundamental. En la época la prensa era un modo de acceder a la carrera política, y cuanto más acremente se criticara al Gobierno más fácil era ascender. Desde luego que la verdad no era un valor que mereciera ser considerado. En la prensa empezó su carrera San Luis, y por eso era conocedor de su poder, y en consecuencia intentaba controlarlo, pero cada prohibición era respondida con editoriales aún más encendidos. En enero de 1854 doscientos periodistas redactaron una exposición a la reina, una larga lista de agravios e incumplimientos de la constitución que casualmente solo se remontaba tres años (como si los Gobiernos anteriores la hubieran cumplido escrupulosamente) y advertían de un posible golpe de estado por el Gobierno o la Corona misma. La firmaron todos los que no querían estar fuera de juego en caso de cambiar las cosas.

Los periodistas, además de insolentes, en realidad eran unos zafios maleducados. En enero de 1854 la reina dio a luz una niña que murió a los pocos días, se dice que del frío que cogió durante la larga ceremonia de presentación desnuda ante los notables del reino. La prensa no felicitó a la reina por el parto ni dio condolencias por la posterior muerte. Esos no sabían aquello de «lo cortés no quita lo valiente».

Lo que la prensa llamaba feroz represión era en realidad bastante blanda. En enero O'Donnell y Manuel de la Concha recibieron orden de trasladarse a Canarias. José de la Concha e Infante a Baleares, José de la Concha huyó a Francia y O'Donnell pasó a la clandestinidad. Había motivos sobrados si no para fusilarlos, al menos si para meterlos en presidio cargados de cadenas, en vez de mandarlos de vacaciones a las islas. Este sería otro de los muchos errores que se repetirían. Los Gobiernos isabelinos eran todos de mano muy blanda, sabedores de que con seguridad Isabel II indultaría a los condenados. Preferían medidas que la reina no pudiese rechazar por severas. Los periódicos progresistas hacían aspavientos de novicia ultrajada por deportaciones de periodistas o generales a Canarias, como si fuesen medidas inhumanas y severísimas, olvidando los fusilamientos de Espartero, cuando el castigo más adecuado sería como decía Bravo Murillo ahorcarlos con sus propios fajines de general. Lo trágico es que ese comedimiento en el castigo no hacía más que alentar a los conspiradores, que sabían que muy difícilmente recibirían el castigo que justamente merecían, y sin que esa benignidad para con quien no la merecía, les fuese reconocida nunca.

Para darle la razón al Gobierno, en Zaragoza estalló una sublevación en febrero, que fue sofocada. Toda la represión fue otra partida de periodistas a Canarias. Por si fueran ya pocas las preocupaciones del Gobierno, la guerra de Crimea (donde estaba Prim por cierto) ocasionó un alza del precio del trigo, que si bien hizo ricos a los exportadores, provocó carestía en la población y el consiguiente descontento popular.

A eso se sumaba la desastrosa situación financiera de la Hacienda pública. El Gobierno decretó un adelanto de seis meses de contribución, y como pagar impuestos no le gusta a nadie y menos por adelantado, evidentemente aumentó la impopularidad del Gobierno.

Finalmente, el 28 de junio de 1854 se produce el alzamiento de Domingo Dulce al frente de la caballería en el campo de Guardias. Era lo que después se llamo la Vicalvarada.

La Vicalvarada supuso el fin de la década moderada. Esta década fue el periodo de mayor prosperidad que tuvo el siglo hasta esa fecha. Tuvo hasta un año con superávit fiscal, 1845, algo inaudito durante este periodo. Se acometieron obras publicas por todo el país, se regularizó el pago de la deuda pública —que estaba suspendido desde los tiempos de Mendizábal—, se regeneró la Marina —que estaba en un estado lastimoso— etc.

5. VICALVARADA Y BIENIO PROGRESISTA

El tan esperado pronunciamiento finalmente se produjo el 28 de junio. Dulce, que por la incomprensible blandura del Gobierno seguía siendo director de Caballería cuando se tenían fundadas sospechas de su deslealtad, sacó las tropas con la excusa de una revista. A ellas se unió O'Donnell, Ros de Olano y Mesina, los cuales se proclamaron en rebeldía contra el Gobierno. La reina estaba en El Escorial. De haberse dirigido a ella los sublevados la historia podría haber sido muy distinta, pero solo le enviaron una proclama.

Los soldados sublevados habían sido convocados para una revista y de repente estaban participando en una insurrección contra el Gobierno de la que no sabían nada. ¿Cómo es que los soldados combatían por algo en lo que no habían sido consultados? La respuesta es sencilla: por un lado estaba la lealtad a los oficiales que los mandaban; por otro, y no menos importante, O'Donnell prometió una rebaja de dos años de servicio, que en la época era de ocho largos años de servicio militar. En su último Gobierno, Narváez rebajará el servicio militar a «solo» cuatro años, entre otras cosas para evitar estas ofertas para seducir a las tropas. También prometió O'Donnell a los oficiales el ascenso al grado inmediato superior.

La reina, a la que nunca le faltó valor, le propuso al Gobierno ir ella en persona a hablar con los sublevados, a lo que este se negó, quizás temiendo y con razón que de esa reunión saliese su derrocamiento.

San Luis era un político diferente al resto. Él se negaba a dimitir, mientras Narváez era capaz de dimitir por no tener un sitio en el palco de la reina en el teatro. O'Donnell dimitirá presuntamente por un baile de más de la reina, pero a la reina se le hacía muy cuesta arriba cesar a nadie. Era sencillamente incapaz de decir cosas desagradables a nadie. Esa y no otra es la explicación a que San Luis siguiese siendo presidente del Gobierno con todo lo que había pasado. Por desgracia mantener a San Luis perjudicaba y mucho a la popularidad de la reina.

Fiel a su política, Sartorius decidió combatir militarmente a los sublevados. Fue la batalla de Vicálvaro, el 30 de junio de 1854. Si bien no fue una victoria clara del Gobierno sí quedó claro que los pronunciados no podían entrar en Madrid, ciudad en la cual las tropas mantenían la lealtad al Gobierno. Los derrotados vagan hacia Aranjuez, esperando refuerzos que Serrano tendría que reunir en Andalucía. Pero Serrano llegó con la sola compañía de sus criados. De Narváez no se sabía nada ni se le esperaba. Llegaron a Manzanares, donde ya solo estaban pensando en cómo ganar la frontera de Portugal.

Entonces a Serrano se le ocurrió llamar en su auxilio a los progresistas, a quienes hasta ese momento no se quería dar protagonismo para evitar tener que repartir con ellos el pastel. O'Donnell los quería para ayudar a agitar el árbol, pero no quería que otros recogieran las nueces. Cánovas del Castillo, otro periodista que quería hacer carrera en política, redactó el famoso manifiesto de Manzanares, en el se invocaba a la Milicia Nacional, como oferta para obtener el apoyo progresista. Salió el ministro de la Guerra, Blaser, a combatir a los sublevados, que se fueron retirando hasta Sevilla, sin sumar a nadie a sus fuerzas en el viaje.

El protagonismo de la ya revolución, que no pronunciamiento, pasó a Madrid, donde se formó la habitual en estos asuntos junta revolucionaria por los progresistas. Una columna mandada por Buceta salió y tomó Cuenca, que no es que fuese una plaza importante pero algo era algo. Se pronunciaron también Barcelona y Valladolid. Eso sí ya era importante, la revolución se extendía. Finalmente, con algo de presión de la reina, San Luis dimitió el 17 de julio.

Le sustituyó el general Córdova, quien perdió un tiempo precioso buscando ministros entre progresistas no comprometidos en la revuelta. En ese momento un decreto de estado de sitio y una represión rápida y decidida hubiesen podido controlar la situación. Por contra no perdieron el tiempo los progresistas y a la salida de la plaza de toros se formó un manifestación no muy pacífica precisamente. Madrid estaba sin Gobierno efectivo. No se tomaron ni medidas de orden público ni políticas, intentando un acuerdo con O'Donnell que dejase fuera de juego a los progresistas, pero nada se hizo.

Los amotinados consiguieron armas que estaban depositadas en el Gobierno Civil. Se reunió la junta. Se autonombraron representantes del pueblo de Madrid y decidieron dirigir una exposición a la reina y entregarla personalmente en Palacio. Asombrosamente son recibidos allí por la reina y por el presidente del Gobierno. No se tomó en cuenta su exposición, pero el haber sido escuchados ya fue una victoria que enardeció los ánimos.

Las fuerzas del orden recuperaron el control sobre el Gobierno Civil y el ayuntamiento, sin lucha. Los amotinados los habían abandonado para dirigirse a las casas de los ministros, el conde de San Luis, Collantes y Domenech, y las del banquero Salamanca, donde quemaron cuadros y muebles. Con más ahínco todavía se dirigieron al palacio de las Rejas, residencia de María Cristina, que ardió por completo. La reina madre prudentemente se había refugiado en el Palacio Real. La noche del 17 fue de incendios. Tomaron los revoltosos el ministerio de Gobernación y la Casa de Correos.

O'Donnell y Cánovas habían sacado al genio de la lámpara. Ahora había que volver a meterlo y recuperar la calma en la capital del reino. Se decidió un cambio en el Gobierno: Córdova paso a ministro de la Guerra y el duque de Rivas paso a presidirlo. Su único mérito era haber sido ardiente opositor a San Luis.

En la madrugada del 17 se empezaron a levantar barricadas. El nuevo Gobierno plantea sacar a la reina de Madrid, pero el sabio consejo del embajador francés: «Los reyes que abandonan su palacio en las revoluciones raramente vuelven a él» fue escuchado y la idea desechada. La situación tampoco era tan desesperada. Cada vez que las tropas leales habían intentado recuperar un edificio lo habían conseguido, no perdiendo ningún combate con los insurrectos. La Guardia Civil se mantenía leal y mantenía a raya a los que rodeaban su cuartel. La disciplina de tropa era muy buena y hasta el momento nadie había cambiado de bando. La situación desde el punto de vista militar no era tan mala.

En un errado intento de maniobrar políticamente se decidió ascender a brigadier al coronel Garrigo, que había sido tomado prisionero en Vicálvaro. Al mando de la poca caballería que quedaba en Madrid intentar mediar con los revolucionarios, lo que los revolucionarios entendieron no sin razón como una claudicación. Mandó a los soldados que confraternizasen con los paisanos y estos lo que hicieron fue desarmarlos. Acudió a la casa de Correos y desde el balcón arengó a los amotinados, anunciando que ordenaría un alto el fuego. La actitud de Garrigo solo sirvió para armar a los civiles con armas arrebatadas a soldados que estaban dispuestos a combatir.

El 18 se combatía en la calle Mayor, Puerta del Sol y desde Buenavista a Palacio. El 19 se renovó el fuego y entró en liza alguna artillería. Los amotinados aún no tenían un líder claro. En cada barrio se luchaba sin coordinación ni dirección. En eso apareció el general San Miguel, autor del himno de Riego y progresista de toda la vida. Los progresistas biempensantes empezaban a tener miedo del curso de la revolución, que empezaba a tener notas socialistas y republicanas. Se creó en casa del banquero Sevillano una Junta Superior de Madrid, que presidió San Miguel con la intención de unificar y controlar las juntas de los barrios.

La reina, viendo la sangre vertida los días 17 y 18, y viendo que además el 19 no amanecía con mejores perspectivas, estaba buscando la manera de detener la sinrazón. Necesitaba un presidente del Gobierno que frenase la lucha. Había dos caminos, alguien que venciese a los amotinados o alguien que se pusiese al frente de ellos. Para la segunda opción Narváez se descarto a sí mismo, aunque podría ser el hombre que sometiese a sangre y fuego Madrid, solución que la reina no deseaba. O'Donnell era otra opción, pero tampoco parecía muy claro que el pirómano pudiese ser ahora el bombero. Su ascendiente sobre los progresistas era muy discutible por lo que no era válido para ninguna de las dos opciones. Además, la reina no desconocía que no se había negado a la posibilidad de un cambio de dinastía.

Lo que parecía claro es que había que buscar una solución progresista. San Miguel podría ser solamente una solución transitoria y quien viniese detrás de él sería la clave. La reina sabía que si triunfaba Olózaga su dinastía tendría los días contados. En el bando progresista solo quedaba un líder, que no sería discutido y además era monárquico. Ese era Espartero, claramente la mejor opción.

Tal y como hizo su madre en 1841, decidió que era mejor ser ella quien lo nombrase, y no que lo nombrase la junta revolucionaria. Era perentorio usar su capacidad política para demostrar que aún era ella la que mandaba. La reina, le pese a quien le pese, demostró ser inteligente. Los huracanes tumban los arboles erguidos, pero respetan los arbustos que ceden a su paso, y eso decidió hacer, doblegarse ante el huracán progresista para sobrevivirlo.

Espartero, nunca he olvidado los servicios que has prestado a mi persona y al país, y siempre te he creído dispuesto a prestar otros cuando fuese necesario. Ahora que las circunstancias son difíciles, necesito que vengas, y que vengas pronto. No te hagas espera. Te espera con impaciencia

Isabel.

Pero si la reina era lista, Espartero tampoco era tonto. Cuando recibió la carta de la reina nombrándole presidente del Gobierno estaba en Zaragoza, donde presidia la junta revolucionaria, algo que se desconocía en Madrid. En mi opinión de haberse sabido no hubiese cambiado nada. La reina había decidido doblegarse ante el vendaval y no resistirse a él. Esto explica los actos de la reina durante todo el bienio progresista.

Espartero se hizo esperar toda una semana, tiempo que quizás usó en buscar alguien lo bastante maleducado para enviar un mensaje insolente a la reina. Al final encontró a Allende Salazar. Se presentó a la reina con un programa en el que Espartero pretendía que su nombramiento procedía de la voluntad popular más que de la corona, muy en consonancia con su famoso lema «cúmplase la voluntad nacional». Como es lógico, él era quien decidía qué era esa voluntad nacional y qué no.

Mientras Espartero llegaba, San Miguel, nombrado ministro universal interino, fue capaz de darle una orientación monárquica a la revuelta. Se publicó el famoso manifiesto de las «deplorables equivocaciones», en el que la reina se doblegaba, y surtió efecto: en las barricadas empezaron a ponerse más retratos de la reina que de O'Donnell.

Son comprensibles la dudas y suspicacias de Espartero. En la España decimonónica los amigos se convertían en enemigos por «un quítame allí ese ministerio». A fin de cuentas O'Donnell todavía tenía una fuerza militar poco considerable y los militares que se habían enfrentado a O'Donnell defendiendo a la reina con más razón la defenderían frente a los progresistas y republicanos. La única fuerza militar fiel a Espartero era la Milicia Nacional, que no sería rival para el ejército unificado, y los progresistas solo tenían Madrid. O'Donnell dijo: «Sin precaverlo he dado la victoria a los progresistas. Yo debo, pues, retirarme a mi casa y declarar que al alzarme al campo de la revolución no fue mi propósito defender unos principios que jamás fueron los míos».[21]

Parece que fue Dulce el que le convenció de no hacerlo para desde dentro intentar reconducir la situación. No creo que estuviese muy contento con Cánovas y Serrano, que le habían metido en semejante lío. O'Donnell se había levantado contra Espartero en 1841 y 1843, y es seguro que Espartero no lo olvidaba; pero decidió hacer de tripas corazón, pues a fin de cuentas lo necesitaba, era la fuerza militar.

Finalmente llegó Espartero a Madrid, donde otra vez se

---

21 *La estafeta de palacio*, Ildefonso A. Bermejo Impr. de R. Labajos 1872. Tomo III pág. 436.

le dio un recibimiento apoteósico. Esto de recibir salvadores era algo que gustaba mucho al pueblo de Madrid. Casi al mismo tiempo llegó también O'Donnell, que fue recibido mucho más discretamente. Quizás para marcar diferencias O'Donnell pronto se significó como defensor de Isabel II.

Espartero, que como decimos no era tonto, sabía que no podía prescindir de él y lo nombró ministro de la Guerra. Lo primero era recuperar el poder por parte del Gobierno y desmontar las juntas revolucionarias. En los actos públicos acudían en amor y compañía y se daban abrazos, pero no debemos extrañarnos de nada visto lo visto y lo por ver.

Se convocaron Cortes constituyentes según la ley electoral de 1837, pero ya antes de reunirse se iniciaron por parte de los demócratas a plantear cuestiones previas, como si se debía discutir la monarquía.

En la época decirse demócrata no tenía el mismo significado que hoy en día. Entonces demócrata se llamaba a los revolucionarios, a los republicanos, a los anarquistas o a los socialistas.

Algunos como Olózaga pronosticaban poco tiempo de vida a la monarquía. Finalmente se decidió convocar una Cortes unicamerales prescindiendo del Senado, con lo que los senadores empezaron a pensar que quizás no fue tan buena idea lo de sumarse a la oposición. Cosas de la vida. A cambio de eso, en el preámbulo de la convocatoria, ya quedaba claro que la monarquía no se ponía en cuestión un triunfo de O'Donnell. Espartero navega entre dos aguas: unas veces apoya a la reina y otras parece dispuesto a discutir su continuidad. Algo muy común en él.

Como era habitual se cambió a todo el personal de los ministerios, empezando por los capitanes generales y pasando por los embajadores. Olózaga fue enviado como embajador a París, puesto al que tenía aprecio por lo que se ve. Como cuando la reina era niña, otra vez se decidió un cambio general de la servidumbre de palacio. Ya se sabe, las camarillas son malas si no son las mías.

La situación de María Cristina empeoró en cuanto que la de su hija mejoró, aunque solo un poco. Los odios se concentraban en ella. Los demócratas, visto que la reina no parecía pieza a su alcance, se concentraron en su madre como modo de atacar a la monarquía. Lo primero era evitar que saliese de España, para después intentar juzgarla.

Un primer intento de salida se frustró cuando se filtró la noticia y las calles se llenaron de gente armada para impedir su salida. El castigo a María Cristina era el castigo a toda la década moderada, al sistema político que había desaparecido. Lo que no queda claro es cuál era el crimen cometido por ese periodo de tiempo y por ese sistema político, quizás ser demasiado estable y bueno para el gusto de los progresistas. Los pecados económicos de la reina madre, reales sin duda, ya no eran lo más importante o lo más grave. Lo más grave es que era un freno a la revolución, es lo que después Olózaga llamaría los «obstáculos tradicionales», que ciertamente eran unos obstáculos pero a la anarquía y al desorden social tal y como se demostró en 1868. Pero no nos adelantemos.

El encono con María Cristina era mayor por creerla una pieza cobrable, algo que estaba a su alcance. Se quería que ella pagase la frustración de ver la revolución frenada y quizás a través de su castigo obligar a la reina a abdicar.

Las ansias revolucionarias de los demócratas desde luego no eran compartidas por el Gobierno, ni por O'Donnell, ni tampoco por Espartero. Se presentó a la firma de la reina un decreto donde se secuestraban todos sus bienes y se la sometía a juicio político. La reina, a la cual no le faltaba dignidad, se negó a firmar tal cosa:

«Haced vosotros cuanto queráis contra doña María Cristina si el pueblo os pide una víctima, pero no obliguéis a una hija a que firme la proscripción de su madre. Este paso innoble me deshonraría ante el mundo y ante la historia, y es extraño que vosotros hayáis creído que yo podría suscribir tanto desdoro.»[22]

En ese punto el Gobierno recapacitó y se dio cuenta de que atacar de ese modo a su madre dejaba en muy mal lugar a la reina. Se llegó al acuerdo de que se debía evitar a toda

---

22 *La estafeta de palacio*, Ildefonso A. Bermejo Impr. de R. Labajos 1872. Tomo III, pág. 437.

costa el juicio de la reina madre. Finalmente, fuertemente escoltada sale María Cristina hacia Portugal el 28 de agosto.

Se produjeron disturbios como era esperable, pidiendo la caída de Espartero y con gritos a favor de la república. Nuevamente se levantaron barricadas. Probar un poco de su propia medicina parece que volvió a Espartero más monárquico y menos contemporizador con los demócratas. Se disolvieron las organizaciones revolucionarias y algunos miembros fueron encarcelados, y se ató en corto a la prensa democrática. A veces los progresistas se parecían mucho a Narváez, como ya veremos más adelante.

Se abrieron las sesiones de las Cortes constituyentes con la presencia de la reina el 8 de noviembre de 1854. En esas Cortes como en todas el Gobierno que las convocó se preocupó de tener una buena mayoría por medio de los trucos e ilegalidades de costumbre, que en eso no eran distintos unos políticos de otros. O'Donnell tampoco estuvo lento y consiguió colocar a un buen número de fieles.

Pese a lo que decía el decreto de convocatoria en las Cortes, se discutió todo, desde la continuidad de la monarquía hasta cuál era la religión de España, pasando por la «soberanía nacional», algo que nadie sabía lo que era pero que igualmente llenaba páginas del diario de sesiones de las Cortes con enjundiosos discursos de florido verbo. También se discutieron cualesquiera otros principios por muy consolidados que estuviesen por la historia.

Los carlistas como era previsible se tomaron muy a mal que se discutiese la religión del país y se levantaron las primeras partidas en Palencia. Para no ser menos también se levantaron los socialistas en Badajoz, Burgos y Málaga, reclamando la eliminación de los impuestos de consumos.

En las Cortes los primeros espectáculos poco edificantes se vieron para la elección de la mesa, puesto que quería Espartero para sí, cosa nunca vista que el presidente del Gobierno presidiese también las Cortes. Como es lógico, duró poco ese disparate. Se remodeló el Gobierno y finalmente la presidencia de las Cortes recayó en Pascual Madoz.

Se presentó una proposición para aclarar el carácter monárquico de España: «Pedimos a la Cortes declarar que una de las bases fundamentales del edificio político que en uso de su soberanía van a levantar es el trono constitucional de doña Isabel II, reina de las Españas y su dinastía».

A esto siguieron los alardes antimonárquicos de los demócratas y los alardes ya no monárquicos sino isabelinos de los demás, desde Espartero a O'Donnell, que afirmó que su grito de guerra fue siempre Isabel II, pasando por Prim, de quien no me resisto a poner sus palabras para poder compararlas con sus actos futuros.

«Yo soy hoy lo que he sido siempre, monárquico constitucional. Quiero a la reina doña Isabel II como la he querido siempre y como la he defendido en el campo de batalla y en la tribuna. En el campo de batalla me encontraran por desdicha suya los que quieran atacarla, y si fuese posible que vencieran, no sería yo ciertamente quien les pidiera tregua, gracia ni cuartel. Tomad nota de estas palabras, por si llega el día en que se rompa el fuego entre nosotros.»[23]

La moción ganó la votación por 194 a 19. Los antimonárquicos eran tan ruidosos como poco numerosos, pero no por eso desistieron.

Madoz pasó al Ministerio de Hacienda, al que los demócratas reclamaban la supresión de los impuestos de consumos, lo que descuadraba todo los presupuesto. Para intentar compensarlo se decretó otra desamortización, lo que como es previsible levantó a más carlistas y provocó la ruptura con la Santa Sede. La reina se opuso a firmar tal ley, pero finalmente claudicó, manifestando eso sí su disconformidad. Se abolieron las leyes administrativas moderadas, que tan buen fruto habían dado.

Espartero y O'Donnell gobernaban como dos cónsules romanos, mirándose el uno al otro con desconfianza, pero

---

23 *La estafeta de palacio*, Ildefonso A. Bermejo Impr. de R. Labajos 1872. Tomo III, pág. 442.

sabiéndose los dos carentes de la fuerza necesaria para prescindir del otro. O'Donnell empezó a sumar adeptos entre los progresistas menos locos y a forjar el embrión de lo que sería la Unión Liberal, un intento de crear un partido de centro entre los moderados y los progresistas, que recogía partidarios de ambos bandos.

En esta época los consejos más escuchados por la reina eran los del embajador inglés Howden, lo cual es muy lógico, pues nadie como él conocía a sus patrocinados los progresistas españoles. Decisión tomada «con muy buen juicio», que incluso autores como Isabel Burdiel[24] lo reconoce así, siendo que a esta autora le duele horrores reconocer los aciertos de doña Isabel II, que como veremos capeó el temporal progresista con mano de buen capitán curtido en cien tormentas. Los consejos del embajador inglés de todas formas iban en la línea ya decidida por Isabel II de no confrontación con las nuevas autoridades.

Tras el respaldo parlamentario a Isabel II, los demócratas y bastantes progresistas decidieron concentrar el ataque en María Cristina. Se presentó una propuesta para una comisión de investigación sobre «todos los hechos por los cuales pueda ser responsables a la nación doña María Cristina de Borbón y su actual esposo». Se la acusaba de todo lo imaginable, incluso de connivencia con los carlistas. La propuesta fue aprobada, pero la mayoría gubernamental no quería remover el asunto. El asunto languideció por la lentitud de los avances y las muchas otras cosas que distraían la atención de los diputados. Al final se llegó a conclusiones poco claras. Apenas una semana después de publicadas esas conclusiones, concluyó el bienio progresista. Antaño como hogaño, cuando los políticos quieren que una cuestión muera de muerte natural, lo que hacen es crear una comisión sobre el asunto.

Pero a Isabel II quizás le preocupase más otros temas que se traía el Gobierno entre manos. Uno de ellos era la supuesta libertad de cultos en la constitución y la desamortización.

---

24 *Isabel II,* Isabel Burdiel, pág. 216. Edit. Taurus, Madrid . (1984) pág., 366.

El puesto que más rotó en el bienio fue el de ministro de Hacienda. Se le pedía la supresión del los impopulares impuestos de consumos, pero no se le daba alternativa para recaudar los 150 millones que suponían. Era la cuadratura del círculo. En 1855 a Madoz se le ocurrió otra desamortización que, además de bienes del clero, incluyera bienes municipales y comunales, lo que como es lógico sentó muy mal en la España rural, y sobre todo a la Santa Sede. Esto era totalmente contrario al concordato de 1851. Las filas del carlismo engordaron.

La reina se negó todo lo que pudo a firmar el proyecto de ley para presentarlo a las Cortes, pero, tal y como era su política acabo firmando, no podía hacer otra cosa. Eso sí, se encargó de que todo el mundo supiera que lo hacía contra su convicción religiosa. En este contexto, en el cual la cuestión religiosa empezaba a ser un instrumento de legitimación de la reina, no olvidemos que por mucho que les pese a los diputados progresistas y a bastantes historiadores modernos el pueblo español era profundamente católico. Isabel II no era la única católica de España. La obsesión de los progresistas por atacar a la Iglesia solo servía para hacer más fuertes a sus oponentes. Es increíble la cortedad de miras y lo dogmáticos que eran los progresistas isabelinos. Pues en este contexto es cuando el rey por su cuenta entabla negociaciones con los carlistas, unas negociaciones disparatadas como casi todo lo de Francisco de Asís, puesto que los carlistas en realidad no tienen nada que ofrecer, y sin embargo piden la abdicación de Isabel II. Como es lógico esas negociaciones no llegan a ningún lado.

En verano de 1855 estallaron revueltas populares en Cataluña en respuesta a un bando del capitán general Zapatero prohibiendo asociaciones obreras. Se repetía el asunto que había costado su popularidad a Espartero en 1843. O'Donnell se cuidó mucho de caer en el mismo error. Tampoco Espartero quería repetir el error. Recibió a una comisión de los huelguistas y prometió escuchar sus razones, pero el socialismo y el anarquismo habían dejado semilla que era difícil de arrancar. Los conflictos siguieron todo el año.

El Gobierno perdía adeptos por ambos bandos. Los progresistas más radicales tendían al socialismo y por el otro lado las medidas anticlericales asustaban a los conservadores. Algunos moderados barajan un golpe de fuerza, que solo podría partir de O'Donnell, pues era él quien controlaba el ejército. Narváez estaba retraído y su liderazgo muy discutido.

O'Donnell parece que se prepara para la inevitable confrontación y aprovecha todas las excusas para depurar e incluso desarmar a la Milicia Nacional, como ocurrió en Valencia por unos motines contra las quintas. También cada vez es más cercano a la reina, a la que sabe manejar mejor que Espartero, tratándola con más delicadeza. Con la reapertura de las Cortes se formaron dos grupos políticos ya bien diferenciados: los progresistas puros, el Centro Progresista, y el Centro Parlamentario, donde estaban los generales de Vicálvaro. Espartero estaba entre ambos bandos. Se le suponía el líder indiscutible de los progresistas, pero al mismo tiempo era el freno a sus aspiraciones más revolucionarias. Era un sincero monárquico y la democracia (en la acepción decimonónica ya explicada) no le gustaba. Su lugar intentó ocuparlo Olózaga, que con tal de destronar a la reina no tenía escrúpulos de ningún tipo, pero sin éxito.

La constitución ya estaba redactada. Se suponía que debería sancionarla la reina y disolverse las Cortes, pero los progresistas más puros no querían eso. Temían que en esa convocatoria O'Donnell los superase y perdiesen poder, por lo que se negaron a la disolución diciendo que aún había que redactar las leyes orgánicas que desarrollaban la constitución. Era un no querer bajarse del burro.

Mientras la reina ganaba aplomo. Ahora los consejos más escuchados son los del embajador francés Turgot, y ya no sentía que se movía el suelo bajo sus pies. Incluso O'Donnell asiste con la reina a procesiones para agradarla, mientras coloca a los suyos en puestos clave, como Serrano en la Capitanía General de Madrid. La causa del enfrentamiento definitivo fueron unos disturbios en Castilla, no muy diferentes de los habituales en periodos de carestía del trigo. Pero esta vez fueron más lejos, se quemaron molinos y casas de hacendados. Era un movimiento socialista. El ministro

Esconsura fue a investigar el origen de los disturbios y llegó a la sorprendente conclusión de que los causantes eran carlistas y moderados conservadores. De todas formas la represión fue dura.

En julio de 1856 se suspendieron las Cortes por el parón veraniego. Los conservadores pedían su disolución y nuevas elecciones. Los progresistas pusieron el grito en el cielo y recurrieron a Espartero, que como era habitual en él no dejó nada claro a sus interlocutores qué pensaba ni qué haría.

Los conservadores querían salir del periodo constitucional y aprobar de una vez la constitución. Aunque no les gustase, la preferían a la continua provisionalidad. Los progresistas defensores de esa misma constitución no querían ponerla en vigor y querían dilatar el ya de por sí largo periodo constitucional.

Regresó Esconsura a Madrid y se convocó Consejo de Ministros presidido por la reina. Al instante saltó el conflicto entre Esconsura y O'Donnell, primero por los medios para reprimir las revueltas. Esconsura quería encomendársela a la Milicia Nacional mientras que O'Donnell quería disolverla. La discusión subió de tono y Esconsura dijo que no había sitio en el Gobierno para los dos. Espartero pidió la dimisión a ambos. O'Donnell se negó a dimitir. Se pidió la mediación de la reina y esta se inclinó por O'Donnell, como es lógico. Cuando Esconsura se levantó para irse, también lo hizo Espartero. Le dijo que eligiese a O'Donnell o a él, y nuevamente eligió a O'Donnell. Espartero no pudo ponérselo más fácil a Isabel II. Dimitió todo el Gobierno menos O'Donnell. El bienio progresista había acabado.

La misma reina que había puesto a Espartero como líder de la revolución para frenarla, ahora, haciendo uso de su prerrogativa constitucional, aceptaba su dimisión y cambiaba el rumbo del país, al haber encontrado un líder capaz en sustitución de Espartero. Y aún hay quien dice que era tonta.

O'Donnell nombró un Gobierno de moderados puritanos y progresistas resellados. Se llamaba resellados a los progresistas que cambiaron de bando y se unieron a O'Donnell. El resello era una práctica bastante habitual en la época, que se hacía con las monedas de un país para hacerlas de curso legal en otro. Se les estampaba un símbolo o sello, y así por ejemplo había monedas mexicanas o españolas que circulaban en China con un resello chino. El mismo término se usaba para los políticos que, como las monedas, cambiaban de bando.

Los demócratas y los progresistas puros se dispusieron a la resistencia por todos los medios, ilegales por supuesto. La reina no se había salido ni una coma de la constitución, incluso la no promulgada le reconocía el derecho a nombrar y a cesar libremente a su presidente del Gobierno, y más en este caso que el nuevo presidente procedía de la mayoría parlamentaria. El acto era totalmente irreprochable desde el punto de vista constitucional, pero como ya sabemos a los progresistas solo les interesa la constitución cuando son otros los que tienen que cumplirla. Los que se habían sumado a un movimiento que exigía el cumplimiento de la constitución ahora se levantaban contra esa misma constitución.

Moneda de Amadeo con resello portugués

La revuelta, protagonizada sobre todo por la Milicia Nacional, duró cuatro días. Un grupo de diputados se reunió en las Cortes y pretendieron elevar una protesta a la reina, cosa que impidió O'Donnell como es lógico. A todo esto Espartero se refugió en su casa y no participó de ninguna manera en la revuelta. Algunos historiadores dicen que, de hacer asumido el mando, podría haber salido triunfante, cosa más que dudosa. El ejército al completo era leal a la reina, y por si acaso Napoleón III había enviado tropas a la frontera prestas a intervenir en caso de ser necesario.

Con ocasión de esos combates, uno de esos días pasó revista a pie la reina a las tropas formadas en la plaza de la Armería, llegando hasta el arco próximo a la calle de Bailén, desde donde se escuchaban claramente los tiros de la fusilería en las cercanas barricadas. No mostró miedo ni titubeo, y la tropa la vitoreó por su valor. Siempre fue Isabel II una mujer valiente y lo demostró en cada ocasión que tuvo oportunidad.

Tras sofocar las revueltas no siguió represión política alguna —Isabel II no era Espartero—. No hubo cárceles ni fusilamientos, y así vemos cómo Madoz, que lideró la Milicia Nacional en Madrid contra el Gobierno, en claro delito de sedición continuó en la política como si nada hubiese pasado. Y por supuesto Madoz no consideró que debiese gratitud ninguna a la reina por no aplicarle el merecido castigo.

Del bienio progresista es difícil extraer algo bueno, salvo quizás que algunos progresistas de buena fe vieron que sus ideas dejadas en manos de extremistas eran letales para España. Son lo que después como resellados se unirían a la Unión Liberal.

La tónica general se puede decir que fue la de los enfrentamientos personales que caracterizan a los políticos isabelinos, pero llevado hasta su punto más alto. Por poner un ejemplo, en dos años hubo seis ministros de Hacienda, que circulaban ante la imposibilidad de asumir postulados que eran imposibles desde el punto de vista matemático. En todas las crisis ministeriales los únicos que permanecían en sus puestos eran Espartero y O'Donnell, en un imposible juego de equilibrios.

El bienio murió víctima de sus propias contradicciones, dirigido por dos hombres con ideas distintas que mandaban seguidores que a su vez tenían sus propias ideas, no siempre —o más bien casi nunca— coincidentes con las de sus líderes.

Durante todo el bienio los progresistas y los demócratas se declararon a sí mismos como la voz del pueblo, tal y como hacen los progresistas actuales. Algunos historiadores actuales les compran el argumento, pero la verdad es que el bienio desapareció y nadie lo echó en falta, y el pueblo menos que nadie. Unos señores que se reunían en las Cortes para hablar de la soberanía nacional y cosas por el estilo no era lo que el pueblo necesitaba, que estaba más preocupado por el precio del pan. Salvo a los alborotadores alistados a la Milicia Nacional, a nadie le interesaban los discursos grandilocuentes de próceres enamorados del sonido de su campanuda voz en la cámara.

La reina, por la que nadie ni en España ni en el extranjero apostaba un real al estallar la Vicalvarada, demostró que no era tan tonta y supo capear el temporal. Ahora sería ella la que timonearía la transición postprogresista.

6. LA TRANSICIÓN

Quedó O'Donnell dueño de la situación y lo primero que se planteó fue qué hacer, si promulgar la nueva constitución o volver a la de 1845. Curiosamente el que se había levantado contra un político que pretendía hacer una modificación de esa constitución a través de las Cortes lo que hace es modificarla a través de un real decreto. «Cosas veredes, amigo Sancho». Muy consecuente no parece, pero hay que reconocer que el bienio supuso una dolorosa lección y que al parecer la había aprendido bien.

Su situación en política tampoco era muy airosa. Tras su actuación en el bienio no podía decir ahora que era moderado, pues estaba totalmente en contra de sus actos anteriores y era demasiado contradictorio incluso para la época. Tampoco podía ser progresista quien los había disuelto a cañonazos. Decidió tomar el camino de en medio e inventó el centro político, algo que tantos éxitos tuvo en España muchas décadas después. Se le sumaron los progresistas sensatos, escarmentados de experimentos, y los moderados más liberales.

Quedaba desmontar las consecuencias del bienio, cosas como la desamortización, que era algo en lo que la reina tenía mucho interés. Pero nadie olvidaba que él había sido uno de los que había obtenido la firma de la reina con presiones. ¿Era decoroso que ahora recorriese el camino inverso? A la reina, con excelente criterio, le parecía que no, y con esto le estaba haciendo un favor político. Decidiendo que fuese otro quien tomase esas dolorosas decisiones se evitaba que muchos progresistas desertasen de la naciente Unión Liberal.

La conversación entre O'Donnell y la reina fue la siguiente:

«—Es para mí cosa de gran valía el reconocimiento, y negarte mi gratitud por los --servicios que has prestado a la patria y al trono sería desconocer una verdad manifiesta. No es mi propósito condenar el uso que haces del poder que yo te he delegado. Creo que atravesamos un periodo que, aun cuando sea breve, necesita el Gobierno adormecer, o destruir las malas pasiones, no con actos severos, sino con medidas preventivas, que vayan disipando los malos hábitos para una libertad fundada en los principios de la justicia, del derecho y del deber. Pero esto mismo está fuera de lugar si lo verifican los hombres que han invocado otra cosa por medio de una rebelión. No es esto reconvenirte por lo del Campo de Guardias. Lo hiciste, y las resultas no han sido desventajosas para el trono.

»Algo concebiste para mi destronamiento, no lo niegues, que yo olvido esas ofensas, mayormente cuando las voluntades no eran unísonas y se jugó mi dinastía a cara o cruz en una casa de Madrid. Tampoco guardo rencor porque me entregarais al azar, y si solo deploro que buscarais la solución por medio de un juego que usan malhechores y rufianes, pues la prenda que se jugaba valía la pena que se decidiera en palenque más digno y levantado, y es para mí doble dolor que pusieran atenta mirada a la cara o cruz de una moneda algunos que tantas han recibido de mi mano

Al expresar esto se arrasaron los ojos de la reina. Enjugó rápidamente las lágrimas con el pañuelo que llevaba en la mano y, haciendo semblante de alegría, continuó:

—Me conviene olvidar esas cosas y las olvido. Ni a ti ni a tus amigos guardo rencor, y debe ser esta afirmación prenda tan segura para ti cuanto que estoy resuelta a que seas mi presidente del Consejo de Ministros, tan pronto como la tirantez que ahora se necesita empiece a ser nociva. Si sospechas que mis palabras tienen algo de disimulación o malicia, dímelo con franqueza para darte de lo contrario todo género de seguridades.»

Y repuso O'Donnell:

«—Hace algún tiempo, señora, que yo tenía noticia de que V. M. había ya decidido dar ese paso, y si no he presentado antes mi dimisión ha sido porque quería conocer los motivos que V. M. tenía para privarme del honor de ser su consejero. Veo que las razones que V. M. me da son diestramente meditadas, y aún creo que habilidosamente sugeridas por quien tiene talento para suministrar estos y otros consejos. Yo sabía, señora, que el último manifiesto dado a la nación por vuestra augusta madre había sido para V.M. un libro de doctrina, y que las cartas que frecuentemente de esta ilustre señora recibe habían de influir poderosamente para mi despedida. Es decorosa, está basada en ideas que yo acepto. Bueno es que los elementos de orden empiecen a turnar, pero deploraré que, así como yo me he contradicho para encaminarme a la reacción, no se contradiga Narváez para irse al liberalismo. De todas formas me parece buena la resolución. Respecto al juego de cara o cruz, permítame V. M. que le diga que la han engañado.

La reina se puso en pie y exclamó:

—¡Hemos hablado lo esencial! ¿Niegas lo de cara o cruz? Quiero creer que ha sido una invención y me han engañado.»[25]

Revelador dialogo, del cual se pueden extraer muchas conclusiones. La primera es que la reina estaba más informada de lo que parecía sobre los inicios de la Vicalvarada y que O'Donnell piensa que su sustitución es obra de María Cristina, cosa de la que no hay prueba. En realidad en esa época Isabel II ya era bastante refractaria a los consejos de su madre, pero de todas formas inteligentemente no se molesta en desmentirlo, quizás para que, si O'Donnell secretamente guarda resentimiento, lo dirija a su madre en vez de a ella. También es de notar que, si bien niega que fuese a cara o cruz, no niega O'Donnell que se discutiese su dinastía.

También podemos concluir que lo de la «crisis del rigodón» no deja de ser una de tantas coloridas anécdotas que adornan los libros de historia y que algunos toman como verdades inmutables, cuando quizás todo se redujese a que simplemente Narváez era mejor bailarín que O'Donnell.

---

25 *La estafeta de palacio*, Ildefonso A. Bermejo Impr. de R. Labajos 1872. Tomo III, pág. 456.

Por último, a la reina por desgracia aún le quedaban muchas lágrimas que verter por culpa de ingratos a los que enriqueció. También sabemos que la reina no mentía cuando le ofreció gobernar más adelante, y sobre todo en lo de que no les guardaba rencor. La reina nunca le guardó rencor a nadie, por mucho que lo mereciera.

Este periodo comprendido desde 1856 hasta 1858 es uno de los menos comprendidos y más injustamente valorados de la acción política de Isabel II, que sí se puede decir que es ella la que conduce la transición.

Ya hemos visto cómo la reina decide que quien tome las decisiones para corregir los efectos del bienio liberal sea Narváez en vez de O'Donnell. Así evita quemar su figura política y darle tiempo para encontrar su espacio político propio, que ya queda claro que no puede ser ni progresista ni moderado.

En esta época la reina está sometida a fuertes presiones por parte de su marido y el entorno clerical que la rodea, a pesar de lo cual no cede a sus presiones. En este punto se da un fenómeno curioso: los historiadores hablan de las presiones retrogradas a las que está sometida y, ante la evidencia de que no cede a esas presiones y no nombra a los presidentes que se le proponen, buscan cualquier explicación antes de admitir que Isabel II era lo que sus actos demuestran, una reina liberal y constitucional y que no pretendía ser otra cosa. La suposición de que el pensamiento político de la reina es absolutista es tan fuerte que incluso las pruebas en contra no son suficientes para que algunos se decidan a admitir que están equivocados. Y a lo que es una línea liberal clara y decidida se le llaman erráticos movimientos.

Quizás sea el fenómeno que los psicólogos llaman sesgo de confirmación, por el cual solo prestamos credibilidad a las cosas que confirman nuestros pensamientos previos y despreciamos aquellas que muestren lo contrario.

De ser cierto que Isabel II era de pensamiento absolutista, nunca tuvo mejor oportunidad para llevarlo a cabo: los progresistas estaban muertos políticamente y sin cabeza directora, el pueblo estaba desarmado y en uno de los periodos tan españoles de apatía política, incluso la reposición de los muy impopulares impuestos de consumos se ejecutó sin oposición digna de tal nombre. Tras deshacerse de O'Donnell su demostración de independencia política y capacidad de maniobra era manifiesta. ¿Qué le impedía intentar un absolutismo al que muchos la empujaban? Mi opinión es que no lo hizo porque no era eso lo que ella quería.

Ante esto se argumenta que los nombramientos claramente liberales se debían al pretendido temor a una revolución aún más fuerte que la Vicalvarada. La verdad es que no me imagino cómo la reina podía temer tal cosa con los demócratas y los progresistas en estado de disolución. En todo caso la revolución podría venir de los más crecidos carlistas y moderados conservadores.

Todos los presidentes del consejo de esta época, empezando con O'Donnell, no son del agrado del rey. Las presiones y los «consejos» a la reina vienen de todos lados, incluso de fuera de las fronteras. Ante ellos Isabel II decide demostrar su independencia y la de España. Ante el consejo de Napoleón III de no caer en una reacción demasiado fuerte y ante el apoyo a O'Donnell del embajador francés, lo que hace es sustituirlo por Narváez, en una magnifica decisión que evita a O'Donnell tener que pasar lo que pronto pasaría Narváez en las Cortes: que lo pusieran frente a sus contradicciones.

Los temores de Napoleón III estaban infundados. Tras el fin del bienio no siguió ninguna represión, no hubo represaliados ni encarcelados, por mucho que algunos lo mereciesen.

Las razones para el cambio eran muchas y sólidas. Además de la carencia por parte de O'Donnell de un partido solido que lo pudiese sostener, también es lícito pensar que manejó la posibilidad de que O'Donnell cayese en la tentación de instaurar una dictadura personal.

Desde luego que Narváez no era del agrado del rey Francisco de Asís, y está claro que era decididamente constitucional, con lo que, si bien su labor sería conservadora, no sería nunca nada parecida al absolutismo al que aspiraba el rey consorte. Narváez intenta calmar los infundados temores del embajador francés y se convocan nuevas elecciones para reabrir las Cortes cerradas a cañonazos por O'Donnell.

El moderantismo, para no ser menos que los progresistas, también estaba muy dividido: los ultraconservadores como Cándido Nocedal o González Bravo, que contaban con el apoyo del rey e incluso querían un acuerdo con el carlismo, otros moderados de centro que sin querer reconocerlo explícitamente seguían las ideas de Narváez, y después otros moderados que en su momento habían apoyado la Vicalvarada y que miraban con simpatía la Unión Liberal. Todos ellos estaban enfrentados no solo políticamente si no también personalmente e incapaces de unión alguna. Era lo que se llama una mayoría negativa muy útil para derribar Gobierno, pero incapaz de articular un proyecto alternativo, algo que ya hemos visto y seguiremos viendo.

Parece un error común entre los embajadores extranjeros y bastantes historiadores atribuir a la Corte (así en conjunto) lo que solo era el pensamiento del rey y su camarilla, y asumir que su poder sobre la reina era decisivo. Los acontecimientos futuros demostrarán que no era así. Se suponía que la reina, que había iniciado una relación con Enrique Puigmoltó, estaba siendo chantajeada por el entorno clerical y por su marido por sus debilidades personales, y es seguro que lo intentaban, pero no parece que con mucho éxito, a la vista de los incontestables movimientos políticos de la reina.

También resistió la reina las pretensiones de su madre de regresar a Madrid, cosa que a Narváez le pareció muy bien. María Cristina siempre había sido un elemento perturbador, y cuanto más lejos mejor. Ni el rey consorte la quería cerca, pues sabía que no aprobaría sus proyectos retrógrados.

La reina estaba embarazada, lo que parece que aumentó las diferencias entre los reales esposos, diferencias que el dinero entregado a Francisco de Asís solventó. En esta época también la reina cambió de confesor. Tras la muerte del arzobispo de Toledo Bonel y Orbe, fue sustituido por el padre Claret, algo que tampoco gustó a Sor Patrocinio ni al rey, quizás por no ser lo suficientemente retrógrado. A Isabel II no le pareció suficiente ese rechazo y lo nombró confesor, otra muestra de independencia a las presiones clericales que algunos gustan de suponer omnipotentes. Esa independencia a las presiones las paga la reina con noticias en la prensa sobre sus asuntos privados. Se repiten los procedimientos de siempre cuando los conservadores se sienten no escuchados en Palacio.

Las Cortes se abrieron en mayo de 1857, sin mayoría clara para el ministerio, a pesar de ser mayoría absolutísima los moderados. Ya se sabe, en la época el partido del Gobierno siempre ganaba las elecciones. Otra cosa es que los diputados procedentes de distintas familias políticas se mantuviesen fieles al Gobierno que los eligió, cosa que se agudizó al no tener oposición contra la cual unirse.

El que en las Cortes estuviesen sentados muchos de los que firmaron manifiestos contra la reforma de Bravo Murillo no era óbice para que ahora la planteasen ellos. El tono reaccionario de las Cortes era indudable. A pesar de eso la reina intenta no dejarse arrastrar. Entre otras cosas se resucita un Senado vitalicio y parcialmente hereditario. Sobre esto dice el marqués de Miraflores que es consecuencia de las dolorosas lecciones aprendidas durante el bienio, pero también es razonable pensar que su oposición anterior no era motivada por razones políticas, y que lo que de verdad no les gustaba del proyecto de reforma era la firma que había al pie, y que si la firma era la de ellos ya en ese caso la reforma les parecía buena y necesaria.

Precisamente fue la sombra de la Vicalvarada lo que más reinó sobre aquellas Cortes y lo que más contribuyó al desgaste de Narváez. En el Senado, al muy reaccionario general Calonge se le ocurrió que se exigiesen responsabilidades a los generales de Vicálvaro. Era una patada en el avispero.

Narváez desde luego no quería nada parecido y se opuso claramente, lo que no le sirvió de nada. Los reaccionarios no quedaron contentos y los vicalvaristas tampoco. Ya tenían un hueso que morder. O'Donnell tenía necesidad de alzarse como líder de la oposición. La reina intentó mediar ofreciendo puestos a los vicalvarinos, pero tampoco funcionó. O'Donnell quería un debate donde lucirse. Sus armas eran la correspondencia mantenida con Narváez antes de la revolución, donde quedaba claro que no solo era conocedor, sino que además la había alentado aunque después no participase.

El debate en el Senado no deja de ser curioso. En él O'Donnell acusa a Narváez y también a Nocedal y a González Bravo de estar al corriente de la conspiración, a lo que quizás sea lógico preguntarse: si saber de la conspiración es algo reprochable, ¿qué es el dirigirla entonces? ¿Era la Vicalvarada algo bueno o algo malo? El caso es que Narváez salió bastante perjudicado políticamente de ese debate. Extrañamente se le acusaba de incoherencia, en unas Cortes donde todos habían cambiado de bando más que él y en el que no había inocentes del delito del cual se le acusaba. Si las acusaciones de incoherencia dañaron a Narváez, se puede deducir que la renuncia de O'Donnell le salvó de un debate parecido o peor, y eso es algo que debía agradecer a la reina. Al menos de O'Donnell sí se puede decir que fue de los pocos que no se mostraron ingratos con ella.

A Narváez solo le quedaba el apoyo de la Corona, a la que algunos querían empujar hacia una reacción más fuerte, opción que tenía el apoyo mayoritario de las Cortes. Su incapacidad para gobernar con unas Cortes opuestas y sin mayoría conocida era manifiesta. Finalmente dimite, cosa que a Narváez no le costaba nada hacer. De su labor de Gobierno es digna de reseñar la ley Moyano, la primera ley de educación universal de España y cuyas líneas principales perduraron nada menos que hasta 1970, con la entrada en vigor de la reforma de Villar Palasi.

La reina tendría que buscar un sustituto, cosa nada fácil. Intentó la reina buscar un líder conservador para respetar la mayoría parlamentaria, pero el fraccionamiento de los moderados lo hacía imposible. En este contexto —si siendo generosos creemos a Bravo Murillo— es cuando plantea la posibilidad de ser ella misma la presidente del Gobierno, lo que si bien era posiblemente anticonstitucional también lo había sido su mayoría de edad y tantas otras muchas cosas. En realidad fue mejor que no optase por tal cosa, lo que salvó a la monarquía del desgaste al que sus opositores la someterían.

Finalmente y contra la opinión de Francisco de Asís como las otras veces, la reina se decanta por una opción claramente liberal: Francisco Armero, secundado por Alejandro Mon. La línea política de la reina no tiene nada de errática y es invariablemente liberal. Armero había sido uno de los de Vicálvaro. La labor del rey para desacreditar a la reina se recrudeció, secundado por los moderados más conservadores. El uso de la vida privada de la reina como instrumento político de presión es una de las maniobras más rastreras y obscenas de las muchas que este siglo nos ofrecerá. Curiosamente eran los periódicos y los políticos que se pretendían monárquicos los que más insultaban a la personificación de la monarquía.

Se acerca el parto de la reina, lo que en la época era también una posibilidad no pequeña de que la madre muriese de parto. Sin ir más lejos, la reina María II de Portugal había muerto de parto en 1853. El Gobierno seguía sin tener apoyo parlamentario, por lo que carecía de iniciativa política digna de tal nombre. Bastante hacía con sostenerse. Finalmente la reina da a luz a un robusto y sano varón el 28 de noviembre de 1857. Ya hay un Príncipe de Asturias varón, lo que disipa las posibilidades de unificación dinástica, para disgusto del rey y de los carlistas. Las fiestas fueron memorables. La monarquía se robusteció y la popularidad de la reina creció aún más.

La reina reabrió las Cortes en enero de 1858, con un discurso que pretendía ser conciliador, con medidas liberales y algunas conservadoras. Pero es difícil conciliar a quien no quiere ser conciliado. Por su parte el rey y los suyos no dejaron de presionar para poner un Gobierno más a su gusto. La primera votación fue la de elección de presidente del Congreso, que según la práctica de la época era cuestión de gabinete. El candidato gubernamental fue derrotado por Bravo Murillo, lo que suponía que o bien se disolvían las Cortes o se nombraba un nuevo Gobierno, usualmente al vencedor del congreso. Armero dimitió. Su Gobierno duró tres meses. Se suponía que Bravo Murillo era el candidato del rey y los conservadores, y nuevamente el candidato del rey fue rechazado por doña Isabel II. El designado fue Francisco Javier Insturiz.

Era la confirmación, por si los anteriores nombramientos no habían sido suficientes, de que la reina quería soluciones más liberales que las que la mayoría de la Cortes pretendía. No es solo que fuese más liberal que su marido y su camarilla, lo cual está fuera de toda duda, también era más liberal que la mayoría parlamentaria moderada.

Insturiz procedía de la embajada en Moscú, por lo que, estando alejado de las miserias políticas de Madrid, quizás pudiese unir a los irreconciliables moderados. Como es previsible no funcionó. Se recrudecieron los ataques personales a la reina, la cual decide separar a Puigmoltó de Madrid y de su persona, sacrificio estéril que por supuesto nadie está dispuesto a reconocerle y agradecerle. Es más, los ataques continúan. El no tener favorito no es motivo para detener los insultos. Si no tiene relación con nadie se inventa y asunto resuelto.

Insturiz, sabedor de que no tenía mayoría para iniciativas legislativas, se dedica a la mera administración de los asuntos diarios del Gobierno, sin más aspiraciones ni iniciativas políticas.

Cada vez suena más un posible nuevo Gobierno de O'Donnell, que ha aprovechado este tiempo para recolectar adeptos entre todos los progresistas más pragmáticos y de orden y los moderados no absolutistas, que estaban dispersos y sin líder. Empezaba a estar claro que podría ser el único capaz de articular una mayoría parlamentaria suficiente para un Gobierno con iniciativa y estable, que en definitiva es lo que España necesitaba.

La reina hace un viaje oficial a Valencia y Alicante, donde es aclamada con enorme cariño. El éxito de este viaje y el cariño recibido hará que en los próximos años repita varias veces la experiencia. Para la reina las demostraciones de cariño populares son un bálsamo a los sinsabores que le ocasionan los políticos. La llegada a Madrid no fue tan apoteósica, pero no por falta de aprecio del pueblo, tal y como algunos quieren presentar. Simplemente en Madrid a la reina la tenían muy vista a diario en sus paseos y su presencia no constituía novedad alguna. Por mucho que le pese a sus detractores, Isabel II siempre fue una reina querida por su pueblo. El éxito de sus viajes puede levantar urticarias en sus enemigos, pero es indudable, y eso no se puede negar.

A su vuelta a Madrid por divisiones internas (cómo no) dimitió el Gobierno Insturiz y fue llamado a Palacio

O'Donnell en junio de 1858. Era el cumplimiento de la promesa de hacía dos años. Evidentemente la decisión también iba contra el consejo de su irreductible marido, que quería un Gobierno ultramontano. Hay que reconocer que Paquito era inasequible al desaliento, tanto como los que atribuyen las decisiones políticas de la reina a las presiones maritales o al capricho.

No falta quien vea este periodo de dos años como un intento fracasado de reacción por parte de la Corte, y lo sorprendente es que dentro de ese término de «la Corte» incluyen a la reina. El que todos los presidentes del Consejo de Ministros designados fuesen más liberales que la mayoría parlamentaria y en contra de los deseos de su marido y su camarilla reaccionaria parece no ser tenido en cuenta, o como mucho se intenta justificar como que lo hacía porque Isabel II tenía miedo de una revolución aún mayor que la Vicalvarada. ¿Protagonizada por quién? Los progresistas estaban disueltos en luchas intestinas y sin líder, los demócratas y republicanos reducidos a la anécdota, el ejército disciplinado por los generales adeptos a O'Donnell, y ya hemos visto que la gestación de la Vicalvarada necesitó de largas negociaciones que no pasaron desapercibidas al Gobierno y a la reina. Nada de eso había en este caso. Si alguna revolución podría temer la reina, era la de los carlistas asociados a los moderados absolutistas. Y como a la reina nunca le faltó valor, decidió enfrentarla.

Cualquier cosa es admisible antes de reconocer que Isabel II no era tonta y menos aún absolutista. Como mucho se tratan sus nombramientos como «erráticos». Así, con un par, como si Narváez, que primero deporta progresistas, y dentro de unos años le veremos decir que «será más liberal que Riego» u O'Donnell que cancela desamortizaciones que unos meses antes hace firmar a la reina bajo presiones, o aplica leyes como la ley de prensa de Nocedal que previamente había combatido en las Cortes, fuesen ejemplo de coherencia y líneas políticas definidas e inmutables. Pero no, la errática era Isabel II. Contra ciertas cosas hasta los mismos dioses luchan en vano.

A esas tendencias absolutistas se enfrentó exitosamente y en solitario la reina. No tenía apoyo de ningún grupo político, ni siquiera de la Unión Liberal de O'Donnell, que como siempre y como todos estaba impaciente por recuperar el poder y solo pensaba en desestabilizar Gobiernos, cuando en realidad lo que se gestaba era su regreso en mejores condiciones, tal y como la reina le había prometido.

7. SOR PATROCINIO Y EL PADRE CLARET

Ningún libro sobre Isabel II que se precie puede dejar de mencionar a estas dos personas, que han llenado páginas de novelas. Hay que reconocer que como personajes para obras de ficción son casi insuperables y es perdonable el que los novelistas caigan en la tentación de construir historias a su alrededor; que los historiadores hagan lo mismo ya es menos disculpable.

Han recibido multitud de acusaciones, sobre todo la de manipular a la reina con intereses personales o religiosos y de ser los que manejaban la supuestamente débil personalidad de Isabel II.

La reina era muy católica, eso es indiscutible, pero no era la única católica de España. El pueblo era tan católico o más que la reina. Isabel II no necesitaba muchos estímulos externos ni consejos para proteger a la Iglesia de las agresiones de los liberales. De no existir esas dos personas lo hubiese hecho de todas formas, y no solo por convicción religiosa, que en ella era sincera, también había una razón política. El ataque a la Iglesia engrosaba las filas del carlismo, algo que con su cortedad de miras a los progresistas parecía no importarles, o quizás es que para ellos lo verdaderamente importante era el cumplimiento de los dogmas masónicos.

La desamortización hizo derramar profusas lágrimas a la reina, pero cuando O'Donnell llegó a un acuerdo con el Vaticano, la desamortización siguió a buen ritmo y ya no se detuvo. Lo que se quería evitar era hacerla en contra de la Iglesia, cuando se podía hacer contando con la Iglesia.

De la importancia política de los asuntos religiosos tenemos prueba en la conversación que la reina tuvo en sus últimos días como tal en agosto del 68, cuando estando la reina en Lequeitio se sumaron al sequito dos diputados forales. Uno era don José Mascarua, de viejas ideas carlistas; del otro no se conserva el nombre.

La reina les propuso dispensarlos de una ceremonia que quizás les fuese molesta, a lo cual se negaron diciendo que era su deber cumplimentarla.

La reina los aceptó en su séquito con su eterna simpatía para con todo el mundo. Estableció conversación afectuosa con el carlista Mascarua y le preguntó si había muchos hombres que sustentasen su parecer en el país, a lo que contestó:

«Señora, después de una guerra fatigosa y cruel de siete años, vino el convenio de Vergara, que para unos fue motivo de júbilo y para otros de amargura y pesar.

Se comprende el júbilo de los primeros por el cansancio, y la tristeza de los segundos porque vieron defraudadas sus esperanzas, y porque creyeron que la santa religión de nuestros padres sería menoscabada por los vencedores, que eran aquí tachados de irreverentes a los santos preceptos de nuestra religión.

Pero a medida que el tiempo corría y contemplaba el pueblo vasco-navarro que no escaseaban vuestros dones hacia el clero, que se cimentaba la iglesia católica en el nuevo pedestal de la Corona, los que habían presumido mal de V. M. y de sus Gobiernos liberales se reconciliaron con la sobrina de don Carlos, y lo que era acatamiento obligado vino a ser cariño leal, y olvidamos la guerra y la sangre vertida en estos campos por donde transita ahora V. M.

Yo, Señora, fui uno de los reconciliados. Así acrecí el afecto hacia V. M., hasta que reconocisteis el reino de Italia y llamasteis vuestro aliado a don Víctor Manuel, que mereció la excomunión del Santo Padre, y el cariño se convirtió en frialdad manifiesta, y volvimos a pensar en los vástagos de don Carlos V, y fue cundiendo este sentimiento y reverdeciéndose el carlismo.

Yo he sido también, señora, de los que he vuelto a mi campo, sin que por eso propenda a la sedición, que nosotros los provincianos sabemos acatar a los reyes aun cuando desaparezca el afecto y sepa acatar nuestros fueros.

Pero oíd una advertencia. A estos pueblos han llegado rumores de que en Castilla se grita: «Abajo lo existente y fuera los obstáculos tradicionales». No quieran los cielos que sea realidad lo que se grita, pero tened entendido que, si tal acaece, estas provincias no reverenciarán a ningún rey que no proceda de su familia, y que si los demócratas o los republicanos que os amagan triunfan, las provincias vasco-navarras se llenarán de carlistas. Y tened entendido, Señora, que ya hay en este país quien se apareja para el caso de esa eventualidad.»

La reina lo escuchó con atención y no mostró desagrado alguno por el lenguaje de la verdad y la franqueza.

❧

Incluso el llamado «ministerio relámpago» fue obra del propio rey más que de la famosa monja, que si ciertamente en esa época formaba parte de la camarilla del rey, pero no de la de la reina, y solo era una más entre las muchas voces que escuchaba el rey, quien tampoco necesitaba muchos estímulos para seguir una política retrograda, el rey no necesitaba ser convencido de sus propias convicciones. La reina en aquel entonces tenía muy poco trato con ella.

En realidad los partidos no estaban en contra del sistema de camarillas, de lo que estaban en contra era de estar fuera de él. Por eso, siempre que alcanzaban el poder, una de sus primeras decisiones era cambiar la servidumbre de Palacio. El eterno «quítate tú para ponerme yo», o en este caso «para poner a los míos».

«Deseoso yo de formar un juicio verdadero y seguro acerca de la influencia del arzobispo Claret, he preguntado a diferentes personajes que fueron ministros y todos me han respondido con unanimidad absoluta que jamás se mezclaba en los asuntos políticos. Un exministro moderado me ha dicho: «Yo había creído, como el vulgo, que el padre Claret manejaba realmente las cosas del Gobierno, hasta que entré en el ministerio, pero entonces conocí por experiencia que el vulgo y yo estábamos equivocados». También he preguntado a algunas entidades que han hecho la revolución de 1868, a los más encarnizados enemigos del padre Claret, y ninguno lo acrimina. Unos me han dicho: «No tengo sobre ese señor ningún hecho concreto que indicarle»; otros: «El padre Claret era un infeliz»; otros: «Un alma de Dios»; otros: «Yo no he dicho sino lo que la voz publica aseguraba». Iba buscando con afán la culpa, y todos me daban la absolución por hallarle inocente de infinitas calumnias.

Después de tantas diligencias, no he podido leer sin disgusto que en la sesión del Senado celebrada el día 5 de mayo de 1871, un senador, llamado Sr. Pérez Cantalapiedra, hubiese pronunciado las siguientes palabras: «Se dio el escándalo, que presenta nuestra historia, y que no puede citarse sin dolor, que un confesor representase en el orden político un papel más importante, un papel de más resultado que el de los ministros de la Corona y de las mismas Cortes». A lo cual respondió el obispo de Urgel: «He sido amigo del señor Claret, porque nuestro conocimiento databa del año 46 o 47. Conocí sus virtudes, era un santo. No solo me dijo que nada absolutamente influía, sino que de ello he tenido pruebas evidentes. Se cuidaba de su deber y los que lo conocían a fondo lo saben bien. Tal vez si hubiese querido influir hubiese podido hacerlo. Se contentó con cumplir con su deber. No estuvo nunca con los que defendían a don Carlos, ni con las armas ni sin ellas. Por consiguiente es una calumnia. El señor senador seguramente ha sido mal informado. El señor Cantalapiedra se contentó con responder: «Lo que yo puedo responder es que la opinión pública decía lo contrario de lo que dice el señor obispo de Urgel». Este era un senador que afirmaba en el Senado, sin más comprobantes que lo que la opinión pública decía.

No falto quien quisiera depurar el asunto, porque tenía que escribirse una historia, y era preciso decir la verdad en ella, y pensándose que el señor Cantalapiedra podía tener, y parecía regular que tuviese, noticias desconocidas, se le hizo una visita para que se sirviese decir en qué datos se había fundado para afirmar aquellas cosas del padre Claret, manifestándole el objeto de la pregunta que había que escribir historia y era necesario ser puntual. Al principio se manifestó el preguntado un tanto sorprendido y respondió que no había nombrado al padre Claret, pero se le repuso que había nombrado al confesor de S.M. y que seguramente no había querido referirse al Sr. Bonel y Orbe ni a ninguno de sus antecesores. Repuso S.S.: «Ya se ve, pero yo, como presidente de la comisión, algo había de contestar al señor obispo de Urgel y dije del padre Claret lo que la opinión pública aseguraba». Y se le argumentó: «¿Pero usted no tenía ningún dato particular?». «Ninguno —respondió—, ni sé de ningún hecho concreto del padre Claret. Y si hubo equivocación en los que dije, la opinión pública estaba equivocada»[26].

Vamos, que más que Cantalapiedra debería llamarse Cantamañanas. Se limitaba a repetir en el Senado chismes de portería. Pero la historia se escribe así. Pese a los más contundentes desmentidos, no faltan historiadores que afirmen que el padre Claret ponía y quitaba ministros; eso sí, sin que sean capaces de decir qué ministro quitó o puso ese señor, ni tampoco en qué decisiones concretas de la reina el consejo de sor Patrocinio fue decisivo.

Sobre este tema escribió O'Donnell al embajador inglés:

«Deseo que pida a su Gobierno que sea cauteloso respecto a las muchas historias que circulan respecto a la Corte. Oirán mucho acerca de cierta monja. Bien. Yo le doy mi palabra, no como ministro de la Corona, sino como caballero, que nunca he visto nada de eso. Es verdad que la reina, cuando está en Aranjuez, va a su convento porque esto la divierte, pero aquí en Madrid S. M. no la ve nunca; si se me permitiera hacer una observación, la Reina es un soberano tan constitucional como la reina Victoria. Se ocupa de los asuntos del Estado con sus ministros y atiende sus consejos. Por ejemplo, S. M. al principio estaba muy en contra de la venta de las propiedades de la iglesia, pero sin embargo cedió a los consejos del Gobierno... El hecho de que yo esté en el poder es una prueba de que esas historias son falsas... Si veo algo

---

26 *La estafeta de palacio,* Ildefonso A. Bermejo Impr. de R. Labajos 1872. Tomo III, pág. 660.

de las intrigas de la llamada «camarilla» no permanecería en el Gobierno veinticuatro horas.»[27]

A pesar de todo esto no faltan historiadores que se empecinan en decir que la reina era manipulada. Si lo fuese no es que O'Donnell hubiese dimitido, es que habría sido cesado, o más bien no habría sido nombrado nunca. En su tercer Gobierno, a pesar de lo que había escrito O'Donnell al embajador ingles, pidió a la reina que alejase de Madrid a Sor Patrocinio. Sobre esto escribió el marqués de Miraflores, que como sabemos también fue presidente del Gobierno:

«Fueron estas, según se dijo sin contradicción de nadie, que pagando tributo a preocupaciones vulgares y populacheras contra la monja Sor Patrocinio, a quien el vulgo atribuía gran influjo político, exigió a la reina se la hiciese alejar de la corte.»

No solo no tenía tiempo hacia el menor influjo aquella religiosa. Por más que hubiese hecho antes de esa época gran papel, sino que evidentemente jamás tuvo influjo en los ministerios presididos por el duque de Tetuán ni en los anteriores al mío de 1863, ni en el de Arrazola, que fue después del mío, ni en los posteriores de Mon y Narváez. Sor Patrocinio no solo no había tenido relación ni influjo directo ni indirecto, chico ni grande, en los negocios públicos, sino que ni aún era conocida personalmente por ninguno de los presidentes del Consejo, ni de los ministros sus compañeros. Y en ese caso, ¿cómo en un Gobierno constitucional puede tenerse, y menos ejercer nadie, influjo político de ningún género sin mayor o menor intimidad de relaciones e influjo con alguno o algunos de los presidentes, o al menos con alguno de los individuos de los gabinetes que rigiesen o han regido la gobernación del Estado? Sin embargo una de las condiciones de O'Donnell para con la reina fue, según de público se aseguro, el alejamiento de la corte de Sor Patrocinio, y aun se supuso también que deseó el extrañamiento del inofensivo y virtuoso confesor de la reina, el señor arzobispo Claret, constante populachería fue por algún tiempo tomar en cuenta, como personajes sobrado influyen-

---

27 *Isabel II y su tiempo*, Carmen Llorca, pág. 216. Ediciones Itsmo, Madrid . (1984) Pág. 667.

tes e importantes a esta monja y a aquel venerable misionero. Los favores de los reyes, que hubiese podido explotar la religiosa bastante tiempo, los utilizaba, pura y simplemente a favor de sus conventos y fundaciones, en lo que puso, como era natural, todo su amor propio.[28]

De sobra sabía todo esto O'Donnell. Esta petición, como otras, no era más que un gesto para intentar contentar a los progresistas, y nunca una convicción propia de O'Donnell.

---

28 *Memorias del reinado de Isabel II, Atlas,* Marqués de Miraflores. Madrid, 1964,
    1ª edición 1873. Tomo III, pág. 250

8. ISABEL II
MINISTRA DE ASUNTOS SOCIALES

Haremos un alto en el relato de los acontecimientos políticos del reinado porque quizás sea bueno describir cómo era doña Isabel II como persona y no solo como reina. Conocer su carácter lo creo tan importante como conocer sus hechos pues nos ayudará a explicar estos.

Sobre el carácter de Isabel II en su infancia podemos saber a través de lo que nos cuenta en sus memorias la condesa de Espoz y Mina, que fue su aya durante la regencia de Espartero, que coincide con el tiempo de la preadolescencia de Isabel II, de los 10 a los 13 años. Otros que no la conocieron ni de adulta como el conde de Romanones y varios novelistas nos dicen cosas distintas sobre su infancia, que curiosamente son muy repetidas, pero yo prefiero la descripción de quien sí la conoció personalmente.

Dice que «nos recibieron las dos augustas princesas con suma afabilidad y sin afectación alguna» (pág. 191)[29], rasgo que conservó por lo visto hasta su vejez tal y como nos cuenta Galdós. Era generosa y pronta con los afectos.

Manifiesta alegría al saber que su nueva aya vivirá en palacio y pide salir de paseo esa misma tarde con su nueva aya al Retiro, que entonces no era un parque público, y donde solían ir la reina y su hermana a jugar y pasar la tarde.

Gustaba la reina de los perros, de los que tenía gran cantidad, y también se entretenía en cultivar rosales.

---

29 Todos los entrecomillados proceden de su libro hasta nuevo aviso.

Nos cuenta Espoz y Mina que la reina y su hermana se levantaban tarde y que las clases se suspendían al menor pretexto, por lo que su educación no estaba todo lo adelantada que debiera, algo que ella tampoco se esforzó mucho en corregir. Parece que la única lección que tomaba con interés era la de canto.

No eran unas niñas difíciles de educar «manifestándose dóciles y bien dispuestas a ceder en los caprichos tan frecuentes en su edad y condición». Las referencias a la bondad de las niñas son continuas. Están «dotadas las princesas de tanta capacidad y penetración como puede desearse en su edad. He visto con gusto desde los primeros días que pude observarlas que, si bien conocen la elevada posición que ocupan, no sirve este conocimiento para que traten con superioridad ofensiva a las personas que las rodean». Otra característica de su carácter que nunca la abandonó. Todo el mundo se sentía a gusto en su compañía, y no era absolutamente nada altiva ni orgullosa.

Esta anécdota es bastante ilustrativa del carácter de la reina desde su infancia:

Esa misma tarde, al atravesar la plazuela de Oriente para ir al Retiro, se presentó muy inmediato al coche de la reina un anciano como de setenta años, de aspecto miserable y vestido pobremente. Al verlo las dos princesas lo saludaron con demostraciones de afecto, y como su majestad viese que me había llamado la atención, me dijo: «Es Alejo». Viendo por mi respuesta que no lo conocía, me contó que era un antiguo criado del rey su padre, y el que le había asistido en sus últimos momentos, que el rey le había señalado una pensión en su testamento, pero que al poco tiempo lo habían despedido sin dársela, y que el resultado era que no tenía con qué mantenerse, y me añadió por conclusión, que de unos veinticinco duros mensuales que al salir de Madrid su majestad la reina madre les había señalado para alguna limosna o compra de juguetes, le daban algún auxilio de vez en cuando.

El criado tenía familia carlista y por eso habían cancelado su pensión. Evidentemente eso a Isabel II niña no le importaba lo más mínimo, como no le importó en toda su vida siendo adulta ayudar a sus enemigos si estaba en su mano. Su generosidad no conocía de política.

A raíz del asunto de Alejo Abella, que así se llamaba, se le designaron a la reina dos mil reales mensuales para limosnas, actividad a la que la reina niña se dedicó con alegría.

Por suerte Espoz y Mina al menos en esto no pretendió educar a otra reina Victoria.

Los dos principales placeres de Isabel II eran firmar indultos y repartir dinero, y a esas dos actividades se dedicó siempre con imprudente fruición.

En Isabel II se puede decir que sus virtudes eran las mismas que sus defectos, o más bien que la desmesura de sus virtudes eran sus defectos.

La certeza de que la reina los indultaría llegado el caso hacía que sus enemigos maquinasen conspiraciones con tranquilidad, sabedores de que ningún castigo sería duro por más que lo mereciesen. Era tan así que los indultados ya parecían pensar que serlo era un derecho adquirido, y no se conoce el caso de que mostrasen gratitud por la gracia recibida, con la excepción del general carlista Elio, quien indultado tras los acontecimientos de la Rápita prometió no levantar más su espada contra la reina y lo cumplió; pero como el juramento no incluía al hijo de la reina, sí que participo en la tercera guerra carlista contra la república y después contra Alfonso XII.

Un ejemplo que ilustra esto es la novela de Galdós *La de los tristes destinos*. No sé si el autor era consciente o inconsciente cuando lo escribió, pero la novela empieza con un caballero que intercede ante la reina por el protagonista de la novela, Ibero, encausado y condenado por la revuelta del cuartel de San Gil. Evidentemente es culpable y merece el castigo. Aun así el caballero cree que merece el indulto y la reina lo indulta. Pues bien, ni el caballero ni el indultado en ningún momento a lo largo de la novela muestran gratitud hacia la reina, y continúan ambos con su actividad conspiratoria. O Galdós se olvidó de que sus personajes debían gratitud a la reina o, lo que es más esclarecedor, él también pensaba que los indultos reales eran algo que no necesitaban ser agradecidos, y mucho menos correspondidos con lealtad.

Esto que vemos en una obra de ficción no es más que la repetición de lo que ocurría en la realidad. En esto Galdós sí es muy exacto. Con cada indulto la reina, en vez de ganar un adepto agradecido, lo que hacía era devolver a la libertad a un enemigo.

Quizás sea el momento de hablar de la generosidad de Isabel II. Ya he mencionado su generosidad para con el Estado y para con los políticos, sean estos del partido que sean. Isabel II no distinguía de partidos a la hora de ser generosa. Sobre esto cuenta Carlos Cambronero una anécdota muy clarificadora :

En el último Gobierno de Narváez, cuando ya se gestaba el destronamiento de la reina, el general Izquierdo estaba de cuartel, es decir, sin destino asignado, y por eso cobraba un sueldo reducido que lo tenía en muchos aprietos económicos. Acudió a la reina para pedir un destino. Esta se lo trasmitió a Narváez, que no hizo nada. Insistió la reina varias veces hasta que le dijo: «Ramón, haz el favor de decirme si quieres colocar a Izquierdo o no». A lo que Narváez contestó: «Señora, yo no puedo darle un destino a Izquierdo, porque me consta que conspira contra V. M. Si V. M. desea hacerlo, busque V. M. a otro ministro de la Guerra que lo haga, pues yo no lo haré».

Calló la reina y cuando Izquierdo volvió a ver qué había de lo suyo, la reina le dijo que Narváez estaba intratable y que se negaba, sin explicarle la razón. Como Izquierdo insistió en sus penurias añadió: «Pues mira, toma 6.000 duros —más del sueldo de un año— y arréglatelas como puedas de momento».

Muerto Narváez al poco, le sucedió Mayalde como ministro de la Guerra. La reina obtuvo para Izquierdo el nombramiento como segundo cabo (segundo al mando) en la capitanía general de Andalucía. En ese puesto siguió conspirando y en septiembre de 68, traidoramente, levantó las tropas al grito de «Abajo los Borbones».

En la época no existía un ministerio de Asuntos Sociales, pero la reina lo suplía. Repartía dinero a manos llenas. Este es el detalle de lo repartido en 1851, un año como cualquier otro, sin acontecimientos ni desgracias especiales:

Para conservación de templos que necesitaban reparación urgente suministró la cantidad de 68.400 reales. A las casas y juntas de beneficencia dio la de 232.804 reales. Para recibimiento en varias carreras a dieciséis menesterosos 51.200 reales. A conventos de monjas 114.300 reales. Para abono de haberes a jóvenes del colegio militar, hijos de padres caídos en el campo del honor, 45.700 reales. Y distribuyó entre 14.265 pobres que juzgó dignos de consideración 1.380.465 reales. La suma total de estos donativos asciende casi a la cantidad de dos millones. ¡Cuántas veces solía exclamar esta caritativa princesa: «¡Más vale la lágrima del pobre agradecido que todo el incienso de adulación de veinte cortesanos!»[30]

Como comparación sabemos que la reina Victoria de Inglaterra, ante una hambruna que mató nada menos que a un millón de sus súbditos, y forzó la emigración de otro millón en Irlanda, hizo un «generoso» donativo de 2.000 libras, lo que vendrían a ser unos 200.000 reales. No me quiero imaginar lo que se diría de la reina española si a ella se le muriesen de hambre un millón de súbditos, los insultos serían interminables, más todavía de lo que ya son. Por el contrario, a Victoria nadie la culpa de su opulencia mientras sus súbditos morían a puñados por falta de alimento.

Victoria murió muchísimo más rica de lo que era cuando accedió al trono; Isabel II, por el contrario, al morir tenía por todo capital 13.000.000 de pesetas.

Para que el lector pueda contextualizar las cantidades de dinero que se mencionan en el libro será bueno explicar que un duro eran veinte reales y cuáles eran los sueldos en la época:

Un bracero andaluz percibía entre dos y cuatro reales diarios; un maestro, entre seis y veinticinco, dependiendo de si era un maestro rural o urbano; una criada doméstica, dos reales diarios, llegando a los ocho en el caso de las cocineras; un peón de la construcción, de cuatro a cinco reales; un trabajador de la industria siderúrgica de Barcelona, entre diez y once reales; el alto clero urbano del Estado desde finales de la década de 1830, unos veinticinco reales, los párrocos a término; veintinueve reales, los racioneros; treinta y seis, los

---

30 *La estafeta de palacio*, Ildefonso A. Bermejo Impr. de R. Labajos 1872. Tomo III, pág. 309.

canónigos; cincuenta, los canónigos de primera. Otros profesionales y trabajos típicos de las clases medias urbanas conseguían ingresos similares. Los de los oficiales y jefes militares oscilaban entre los treinta y tres reales diarios del capitán y los setenta del coronel. Los suboficiales, entre los que destacaban los sargentos, con apenas cinco o seis reales diarios de ingresos, más bien se equiparaban a las clases bajas. Entre treinta y cuarenta y cinco reales diarios estaban los catedráticos de enseñanza media, y entre cincuenta y sesenta y siete en el caso de los universitarios. Ciento treinta y ocho reales, un magistrado del Tribunal Supremo. Los que más cobraban eran los capitanes generales y el presidente del Tribunal Supremo, que percibían trescientos cincuenta reales diarios.[31]

De lo que se deduce que, cuando Isabel II regaló ocho millones de reales a Narváez, le estaba regalando el salario de más de 62 años, y que el regalo de bodas de Serrano, que fueron tres millones, eran veintitrés años de sueldo de un capitán general. Del primero sí se puede decir que le guardo gratitud, del segundo…

El presupuesto general del Estado en 1851 era de 1.397.159.284 reales y ascendió en 1967 a 2.640.000.000.

Pretender explicar aquí todos los actos de generosidad de Isabel II haría este libro interminable. La reina disfrutaba dando como otros disfrutan acumulando. No es que desconociese el valor del dinero. Algunos pretender minusvalorar su sincera generosidad tildándola de «munificencia», pero no había nada de cálculo ni de impostación en su generosidad. La reina daba sin esperar nada a cambio. El acto de dar era el causante de su felicidad.

Suena casi ridículo e infantil decir que lo que caracterizaba a doña Isabel II era su bondad, pero no hay otra mejor y más clara forma de definir su carácter. Quizás sea esa bondad lo que impulsa a muchos a calificarla de tonta, lo que no era en absoluto. Era plenamente consciente de que su bondad no compraría la lealtad de sus oponentes, de lo que tuvo hartas muestras a lo largo de su reinado. Pero eso no la hacía desistir, era de los que pagan ofensas con favores. Por eso ofenderla

---

31 *Revista de Estudios Extremeños 2013*, Germán Rueda. Tomo LXIX, pp. 95, 140

salía tan barato. La bondad es una virtud que se suele perder con los golpes que nos da la vida al paso de los años. Quizás por eso Galdós dice que Isabel II vivió una eterna infancia, porque conservaba toda la bondad que solo pueden tener los niños y que ella nunca perdió, pese a las ingratitudes recibidas.

La bondad es algo que le reconocen hasta sus rivales políticos. Dice el pretendiente carlista don Juan en un manifiesto: «Yo sé, el país igualmente sabe, que tu corazón es bueno, que cuando puedes haces el bien, y te condueles de los males que aquejan a España.»[32]

Dice el hermano del anterior en el manifiesto firmado en Trieste en 1860 en el cual intenta justificar el incumplimiento con la palabra dada tras ser indultado (otro más a la lista):

Hecho prisionero con mi querido hermano Fernando, sabía perfectamente que nuestras vidas no corrían riesgo alguno. Jamás se me ocurrió el pensamiento de que mi prima Isabel arbitra de nuestra suerte. Quisiera manchar sus manos con nuestra sangre, y esa seguridad se nos dio en el momento mismo en que nos prendieron.

Unos lo hacen en público como los carlistas y otros como Olózaga lo hacen en privado:

Cuando eran más acalorados sus discursos en la tertulia progresista y en otras ceremonias contra la dinastía, viajaba yo con un amigo mío, y persona de cuenta, el cual oyó de los labios de Olózaga elogios desusados en pro de la reina Isabel, a la cual llamaba clemente y bondadosa y digna de todo género de consideraciones. «¿Y cómo es —repúsole mi amigo— que en reuniones públicas no dice usted lo mismo?». Y contestó don Salustiano: «Cuando se habla a los progresistas para conseguir un fin es necesario decir lo contrario de lo que se piensa»[33].

La reina en su juventud, como todas las jóvenes, gustaba de fiestas y bailes. Solía pasear con su cuñada la infanta Pepita por Madrid y acudir a los teatros y espectáculos, y a fiestas que la nobleza celebraba. En cierta ocasión, volviendo de la

---

32 *La estafeta de palacio,* Ildefonso A. Bermejo Impr. de R. Labajos 1872. Tomo III, pág. 479.

33 *La estafeta de palacio,* Ildefonso A. Bermejo Impr. de R. Labajos 1872. Tomo III, pág. 450.

quinta que la condesa de Montijo se hizo de noche y la reina a caballo acompañada de una dama y un caballerizo pico espuelas, y al galope pasó por la caseta del resguardo de consumos que en la época cobraban los impuestos a la entrada de mercancías en Madrid. Desconociendo quiénes eran los que al galope pasaban por delante de ellos, abrieron fuego, y solo la ligereza del caballo permitió que no ocurriese una desgracia. La reina contaba después lo sucedido entre risas.

Gustaba de acudir a fiestas y verbenas populares de incógnito, si bien nunca sola. Siempre la acompañaba una dama y un caballerizo o un montero de Espinosa, lo que creaba grandes trabajos al gobernador civil, para protegerla con discreción.

Carlos Cambronero nos describe cómo era la asistencia de la reina a una fiesta en casa de su madre.

«A un baile celebrado a principios de febrero asistió la reina, que como siempre estuvo muy animada y cautivaba a todos con sus afectuosos saludos. Cristina con el duque y sus hijas salieron a recibirla, seguidos de gran número de damas y caballeros. Isabel llevaba un traje azul adornado de blondas y flores, y unos cuantos diamantes en el pelo. Lucía dos hermosos broches de piedras preciosas sobre los hombros y en el cuello un collar de gruesas perlas.

Entró en el salón con la naturalidad y el desenfado elegante que tan simpática la hacían, dirigiendo la palabra a los que se hallaban cerca y miradas, sonrisas y movimientos de cabeza a los que veía de lejos, preguntando a unos, contestando a otros, volviéndose para hablar con los que tenía a su espalda, y llamando a cada quién por su nombre sin vacilaciones ni dudas, circunstancia especial que la caracterizaba y que constituía uno de sus muchos atractivos.

Bailó unas cuadrillas, primero con el conde de San Luis, después con el marqués de Molins, y últimamente con el de Viluna; también bailó un vals con el vizconde del Pontón y varias polkas con el marqués de Villadarias. Hay que advertir que Isabel, aunque estaba gruesa, bailaba muy bien. Daba las vueltas con agilidad y no se cansaba, por lo que a veces se divertía en cansar a su pareja, si ella adivinaba que podía conseguirlo fácilmente. Sin tener todavía veinticuatro años, representaba más edad por su gordura; pero resultaba no obstante una mujer vistosa, elegante y sugestiva.

Al salir de la sala del buffet se fue deteniendo a hablar una por una con todas las señoras que se habían colocado de pie en dos filas, abriéndola paso, y volvió al baile, que la divertía grandemente, no retirándose hasta las cuatro y media de la madrugada. Su esposo, el rey don Francisco, no bailaba.»[34]

«Su esposo, el rey don Francisco, no bailaba». De esa frase se pueden extraer muchas conclusiones sobre las relaciones con su marido, y de la descripción del baile también se pueden sacar otras sobre cómo era el carácter de doña Isabel.

El rey la acompañaba a las fiestas, a las que nunca acudía sola. El suyo era un matrimonio peculiar, no se les conocen disputas ni malos modos ni en público ni en privado. Evidentemente no existía amor entre ellos, pero sabían mantener la apariencia de la relación. El que la reina buscase en otros brazos lo que el rey no quería o no podía darle no era algo que al rey le causase problemas, mientras no se le ofendiese públicamente. La reina en alguna ocasión llegó a decir: «El caso es que yo lo aprecio».

Pero la realidad es que ella apreciaba a todo el mundo. Era una mujer de rápidos afectos. Lo fue de niña y lo fue de adulta también. A nadie le guardaba rencor, por muchas ofensas que recibiese.

Tampoco le importaban a la reina las infidelidades del rey, que también las tuvo. Era de todos conocida la relación de Francisco de Asís con la condesa de Campo Alange, por no mencionar a su inseparable secretario Meneses. Es difícil no definir al rey como bisexual, a la vista de sus relaciones, pero desde luego no era abiertamente homosexual como se le quiere presentar. Ya en París, en el exilio, tuvo también el rey relaciones con la famosa cantante de ópera Hortense Schneider.

Tuvo doña Isabel II doce partos. Esta es la lista:

---

34 *Isabel II íntima*, C. Carbonero, pág. 113. Kessinger Publishing (1908). pág. 178.

- Luis, nacido muerto el 12 de mayo de 1849.
- Fernando muerto a los cinco minutos de nacer el 11 de julio de 1850.
- María Isabel, nacida el 20 de diciembre de 1851, casada con el conde Girgenty y fallecida en 23 de abril de 1931.
- María Cristina, nacida el 5 de enero de 1854, muerta a los cinco días de nacer.
- Margarita, nacida el 23 de septiembre de 1855 y fallecida con un día de vida.
- Un hijo nacido muerto el 21 de diciembre de 1856.
- Alfonso, Príncipe de Asturias, nacido el 28 de noviembre de 1857 y muerto como rey Alfonso XII el 25 de noviembre de 1885.
- María de la Concepción Francisca de Asís, nacida el 26 de diciembre de 1859 y muerta el 21 de octubre de 1861.
- María del Pilar Berenguela, nacida el 4 de junio de 1861 y muerta con 18 años el 5 de agosto de 1879.
- María de la Paz, nacida el 23 de junio de 1862, casada con Luis Fernando de Baviera y muerta el 4 de diciembre de 1946.
- María Eulalia, nacida el 12 de febrero del 1864, casada con su primo Antonio de Orleans y Borbón y fallecida el 8 de marzo de 1958.
- Francisco de Asís Leopoldo, nacido el 24 de enero de 1866 y fallecido el 14 de febrero de 1866.

Como se puede ver los que calcularon que no tendría hijos, no acertaron mucho. Se pasó la década de los 50 y la mitad de la de los 60 embarazada.

Con esa lista de embarazos no es de extrañar su redondeada figura. Sobre el físico de la reina en la década de los 50 se pueden añadir las palabras que dijo un diplomático: «Sin podérsela llamar bonita, era incuestionablemente mujer de buen ver, y aunque algo gruesa para su edad, como era alta y de porte verdaderamente regio, tenía un conjunto muy agradable».

Carlos Cambronero nos dice que no era especialmente alta. La describe como de estatura normal, eso sí era más alta que su marido, y bastante más que el metro y medio de la reina Victoria de Inglaterra.

Lo que queda claro es que era muy afable y simpática, y que se hacía querer por todos los que la conocían, característica que conservó toda su vida, como pueden atestiguar los muchos republicanos que pasaron por su residencia parisina durante el exilio, Galdós o Salmerón entre otros.

Era una mujer a la que le gustaban las joyas, cosa normal, y más en la época. Cuando se preparaba la jura de la constitución a sus trece años, la condesa de Espoz y Mina nos cuenta que el joyero de palacio estaba lleno de estuches vacíos y carente de joyas, por lo que tuvieron que comprar algunas urgentemente para que pudiese hacer la ceremonia con decoro. Todas las joyas que lució en su vida y las muchas que regaló fueron compradas por ella, con su dinero personal, y su joyero fue su principal sostén en el exilio francés, cuando tuvo que vender casi todo, como más adelante veremos.

En la sesión parlamentaria en diciembre de 1869, el cretino del ministro de Hacienda Laureano Figuerola tuvo la indecencia de decir que la reina había «robado» las joyas de la Corona, por valor de 42 millones de reales. Cánovas salió en defensa de la reina y le fue facilísimo desmontar la mentira. Había sobradas pruebas de que esas joyas no existían a la coronación de Isabel II. Figuerola no tuvo más remedio que admitir que efectivamente la reina no había heredado joyas de su padre. Enterada la reina en Francia de estas acusaciones disculpó a Figuerola diciendo que eso eran cosas de la política y que no se lo tomaba en cuenta.

Era doña Isabel una madre amantísima de sus hijos, de los que nunca pensó separarse, bajo ningún concepto. Cuando estalló la Vicalvarada se barajó la posibilidad de una abdicación en su hija, pero como eso supondría tener que separarse de ella tal y como hizo su madre su respuesta fue: «Antes prefiero verme arrastrada por las calles de Madrid que consentir separarme de mi hija», lo que implícitamente nos dice lo que pensaba de su madre, y quizás explique el poco afecto filial que sentía por ella, a pesar de las públicas demostraciones de afecto.

Cuando la Princesa de Asturias dejó de precisar los servicios de su nodriza montañesa se la despidió, pero como la reina estaba muy satisfecha del cariño con que había criado a su hija le regaló 12.000 duros (más de lo que la reina Victoria había donado para paliar una hambruna que mató a un millón de sus súbditos), un juego de botones de diamantes y varios cajones llenos de ropa blanca fina y tela para vestidos. Pero la princesa quería mucho a su ama de cría y entró en profunda melancolía. A los dos días era tal su tristeza que se mandó a un propio de palacio para que a uña de caballo alcanzase al ama para devolverla a palacio, donde fue alojada con su familia.

Otra cosa que nos dicen quienes la conocieron es que tenía «porte regio» y distinguido, lejos de las zafias descripciones de Valle-Inclán, quien como muchos de los que escribieron sobre ella no la conoció, que en su presencia no había duda de que era una reina. Y esto no por estiramiento y orgullo, era una persona cuya compañía era muy grata, de trato muy afable, nada envarado, campechano que diríamos hoy. Fernando León y Castillo, que fue embajador en París y que la trató en sus últimos años, nos la describe así:

«Fui siempre recibido por la reina Isabel no solo con la cordialidad que era en ella peculiar, sino con manifestaciones de personal afecto que nunca olvidaré. ¡Cuántas veces, durante el invierno, en esas tardes grises de París que hacen involuntariamente recordar los versos inmortales de Martínez de la Rosa:

> *Desde las tristes márgenes del Sena,*
> *cubierto el cielo de apiñadas nubes,*
> *de nieve el suelo y tristeza el alma...*

Su Majestad me hacía llamar para tener conmigo, como ella decía, un rato de tertulia, y la tertulia duraba algunas veces toda la tarde! Conservaré eternamente en mi memoria aquellas pintorescas e·interesantes conversaciones de la reina Isabel, en que recordaba sucesos pasados, mostrando los hechos históricos por dentro, descifrando las claves de su misterio, explicándolos en su viva realidad y no con el sentido que les imputara la crítica, sobre todo aquellos en que ella había tomado parte o intervenido más o menos directamente. Era una historia nueva, íntima, como si dijéramos vuelta del revés, en ciertos momentos desilusionadora, pero más viva y más interesante. Con sus picantes revelaciones desentrañaba los más solemnes acontecimientos, rodeándolos de una desengañada ironía.

Difícilmente habrá quien supere y pocos igualen el *esprit* que en la conversación derrochaba la reina Isabel. Evocaba de un modo plástico los recuerdos, feliz de memoria, fértil de ingenio, prodiga de gracia en el amenísimo discurso y, como madrileña legítima, lleno de agudezas y donaires.

En verdad era un encanto oírla. Narraba muchos de los sucesos más importantes de su reinado, dando de ellos una versión nueva e inesperada, ese fondo verdadero de las cosas, esa parte inédita y anecdótica de los acontecimientos y de los personajes que en ellos habían intervenido, dando a su relato un singular interés y nuevos puntos de vista a la Historia.

Hasta sus últimos días conservó el aire de la majestad y el porte de la realeza, con más cierto altivo sentimiento de mujer que fue lozana y gentil, y que ni aun en la ancianidad se resigna a dejar de serlo.»[35]

Conviene recordar que León y Castillo, a quien la reina llamaba jocosamente Fernando Armas de España, era progresista y había tomado parte activa en la revolución del 1868 contra ella. No eran solo los monárquicos moderados o conservadores quienes caían bajo el poderoso influjo de encanto personal de la reina, también los que fueran sus enemigos políticos no podían dejar de reconocerlo.

Otra cosa que podemos deducir de las palabras de León y Castillo es que quienes la quieren presentar como alguien inculta y zafia mienten. Las palabras de un hombre culto como León y Castillo no dejan de descubrirnos a una persona culta pero sin presunciones intelectuales, que es como era en realidad la reina. ¡Qué magníficas e interesantísimas memorias serían, de haberlas escrito la reina Isabel II!

---

35 *Mis tiempos*, F. León y Castillo. Libreria De Los Sucesores De Hernando (1921)Tomo II, págs. 48, 50.

Es imposible escribir sobre doña Isabel II sin compararla con su contemporánea la reina Victoria de Inglaterra. En la inmensa mayoría de las comparaciones, se pretende presentar a ambas reinas como la cara y la cruz de las virtudes femeninas. Evidentemente es mentira, y quienes hacen las comparaciones lo saben. Nadie que escriba sobre historia desconoce los ocultos (o no tan ocultos) asuntos sexuales de la reina Victoria.

Será bueno pues hacer una breve reseña sobre esa reina que se nos pretende presentar como la antítesis de Isabel II. Y ciertamente lo es, pero por ser Victoria la representación de los defectos de los que carecía Isabel II.

Victoria de Inglaterra nació en 1819. Era por tanto once años mayor que Isabel II. Si a la madre de Isabel II se la critica por casarse solo tres meses después de morir Fernando VII de la madre de Victoria se dice que fruto de su relación con John Conroy, su secretario privado, nació Victoria. Un rumor que, como todos los posteriores, era de público conocimiento, pero que nadie decía en público. Algo que como veremos se repetirá en todo el periodo victoriano, que se podría calificar como el reinado de la hipocresía. «Lo sabemos pero no lo decimos» podría ser su lema. Esa podría ser la explicación de la entrada de la hemofilia en la familia real inglesa. Antes de Victoria no se había conocido ningún caso ni en la familia de su padre ni en la de su madre.

Fue reina Victoria a los dieciocho años. Su primer ministro era *lord* Melbourne, un hombre muy mayor con fama de conquistador (como Olózaga) y por el cual la joven reina bebía los vientos. No me atreveré a decir que Melbourne la desvirgase, tal y como algunos mentecatos dicen de Olózaga e Isabel II, pero el pueblo inglés, menos prudente que yo, la llamaba «señora Melbourne» gritándoselo en sus apariciones públicas, y las muestras de afecto por su primer ministro fueron mucho más efusivas comprometedoras y prolongadas en el tiempo que las que doña Isabel pudiese tener por Olózaga, quien solo fue presidente del Gobierno nueve días. En esa época era Victoria más asidua a fiestas, espectáculos y bailes de lo que después sería Isabel. Llegó a tanto la influencia de Melbourne sobre la reina que cuando el parlamento lo sustituyó por Robert Pell esta le hizo la vida imposible hasta que dimitió y volvió a poner a su amado Melbourne como primer ministro. Nunca tal cosa hizo doña Isabel, lo cual no es óbice para que se la culpe de las cosas que otras sí hacían.

El favor de Melbourne cayó cuando en el camino de Victoria se cruzó un mucho más joven y apuesto príncipe: Alberto de Sajonia Coburgo. Él no estaba enamorado de ella. Para él era un trabajo que debía desempeñar y con dedicación germánica a eso se dedicó. No era una relación afectiva. Era más puritano que Victoria, tanto que se dice que nunca tuvo una amante, lo que en la época suponía casi una declaración de homosexualidad. Hasta Francisco de Asís tenía amantes femeninas. Un hombre de sangre real sin amantes era como un jardín sin flores. Sea lo que sea, el caso es que cumplió con su papel de consorte dándole nueve hijos. Y dándole también consejos que eran escuchados. Francisco de Asís también se los daba a Isabel II, pero la diferencia está en que esta solo hacia caso a los consejos de sus ministros, para desesperación del pobre Paco.

De puertas para fuera eran una familia ejemplar, compendio de virtudes burguesas. Alberto murió cuando la reina tenía cuarenta y dos años, en 1861. Se vistió de luto permanente, pero pronto buscó otra compañía masculina y la encontró en el criado favorito de su marido, un escocés borrachín llamado John Brown. La reina pasó a ser la «señora Brown». Esta relación como la anterior era conocida por todo el mundo, pero todo el mundo prefería mirar para otro lado. El que Brown durmiese en la antecámara de la reina y no se separase de ella ni a sol ni a sombra daba mucho que hablar, pero siempre en voz baja. En la familia era conocido como «el semental de mamá». Duró esta relación veintidós años, hasta la muerte de Brown.

Ya en la vejez también estableció una «especialmente afectuosa amistad» con un criado hindú y algunos también sugieren que Disraeli era muy especialmente «querido» por la reina. Aunque esto último casi es un halago a la reina Victoria, si Isabel II siempre tuvo problemas de peso, Victoria los tenía aún mayores, sumado a que media metro y medio. Una sexagenaria de metro y medio con su obesidad es difícil que levantara pasiones, pero Disraeli era un patriota y lo creo capaz de cualquier sacrificio por su país y por su reina, con lo cual no es de descartar esa relación.

Todo esto es conocido por cualquiera que tenga curiosidad por los temas históricos, y al mismo tiempo es pasado por alto deliberada y reiteradamente. Hay una especie de acuerdo tácito de no hablar de los temas sexuales de Victoria, pero sí hacerlo de los de Isabel II.

Sabios historiadores españoles que escriben libros sobre Isabel II dedican numerosas páginas a los presuntos amoríos de doña Isabel, e incluso cuando dedican páginas a comparar ambas reinas no dedican una sola línea a los asuntos privados de Victoria, galantería que no guardan para con su reina, a la que respetan menos que a la reina de los ingleses.

Cuando se mencionan estos asuntos referentes a Victoria se hace como rumores sin pruebas y que no merecen ser tenidos en cuenta por gente seria. Todo se trata con una delicadeza extrema, presunciones de inocencia y precauciones exquisitas. Siempre se le concede el beneficio de la duda. Todo el mundo está deseando creer que son rumores sin fundamento, insidias y chismes indignos de la letra impresa. Hablar de estos temas con respecto a Victoria es algo de mal gusto. Las pruebas siempre son circunstanciales y la presunción de inocencia debe prevalecer ante lo que para cualquier mente es evidente.

Mientras que cuando se hace mención a los mismos asuntos sobre Isabel II nadie pone en duda lo que se dice, por muy descabellado que sea —es más, cuanto más descabellado, más credibilidad tiene—. Los chismes de criada si se refieren a Isabel II adquieren valor de acta notarial, mientras que se desprecian como tales si se refieren a Victoria, siendo que en el caso de la reina inglesa hay abrumadoras pruebas documentales que los sustentan, pruebas inexistentes en el caso de Isabel II. Pero cuando se trata de insultar a nuestra reina basta con que alguien escriba: «Se dice…» para que lo que a continuación se escriba sea creído a pies juntillas como si se tuviesen grabaciones en vídeo de la real alcoba o pruebas de ADN de las reales sábanas.

Alguna historiadora como Isabel Burdiel incluso acusa a Isabel II de falta de discreción y habla de que la discreción es «el precio que el vicio paga a la virtud». Bonita frase. Pues

sería bueno saber qué diría si la reina de España hubiese hecho lo que la inglesa, que se retrató y se fotografió con su amante, y no una sino varias veces. No me quiero imaginar qué se diría si en los jardines de Aranjuez existiese una estatua de Serrano o Arana, puesta por orden de la reina. Pues bien esa estatua del señor Brown está en los jardines de Balmoral, y con una cariñosa dedicatoria de su reina Victoria; o qué se diría si doña Isabel hiciese lo que Victoria, que pidió ser enterrada con una foto y un mechón de pelo y un anillo de la madre de su guardabosques.

Es tal la fijación por hablar de los temas privados de doña Isabel II que cualquier libro sobre ella o sobre su reinado tiene que mencionarlos de manera casi obligada. En las *Memorias del marqués de Miraflores*, Manuel Fernández Suárez, que escribe la introducción, dice entre extrañado y decepcionado:

«Evidentemente, estaba en un observatorio excepcional para ver y oír las intimidades palaciegas y cortesanas. Pero el marqués de Miraflores tiene a este respecto una delicadeza excepcional. Nada de hacer de sus Memorias un vertedero de aguas sucias. Una especie secreto profesional le impide decir nada.»[36]

Ese menguado llama «delicadeza excepcional», lo que es simplemente hacer lo correcto, simplemente es educación. Para explicar el reinado de doña Isabel II no es necesario tocar asuntos que en nada tuvieron influencia y que solo sirven para atraer atención morbosa, pero que nada aportan al conocimiento histórico ni a la explicación de cómo y por qué sucedieron las cosas.

¿Alguien en su sano juicio esperaría encontrar «intimidades palaciegas» en las memorias de Gladstone o Palmerston? Y eso que las había, y más jugosas que las de la corte española. Pero los políticos, escritores y periodistas ingleses tenían algo de lo que carecían sus homólogos españoles: patriotismo. ¿Alguien con dos dedos de frente se imagina a Pell publicando artículos en la prensa afín quejándose de que su

---

36 *Memorias del reinado de Isabel II, Atlas,* Marqués de Miraflores. Madrid, 1964, 1ª edición 1873. Tomo I, pág. 22.

derrota política a manos de Melbourne era debida a favores de alcoba? Cualquier político inglés se dejaría ahorcar con gusto antes de hacer tal cosa. Esa y no otra era la diferencia.

Mientras los ingleses callan la verdad sobre su reina, en España se inventan mentiras sobre la propia. Y lo más doloroso es que somos los propios españoles los que comulgamos con las hipócritas ruedas de molino que nos dan los ingleses.

Era también doña Isabel II una mujer modesta. En 1858, estando en Ferrol de visita oficial, la diputación provincial le pidió permiso para poner una estatua suya en la plaza, a lo que ella contestó:

«En vez de alzarme una estatua, más os agradecería mi corazón que invirtáis su costo en una obra de utilidad para la provincia que redunde en beneficio de la clase obrera y de todas en general. Dejad para la posteridad que, juzgándome imparcialmente, me otorgue o me niegue esos monumentos del aprecio de los pueblos. ¡Quiera Dios que mis acciones me hicieran digna de ellos, pues sería señal de que mi pueblo ha sido feliz en mi reinado!»[37]

Por desgracia, Isabel II no ha sido ni es juzgada imparcialmente y no ha recibido el premio que se merece. Lo de las estatuas se volvió a repetir en Sevilla en 1862, y nuevamente rechazó el honor diciendo que no deseaba que se le hiciesen estatuas en vida. Propuso que mejor le hiciesen un monumento al rey san Fernando.

Hay en Madrid una bella pero humilde estatua de Isabel II que tuvo una ajetreada historia. Fue obra de José Piquer. Habiéndose acabado el Teatro Real, el conde de San Luis vio el proyecto en yeso de la obra encargado por el jefe político don José de Zaragoza. Creyendo San Luis congraciarse con la reina, aprobó el proyecto, pero el escultor pedía cinco mil duros, dinero del que no disponían ni el jefe político ni el ministro. Por suerte accedió a financiarla el comisario general de la Cruzada, Manuel López Santaella, cuyo antecesor había financiado la estatua de Cervantes, y él no quería ser menos. La estatua se inauguró el 10 de octubre de 1850

---

37 *Isabel II íntima, C. Carbonero, pág. 113. Kessinger Publishing (1908)*, pág. 164.

(cumpleaños de la reina) con la presencia de los financiadores y la ausencia de la homenajeada.

Al día siguiente, el ocurrente pueblo madrileño había puesto un pasquín en la estatua que decía:

Santaella de Isabel
Costeo la estatua bella
Y del vulgo el eco fiel
Dice que no es santo él
Ni tampoco es santa ella.

A los nueve meses, con la excusa de ponerle pedestal más digno, se desmonta la estatua y casi que a escondidas se coloca en el vestíbulo del Teatro Real, de donde salió en 1905 ya muerta la reina. No es difícil pensar que la retirada de la estatua fue idea de la reina, que no quería monumentos en vida.

Esa misma estatua, al proclamarse la república del 31, fue arrancada del pedestal y arrastrada hasta en convento de las Arrepentidas. Los juicios del vulgo rara vez son acertados.

Lo triste es ver que hoy en Madrid tiene un monumento más vistoso y colocado en lugar más prominente el infame Castelar que la bondadosa Isabel II.

✥

A Isabel II le gustaba mucho viajar por España. Para ella debía ser un alivio salir del enrarecido ambiente político de Madrid y recibir el cariño de la gente por cualquier lugar al que viajase. Solía viajar de forma semiprivada al norte en verano para tomar baños de mar, que le hacían mucho bien a sus males cutáneos. Prefería las fría aguas del Cantábrico a las del Mediterráneo. Parece que tenía mucha resistencia al frío y se divertía llamando frioleros a los que en invierno se abrigaban mucho.

Los viajes oficiales principales fueron cuatro: por Castilla, León, Asturias y Galicia en 1858; por Baleares y Cataluña en 1860; por Andalucía y Murcia en 1862; y por Portugal en 1866.

Estos viajes oficiales suponían un despliegue de medios muy importante. La acompañaba el Gobierno casi en pleno, el cuerpo diplomático y multitud de cortesanos. En todas partes era recibida magníficamente, algo que ni el embajador inglés puede negar. El pueblo la amaba. Su visita era motivo para indultos y donativos a manos llenas, además de un impulso económico importante para las ciudades que la recibían. Visitaba los monumentos del lugar y siempre las organizaciones de caridad y los orfanatos.

En sus viajes el reparto de donativos era continuo. En el viaje a Baleares y Barcelona, 73.000 reales; en Portugal, 300.000; en Castilla, León, Asturias y Galicia, 673.800 reales; y en Andalucía y Murcia la astronómica cifra de 3.272.000 reales.

Cierta vez estuvo en Gijón. Aprovechando la visita oficial para tomar unos baños de mar, cierta noche, estando en la casa en que se alojaba los balcones abiertos a la fresca noche, salió a la calle una bella voz, de timbre poderoso y agradable cantando al piano una romanza. Los viandantes se pararon para escuchar a la cantante y al finalizar rompieron en un cerrado aplauso. La voz entonó otra canción y el gentío se hizo mayor, así como el aplauso al finalizar. Tras eso se cerró el balcón y la gente se dispersó.

Quien cantaba era la reina. Valdemosa, que la acompañaba al piano, le dijo: «V. M. ha sido aplaudida por un público que desconocía su alto rango. V. M. podría contratarse para un teatro». «Para un teatro de provincias», contestó ella, que no desperdiciaba la ocasión para soltar una agudeza, aunque fuera en contra suya.[38]

Ya hemos mencionado que siendo niña las clases que más le gustaban eran las de canto. Siempre fue una gran amante de la ópera y tenía una bonita y educada voz de soprano.

Eran los viajes un medio de popularizar a la reina, y la verdad es que funcionaron. En ese mismo viaje a Gijón no cuenta el cronista la historia del descreído, librepensador,

---

38 *Isabel II íntima, C. Carbonero, pág. 113. Kessinger Publishing (1908)*. Pág. 242.

anticlerical y zapatero de Sabugo, de nombre Mamerto. Era tan poco monárquico aquel vecino del barrio marinero que contaba todo tipo de insidias sobre la reina, y había llamado a sus hijas, sin bautismo católico de por medio, Libertad, Igualdad y Fraternidad. Precisamente con Fraternidad, bellísima niña por lo que parece, acudió a ver llegar a Isabel II. La reina vio a la niña y la alzó en brazos para besarla al tiempo que ponderaba su belleza. Tal fue la impresión que Mamerto se convirtió a la monarquía y vitoreó a la soberana. Su encanto personal era capaz de convertir en monárquico al más refractario.

Desconozco si este fue el precedente que tomaron como ejemplo muchos políticos posteriores hasta nuestros días, para cuando están en campaña besar niños. Parece que en eso también fue Isabel II una visionaria, con la diferencia de que ella sí era sincera y no lo hacía por cálculo electoral, ella no buscaba votos.

Con respecto a los baños de mar, eso también es algo por lo que deberíamos estar agradecidos a Isabel II. Fue pionera e impulsora de lo que hoy llamamos turismo de sol y playa, cimiento de la prosperidad española. Antes de Isabel II eso de bañarse en el mar era cosa estrafalaria e inaudita. Ella lo puso de moda y la aristocracia y la burguesía la imitaron. Después se extendió la moda más allá de nuestras fronteras. Como es lógico primero entre las clases pudientes, que eran las únicas que entonces tenían tiempo libre para vacacionar, pero se extendió y se popularizó hasta lo que hoy es una industria al alcance de cualquiera.

Nos cuenta Cambronero algo que pone en claro dos cosas: que la reina no era tonta y que sabía perfectamente cuál era su papel.

El día 22 de julio de 1866, hallándose la reina en su despacho con el conde de Puñoenrostro, intendente y administrador del real patrimonio, le preguntaba en tono de duda que desea ser satisfecha:

—¿Y crees tú que el tesoro saldrá de apuros con el recurso que ha inventado el ministro de Hacienda?

—Barzanallana es un hacendista.

—Contéstame al caso concreto que te propongo.

—La R.O. que V.M. ha expedido manda hacer efectivos cuatro trimestres de contribución.

—Ya lo sé, como que lo he firmado.

—Con esos cuatro trimestres se paga lo que se debe al presente.

—Bien, ¿y luego? Agotado ese recurso, ¿qué haremos el día de mañana?

—El día de mañana, es decir, cuando Barzanallana salga del ministerio, vendrá otro ministro que resolverá la cuestión.

—Eso es, y yo quedo aquí como cabeza de turco donde todos prueban sus fuerzas. Acuérdate de lo que pasó la otra vez con el empréstito forzoso de 600 millones.

—Barzanallana explica la operación financiera perfectamente.

—Todos los decretos y órdenes que he firmado han sido previamente justificados por el ministro que los expedía y... ¡me han hecho firmar unos desatinos!

—A mí Barzanallana me ha convencido.

—Y a mi también. En fin, sea lo que Dios quiera. Le pediré a Santa Rita, abogada de los imposibles, que los ministros de Hacienda no se equivoquen nunca. Ahora bien, es preciso demostrar al país que personalmente me intereso por él y que me preocupa su situación. Le vas a poner una comunicación a Narváez, el presidente del Consejo de Ministros, manifestándole mi deseo de que el Patrimonio coadyuve al descuento general ordenado por la ley, que quiero tomar parte del sacrificio que a los contribuyentes imponen las circunstancias y las necesidades de Tesoro, para no separar mi suerte de la de mis súbditos. Así pues, el Patrimonio contribuirá a la nueva exacción en la proporción que le corresponda.

—¡Señora! —exclamó el conde poniéndose la mano sobre la roja venera de Calatrava que ostentaba constantemente en el pecho—. Como leal administrador debo advertirle a V.M. que el Real Patrimonio no anda sobrado de recursos.

—Te agradezco esa advertencia que en cumplimiento de tu deber me haces, pero en mi caso se encontrarán muchos, y la ley no hace distinciones ni preferencias. Hay que cumplirla, cueste lo que cueste. Pon la orden ahora mismo para que se conozca mi resolución cuanto antes.

El conde de Puñoenrostro, con su empaque de noble, con sus bigotes a la alemana, cuando nadie los usaba así en la corte, y su cruz de Calatrava destacándose sobre el negro paño de la levita, era una figura del siglo XVII vestida a la moderna. Adicto al monarca por convicción, como lo fue su antecesor Juan Arias, el primer conde de Puñoenrostro, defendiendo la causa del emperador durante las revueltas de las comunidades de Castilla, le satisfacían como cosa propia las acciones generosas de Isabel y sentía noble orgullo al ser interprete de sus liberalidades. «La Señora sabe ser reina», murmuró en voz baja al pasar bajo la cortina que sostenía un ujier.[39]

Efectivamente, la Señora sabía ser reina y era consciente de la política cortoplacista de sus ministros, que en asuntos económicos lo único que hacían era pasarle la patata caliente a su sucesor. La reina no necesitaba ser economista para saber que las deudas tarde o temprano había que pagarlas, y también sabía que su ejemplo era importante. Ojalá sus ministros hubieran sabido ser ministros antes que hombres de partido.

39 *Isabel II íntima, C. Carbonero, pág. 113. Kessinger Publishing (1908)*, pág. 272.

9. LA UNIÓN LIBERAL DE O'DONNELL

Durante el periodo que he llamado de transición, O'Donnell forjó un partido que hoy llamaríamos de centro, que aglutinó a los moderados menos conservadores, los llamados puritanos, y a los progresistas más sensatos y menos radicales, los que se llamaron resellados. En realidad, como durante todo el periodo isabelino las adhesiones eran inestables cuando no fugaces, estaba claro que el partido moderado estaba en franca disolución por sus irreconciliables personalismos y que difícilmente recobraría el poder en esas condiciones.

Se suele presentar el reinado de Isabel II como un enfrentamiento entre moderados y progresistas, en el cual la reina mostraba preferencia por los primeros, pero me parece un planteamiento muy simplista. La política isabelina era cualquier cosa menos simple. Presentar a la Unión Liberal como una variación de los moderados no lo creo acertado, era mucho más. La presunta predilección de la reina por los moderados más bien era fruto de las políticas de los demás partidos, que la empujaban en sus brazos a fuerza de disparates y enfrentamientos personales que inutilizaban todas las otras opciones. A algunos autores parece que los arboles no les dejan ver el bosque.

A la reina le gustaba O'Donnell y O'Donnell, a decir de algunos autores de la época, estaba platónicamente enamorado de la reina. Es difícil saber si esto era cierto, pero la verdad es que la trataba con suma delicadeza. Sus modos eran muy distintos a los del rudo Narváez. Este sincero aprecio que la reina sentía por O'Donnell, como veremos más adelante, no será óbice para que cuando lo crea oportuno lo aparte del Gobierno. La dura lección que la reina saco del Gobierno de San Luis no cayó en saco roto. No mantendría a ningún Gobierno contra una decidida presión política o popular, ella sí sabía aprender del pasado.

Los primeros pasos de O'Donnell fueron enérgicos y decididos. Puso el ejército en manos de adeptos suyos, para disipar tentaciones, aunque realmente el ejército en ese momento no tenía tentaciones políticas. Su primer Gobierno fue una mezcla de puritanos y de progresistas resellados. Se revisaron las listas del censo para convencer de buenas intenciones en el campo electoral, aviso de que pretendía (como todos los presidentes de Gobierno precedentes y siguientes) obtener de la reina una nueva convocatoria electoral. Se nombraron nuevos senadores, casi todos unionistas o progresistas moderados. Entraron entonces en el Senado Juan Prim o Manuel Cortina, entre otros, además de algún conocido demócrata como Nicolás María Rivero. Era una política nueva y sorprendente. Hasta ese momento los Gobiernos solo colocaban a los suyos y cesaban a los ajenos a su partido.

La reina inicialmente se resistía a la disolución de las cortes. Se programó un largo viaje de la reina por Castilla, León, Asturias y Galicia, lo que a O'Donnell le pareció muy bien. Si la técnica de Narváez para hacer popular a la reina era mostrarla como generosa, la de O'Donnell consistió en hacerla viajar para que el pueblo la conociese, y la verdad es que la técnica resultó: los viajes de Isabel II eran un baño de masas afectuosas en los que la reina disfrutaba mucho. El pueblo la acogía y recibía su generosidad también. Los viajes de la reina iban siempre acompañados de generosos donativos a su paso. El viaje duró desde mediados de julio hasta septiembre. Estos viajes tenían una muy complicada logística. El séquito que acompañaba a la reina era numerosísimo. El Gobierno, el cuerpo diplomático y multitud de cargos palaciegos y servidores, en cada visita se recibían a las autoridades locales y a todo aquel que era digno de la atención de la corona.

Durante su estancia en Asturias, la reina, contra las súplicas de O'Donnell y de los directivos de la mina, bajó a las galerías de la mina de Arnao y recorrió más de 200 metros de la galería bajo el mar, acompañada de su asustado marido y de O'Donnell. La reina recibió los vítores de los picadores, asombrados por su valor. Era la primera mujer que bajaba a la galería. Como es lógico, salió hecha unos zorros al exterior. Como recuerdo de su visita, regaló 4.000 reales a los trabajadores de la mina y a la esposa del director francés de la mina su brazalete de diamantes. La reina compraba tantas joyas como las que regalaba.

Durante este viaje consiguió O'Donnell el ansiado decreto de disolución que disipaba las ilusas esperanzas de los moderados. Se convocaron elecciones para octubre. Se prometió retomar la desamortización tras un acuerdo con la Santa Sede y reformar la ley de prensa en sentido más liberal. También una mayor descentralización municipal, lo cual no colmaba las ansias de los insaciables progresistas y demócratas. Pero era el programa más liberal imaginable y compatible con la constitución que no había intención de modificar.

Progresistas como Prim, San Miguel, Infante y muchos otros decidieron acudir a las elecciones con la Unión Liberal. Otros como Olózaga o Madoz intentaban frenar la huida de adeptos. Como era costumbre, el Gobierno ganó las elecciones, pero al menos guardó las formas lo más posible para que su «influencia» no fuese muy escandalosa. Esto no evitó las hipócritas quejas de moderados y progresistas, que en el pasado y en el futuro nunca dejaron de aplicar métodos electorales aún más agresivos que los de O'Donnell.

Esta sería la legislatura más larga del reinado isabelino. O'Donnell manejo hábilmente a los siempre díscolos diputados españoles, con puntuales apoyos parlamentarios fuera de su grupo según la materia que se discutiese, unas veces apoyándose en los progresistas contra los moderados y otras veces a la inversa.

Se envió a Ríos Rosas a Roma para conseguir un acuerdo con el Vaticano que permitiese reiniciar la desamortización paralizada. A cambio se ofrecía apoyo a la Santa Sede en los revueltos asuntos de Italia. Se llegó a un acuerdo en agosto de 1859, un importante logro para el Gobierno O'Donnell que quitaba argumentos de oposición a progresistas y moderados.

En este momento parece que la idea de O'Donnell era que los progresistas siguieran un camino parecido al suyo, que saliendo del partido moderado había buscado un espacio político distinto. Lo que parece que deseaba era que los progresistas se alejasen de sus viejos y tradicionales postulados para poder ser una alternativa de Gobierno respetable. Pero gente como Olózaga o jóvenes como Sagasta no estaban por la labor, y con algo de razón la Unión Liberal les dejaba sin más espacio político que la izquierda si no querían ser absorbidos. Mientras, los moderados también seguían con sus hábitos de peleas internas y rencillas personales sin fin.

En el ámbito privado la reina inicia una relación con su secretario particular Miguel Tenorio de Castilla —¿qué mujer se podría resistir con esos apellidos?—, que era moderado, lo que despertó esperanzas en los moderados. A pesar de eso no influye en la clara predilección de la reina por O'Donnell, que sabe distinguir lo privado de lo político mejor que muchos de sus contemporáneos y muchos de los posteriores historiadores.

En octubre de 1859 se declara la guerra a Marruecos. La causa fueron unas ofensas a los símbolos de España en la Frontera. Marruecos ofreció excusas, pero a O'Donnell le parecieron insuficientes. En realidad buscaba la guerra como un medio de afirmación de España y de su Gobierno también, y de paso ofrecía una oportunidad de obtener ascensos a los siempre inquietos militares a los que tanta paz dificultaba el ascenso.

También era una forma de mandar el mensaje al mundo de que España estaba de vuelta, que éramos capaces de hacer cosas desde el punto de vista militar aparte de matarnos entre nosotros mismos. Ya se había dado un primer paso en 1858 en la Conchinchina, el actual Vietnam, con relativo éxito, aunque los beneficios se los llevaron los franceses. En realidad, España no necesitaba en absoluto Vietnam cuando tenía todas las Filipinas.

La guerra de Marruecos fue tremendamente popular y O'Donnell obtuvo lo que buscaba: la unidad de los políticos españoles. Algo inaudito. Hasta Castelar apoyaba la guerra. La reina no era menos que los demás y apoyó la guerra con entusiasmo, ofreciendo la venta de sus joyas si fuese necesario. Nadie le reconoce actualmente ese gesto, que sí aplauden en la primera Isabel.

Que se tasen y vendan todas mis joyas, si es necesario, al logro de tan santa empresa, que se disponga sin reparo de mi patrimonio particular para el bien y la gloria de mis hijos, disminuiré mi fausto, una humilde cinta brillara en mi cuello mejor que hilos de brillantes, si estos pueden servir para defender y levantar la fama de nuestra España.

Al menos sabemos que el ofrecimiento de la segunda Isabel sí es verídico e histórico; lo de la primera queda en el terreno de la leyenda hagiográfica.

O'Donnell dirigió personalmente la guerra, que en lo militar fue lo suficientemente dura como para cubrir de gloria a sus participantes. De ser un paseo militar la gloria hubiera sido menor. O'Donnell, que tenía una cierta debilidad por Prim, le dio un papel que este supo aprovechar para reverdecer laureles. Algo que a él y a los progresistas les venía pero que muy bien.

Antes del regreso del ejército de África, tuvo lugar el intento carlista de San Carlos de la Rápita, un oscuro incidente donde algunos creen ver la mano del rey. Era tan disparatado que es posible que sea cierto. El caso es que fracasó estrepitosamente y el pretendiente y su hermano fueron apresados por Dulce, entonces capitán general de Cataluña. Como Isabel II no era igual que la primera Isabel, no aprovechó la ocasión para cortarles la cabeza tal y como merecían, y se apresuro a perdonarlos. Ellos, en premio a su clemencia, en cuanto pisaron suelo extranjero se retractaron de la renuncia a sus pretendidos derechos que sin presión habían firmado. Por suerte para ellos murieron poco después y así no tuvieron que vivir con la vergüenza de su cobardía.

Isabel II pasando revista a las tropas al regreso de Marruecos

El regreso de las tropas fue apoteósico. Las fiestas, los desfiles y los discursos parecían no tener fin. La reina pasó revista a las tropas a caballo y vestida con una versión femenina del uniforme de capitán general, de lo cual nos ha quedado un cuadro como recuerdo. La verdad es que tiene un aire más marcial que su marido, que se abstuvo de tomar parte alguna en la guerra. Sobre ello hay un chascarrillo apócrifo como tantos otros, pero que como es gracioso caeré en la tentación de traer a estas líneas. Se supone que en el acto de despedida de O'Donnell al partir hacia la guerra la reina le dijo: «¡Cuánto te envidio! De ser hombre me iría contigo», a lo que Francisco de Asís dijo: «Lo mismo digo, O'Donnell, lo mismo digo». Como resultado de la guerra Prim era el nuevo héroe popular. España ama a los valientes.

El Gobierno de O'Donnell estaba en buena racha. Había que consolidar la situación económica para que la estabilidad gubernamental diese sus frutos. Se acometieron muchas reformas, todas ellas necesarias, tanto en el Ejército como en la Administración pública. España se modernizó de modo nunca visto. España dejo de ser pesimista y abrazó el optimismo. Las numerosas obras públicas abrieron cauce a oportunidades de negocios, a inversores españoles y extranjeros. Ya en su época se criticó a O'Donnell por sus políticas de gasto público, con las que estimulaba la economía. Se puede decir que era el primer keynesiano, antes incluso de que Keynes naciera. Sea por lo que sea, el caso es que España parecía sonreír al futuro.

En el otoño de 1860, tras el parto de la infanta Concepción, la reina emprendió otro apoteósico viaje por Alicante, Baleares, Barcelona y Zaragoza. Como los anteriores, fue un completo y rotundo éxito. En lo político, las cosas eran menos apacibles de lo que parecía. Los moderados estaban como siempre desunidos o enfrentados, pero los progresistas empezaban a manifestar impaciencia, característica que nunca les abandonó. Sabían que eran la única oposición existente y decidieron apretar al Gobierno con acusaciones de corrupción o incluso acercándose a la facción de San Luis para evitar que O'Donnell se eternizase en el poder. Los progresistas parecían preferir enfrentarse a San Luis que a O'Donnell. La política de O'Donnell era usar retórica progresista para tomar decisiones moderadas. Contra un Gobierno moderado las cosas estarían más claras y la oposición sería más fácil, o ese era su cálculo.

Parecía obligado que O'Donnell optase por uno de los dos partidos para apoyarse, pues el hacerlo alternativamente con uno y otro como había hecho anteriormente ya no parecía posible. Su mayoría parlamentaria se resquebrajaba. No olvidemos que muchos de sus diputados procedían de los progresistas o los moderados, y su lealtad era digamos dudosa. En la época la disciplina de partido tal y como hoy la entendemos no existía.

Una figura ascendente era Prim, un personaje muy ambicioso que no ocultaba sus ambiciones políticas. Tenía buenas relaciones con la Corona. Como diputado progresista en el bienio había aprendido la lección de lo peligrosas que son las políticas populistas. Sin dejar de ser progresista también era un hombre de orden, enemigo de las algaradas, y por eso aplaudió el fin del bienio.

❧

Una de las cuestiones que más preocupaban a los progresistas era la ley de imprenta de Nocedal, que seguía vigente y que, aun no siendo aplicada con rigor, no dejaba de ser una amenaza para lo que los progresistas consideraban libertad de imprenta. La otra cuestión que les quitaba el sueño era la reforma constitucional de 1857, obra de Narváez, cuya aplicación había quedado en suspenso. Pero eso no parecía suficiente a los progresistas, que deseaban hacer su propia reforma. Las constituciones y sus reformas eran una manía que tenían los políticos decimonónicos, y que una constitución durase más de un lustro les parecía demasiado tiempo.

La frustración progresista crecía. Los apoyos del Gobierno ya no eran tan sólidos. Otro de los motivos de queja de los progresistas era el asunto del reconocimiento del nuevo reino de Italia, que para los progresistas era muy importante, aunque nunca dijeron por qué. Solo se trataba de molestar a la reina y enfrentarla a O'Donnell para socavar sus apoyos, aunque lógicamente esto se adornaba con bonitos discursos en los que se alegaba que la lucha de los liberales italianos era la lucha de España y cosas por el estilo.

Esta herramienta política no dejaba de ser eficaz, pues torticeramente colocaba a O'Donnell en una posición antiliberal. El que tal reconocimiento reverdeciese los argumentos carlistas no les parecía importante, o quizás sí. Para ellos, «cuanto peor, mejor». Generar inestabilidad de cualquier tipo lo consideraban algo que los acercaría al poder.

En este punto algunos de los que no se cansan de decir que Isabel II era una reina débil e influenciable pasan a decir que era inflexible y terca. Curiosamente esos mismos son los que la llaman errática con insistencia. Hay gente que es muy difícil de contentar. El caso es que O'Donnell quería reconocer al reino de Italia y la reina no. Los motivos de O'Donnell eran de índole política cortoplacista. Para él era un medio de contentar a los progresistas resellados con el objetivo de que no desertasen de sus filas. Para la reina, en cambio, era una cuestión de convicción religiosa, además de que consideraba con buen criterio que ese reconocimiento alentaría nuevas revoluciones. De momento ganó la supuestamente débil Isabel II y el reconocimiento quedó en suspenso.

De Italia regreso Antonio Ríos Rosas tras dejar su embajada en Roma. Ríos Rosas fue unionista desde los inicios del partido. Al llegar se pasó a la oposición. Las quejas, las de siempre, todo era poco. No solo progresistas le apoyaron, también lo hicieron algunos unionistas puritanos.

La reincorporación de Santo Domingo a España en mayo de 1861 fue una de esas tonterías que entonces eran muy populares. Era un disparate que solo podía acabar mal; y así fue, solo trajo problemas y gastos.

En el verano de ese mismo año ocurrió un levantamiento con aires socialistas en Loja (el pueblo de Narváez, nadie es profeta en su pueblo). Era un primer aviso de lo que se avecinaba. La paz de la Unión Liberal ya duraría poco más. Al reabrirse las Cortes en noviembre Olózaga dio un paso al frente y pronunció su célebre discurso de los «obstáculos tradicionales», que pasaría a ser el eufemismo con el que se calificaría a partir de entonces a la Corona cuando se la quería criticar. Supusieron estos discursos un punto de inflexión y dio a la política de los progresistas un inequívoco sentido antidinástico. Los suyos lo aplaudieron con entusiasmo. El que en el discurso no hubiese una sola referencia a lo que hoy llamaríamos un programa de Gobierno era un detalle nimio, que carecía de alguna solución a los problemas que sufría el pueblo. Era algo intrascendente para ellos. Que estuviese lleno de mentiras era trivial. Lo importante era el medio, no el fin. Lo importante era que el discurso fuese bonito y estuviese trufado de figuras retóricas para lucimiento del orador, que además estaba necesitado de reafirmarse como líder de sus huestes. El único problema es que Olózaga era civil y un partido sin un militar al frente no se entendía en aquel entonces, por muy progresista que fuese ese partido.

Formalmente Olózaga se presentaba como el único que podía frenar la revolución socialista y hasta pretendía ser más cercano al pueblo, peregrina afirmación viniendo de alguien que presumía de su toisón de oro. Pretendía presentarse como «nosotros o el caos», cuando en realidad, tal y como veremos, ellos eran el caos. Olózaga nunca fue capaz ni de controlar a su partido ni de llegar a acuerdo constructivo alguno. Triste vida la de Olózaga, un hombre que dedica su vida a vengar el despecho de una niña de trece años. Eso sí, pronunciaba muy bonitos discursos.

Por si O'Donnell tenía pocos problemas fue a buscar algunos más a México. La crisis mexicana llevaba gestándose varios años. Los pocos españoles que quedaron en México no eran bien mirados y el Gobierno no hacía nada por protegerlos, a lo que se sumó que, tras la victoria de Juárez en la guerra civil (en eso nos salieron alumnos muy aventajados), expulsó al embajador español Francisco Pacheco y además se decretó la suspensión del pagos de la cuantiosa deuda que tenían con España, decisión que se hizo extensiva a Francia e Inglaterra.

El inicio de la guerra de Sucesión en Estados Unidos, cambió el panorama político internacional. Al estar muy ocupados los estadounidenses en sus propios asuntos, los europeos lo tenían más fácil para intervenir. Se forjó una coalición entre España, Francia e Inglaterra, con el objetivo inicial de reclamar el pago de las deudas y de proteger a los nacionales. Pero Francia tenía sus propias ambiciones. Napoleón III, al que algunos inexplicablemente le atribuyen mayor talento político que a Isabel II, tuvo la peregrina idea de establecer una monarquía en México en la persona de Maximiliano de Habsburgo. Si bien tuvo el cuidado de no decírselo a sus socios.

En España, en otra inexplicable decisión, O'Donnell confió el mando de la expedición a Prim, que en anteriores intervenciones parlamentarias se había manifestado partidario de las tesis mexicanas. Además, estaba casado con una mexicana que mantenía intereses económicos en el país y era pariente de un ministro de Juárez. No parecía la decisión más acertada, pero Prim, por alguna razón, gustaba a O'Donnell. A quien no gustaba Prim era a Serrano, que entonces era capitán general de Cuba. Por proximidad hubiese sido la decisión más lógica, pero en todo el asunto había bastante poca lógica en general.

El 29 de octubre de 1861, sin esperar a Prim ni a los ingleses y franceses, Serrano inicia la ofensiva ocupando Veracruz. A la llegada de los expedicionarios llegan hasta Orizaba. Pronto surgen las diferencias entre los aliados, cuando Francia descubre su juego y declara que desea instaurar un imperio en México en la persona de Maximiliano. Prim negocia a toda prisa un acuerdo con Juárez en febrero de 1862 sobre las reclamaciones y la deuda. De acuerdo con los ingleses y sin recibir instrucciones de Madrid, decide la retirada de los españoles hacia Cuba. Prim no volvió inmediatamente, aun efectuó un viaje a Estados Unidos para conocer sus capacidades industriales y militares, pero sí envió emisarios a la Reina para explicarle su decisión. Y lo hicieron tan bien que la convencieron de que su decisión era acertada. Solo entonces Prim regresó a España.

Si la situación política ya era compleja para O'Donnell, el asunto mexicano supuso un punto de no retorno en el cual perdió el dominio sobre la situación. Yo creo que las cosas empezaron a torcerse irreversiblemente para la Unión Liberal de O'Donnell en 1862 con el asunto de México, que también fue el surgir de Prim como figura política que en aquella época buscaba su sitio político en la Unión Liberal o con los progresistas, tanto le daba.

Quizás sea el momento de entrar en el detalle de quién era Prim, que tendrá mucho protagonismo en las páginas siguientes.

Juan Prim

Hijo de don Pablo Prim y Estape y de Teresa Prats y Vilanova nace el 6 de diciembre de 1814 en Reus. Tenía una hermana mayor de nombre Teresa. Su familia, sin de ser de muchos posibles, tampoco era de clase muy baja. Su padre había sido notario hasta 1808. Entonces dejó la pluma y tomó la espada para luchar contra los franceses. Llegó a capitán.

De su formación académica no hay mucho que decir, fue bastante somera. A los que gustan decir que Isabel II era inculta y poco inteligente basándose en su mala ortografía puedo decirles que la de Prim era casi peor. Para él «bolver» se escribía así y el verbo «hir» se escribía siempre con h. En realidad la mala ortografía era general en todos los personajes del siglo XIX, y para mí no es indicativo de nada en especial.

Al estallar la guerra carlista se formó en Reus el primer batallón de «Tiradores de Isabel II». Una de sus compañías se puso al mando de don Pablo Prim. Ingresó en ella su hijo Juan Prim en calidad de soldado distinguido. Murió don Pablo Prim de enfermedad en noviembre de 1834. La familia quedó a cargo del joven Juan Prim. La preocupación por el sostén económico de su familia le acompañó toda la vida. Su madre era muy mala administradora. Solicitó su traslado al ejército del norte muy pronto. Mientras se curaba de una herida recibió su ascenso a subteniente.

No cansaré a los lectores con su hoja de servicios. Combatió con arrojo y ascendió por méritos de combate. A los veintiún años ya era capitán. Al acabar la guerra tiene varias heridas, bastantes medallas y el grado de teniente coronel mayor. En los tres años siguientes Prim obtuvo su primer acta de diputado, sus primeros títulos nobiliarios y el generalato. Tras la guerra, Prim decide dedicarse a la política. En 1841 es elegido diputado por Tarragona y forma parte del grupo partidario de una regencia triple, en contra de Espartero, quien le confirma sus grados militares como definitivos. A pesar de eso, en noviembre sale de España sin permiso hacia Francia para contactar con la Orden Militar española, una especie de masonería militar para participar en el derrocamiento de Espartero. Es su primera conspiración. El 30 de mayo, junto con Lorenzo Milans del Bosch, firma una proclama en la que proclama al levantamiento contra el regente. Espartero perdió la regencia y Prim gano el grado de brigadier y el título de conde de Reus y vizconde del Bruch. Narváez fue nombrado capitán general de Madrid. Esto supuso una valiosa lección para el joven Prim, quien aprendió que en tiempo de paz los ascensos y los honores se ganaban con pronunciamientos. Que tras la caída de Espartero fuesen los moderados los que quedasen en el poder fue una sorpresa desagradable para Prim, que no esperaba ese resultado.

Prim fue nombrado gobernador militar de Barcelona. La ciudad se levantó contra el nuevo Gobierno, pero fueron reprimidos por Prim, lo que marcó una antipatía hacia él en Cataluña que duró mucho tiempo. Por esa acción obtuvo el grado de mariscal de campo y varias condecoraciones. Tras esas acciones es nombrado gobernador de Ceuta, pero renunció al cargo y pidió licencia para salir al extranjero, que le fue concedida, contentos de tenerlo lejos.

Accede al Gobierno Narváez y Prim regresa a España. Al poco fue detenido, acusado de organizar un atentado —que hoy llamaríamos terrorista— contra Narváez, en el que murió un ayudante de Narváez. En primera instancia fue condenado a muerte. Se repitió el juicio por defectos de forma y finalmente fue condenado a seis años de castillo en las Marianas, lo que se aproximaba mucho a la muerte. Fue indultado por la reina a petición del mismo Narváez cuando estaba listo para salir a las Marianas. Huelga decir que no guardó gratitud a ninguno de los dos.

De 1845 a 1847 viaja Prim por Europa para estudiar sus organizaciones políticas y militares, con satisfacción del Gobierno, que prefiere mantenerlo lejos. De esta época es su relación con una mujer casada llamada Rosa. En esta época adquirió la costumbre de pasar algún mes de verano en el balneario de Vichi, donde mejoraba mucho de los males hepáticos que le acompañaron toda la vida. Mantuvo esa costumbre toda su vida.

En octubre del 47 es nombrado capitán general de Puerto Rico, con la clara intención de mandarlo lejos. Él acepta encantado. Supone un aumento en sus ingresos y llena su ego. Habla incluso de «su reinado» en cartas a amigos. Mostró un carácter duro en el mando. Ordenó fusilamientos, pasando por encima de los jueces, que se quejaron a Madrid. Cuatro meses duró en el cargo. Volvió a París y a sus viajes.

Narváez lo mantiene alejado de la política y de España, hasta 1850 en que es elegido diputado a pesar de los obstáculos puestos por el Gobierno. Tiene especial interés en figurar como adalid de los progresistas y se muestra especialmente combativo. Acusa a Narváez de cosas como «gobernar con decretos disfrazados de leyes». Ya veremos más adelante cómo gobernó él. En esa época también afirma en el Parlamento: «No hay español más resuelto que yo a dar la vida por su reina» y más ditirambos por el estilo.

Entre los años 51 y 52 vuelve a sus viajes por Europa. Conoce en París a la que será su esposa, Paca. La madre de ella se opone frontalmente a la relación. Era ella una rica heredera criolla mexicana y él parecía muy poca cosa. La relación tendrá que esperar una mejor oportunidad.

En el 53 en Madrid el diputado Prim arremetía muy duramente contra el Gobierno acusándole de extrema dureza —que no era para tanto— en la represión de los desordenes y pronosticando todo tipo de males por ese motivo. Nuevamente tomemos nota mental para comparar cuando a él le toque gobernar.

Quizás para olvidar sus males de amores pide al Gobierno ser destinado a Turquía para observar la próxima guerra contra Rusia, cosa que se le concede. Se le nombra jefe de una comisión militar enviada a Turquía, donde es agasajado por el sultán.

En Turquía le pilló la Vicalvarada contra el Gobierno del conde de San Luis. Fue llamado al Gobierno Espartero.

Corre Prim en dirección a España, pasando por París —¿para visitar a Paca?—. En Madrid intenta hacerse un hueco en la revolución, olvidando sus problemas con Espartero. Fue elegido diputado en las Cortes constituyentes, pero al no haber participado en la Vicalvarada su papel fue secundario, algo que nunca le agradó, por lo que se aleja de Madrid.

El año 1855 lo pasó casi entero en Francia, donde sus asuntos sentimentales —y económicos de manera colateral— toman buen camino. Su suegra se había ablandado. A fin de cuentas, Prim tenía títulos nobiliarios, era apreciado por la reina de España y el emperador de los franceses. Aunque pobre (24.000 reales era su sueldo) no era tan mal partido. De la novia sabemos que no era muy agraciada físicamente. Era veinte años más joven que él, pero lo más importante y tal y como Prim dijo por carta a su madre: «Tiene más de un millón de duros». En octubre, aún soltero, es nombrado capitán general de Granada. Inspeccionó la situación en Melilla y tuvo un par de combates con los rifeños, como respuesta a las provocaciones, que eran frecuentes.

En enero de 1856 es ascendido a teniente general. Al poco dimite de la capitanía general de Granada y marcha a París. El 3 de mayo finalmente se casa con Francisca Agüero González, Paca para todo el mundo. Isabel II, como regalo de boda, concedía a la novia la banda de la Real Orden de Damas Nobles de María Luisa, con placa de brillantes y una flor de diamantes para sujetarla en el hombro. Son testigos el príncipe Napoleón Bonaparte y Olózaga, a la sazón embajador de España en París.

Prim inmediatamente aumentó la asignación a su madre a cien duros mensuales. Muy pronto se hizo cargo del dinero de su mujer. A finales de mes escribe a un amigo que también era su prestamista: «Tengo mucho dinero y necesito meterlo en alguna parte para que produzca». Acaba comprando acciones de la empresa de su amigo.

Mientras en Madrid O'Donnell se deshace de Espartero, Prim ve con buenos ojos la formación. Dice en una carta: «Creo que se ba (*sic*) a crear un Gobierno de autoridad, de fuerza y justicia, que dará brillo al trono y magestad (*sic*) a las instituciones liberales. Este es el deseo del general

O'Donnell y es el mío y de cuantos hombres quieren el bien del país». Prim era progresista *ma non troppo*, contrario a las revueltas populares y los frecuentes motines.

Arranca 1857 publicando una carta insultante contra el capital general de Cataluña, lo que le costó un proceso. Interesante porque en él su abogado afirma que «ningún español debe tanto a doña Isabel como Prim». Fue condenado a seis meses de castillo y para deberle algo más a la reina fue indultado por ella otra vez. Se le envió a Vichi a tomas las aguas, eso sí, en «calidad de arrestado». Al mismo tiempo fue elegido diputado de nuevo. Sus negocios económicos van de mal en peor. Las acciones compradas caen en picado, lo que no es obstáculo para que se compre un castillo en los montes de Toledo, con una finca de 13.000 hectáreas, con abundante caza, a la que era muy aficionado.

En enero de 1858 nace su primer hijo en París, un varón al que llama Juan. Mientras, en España, se suceden los Gobiernos: a Narváez le sigue Isturiz y a este, Armero. Es nuevamente diputado. Tras una corta estancia en Madrid vuelve a París con su mujer y su hijo. Mientras en España se articula la Unión Liberal, partido de centro que atrae a gente de los dos espectros políticos, que con O'Donnell sube al poder en junio, vuelve Prim a Reus, donde no había estado desde 1843. Se instala con su mujer y su hijo en Madrid. Es nombrado senador. En diciembre interviene en el Senado en un debate sobre los problemas que empezaban a surgir con el Gobierno mexicano, en el que defiende una postura conciliadora, algo a tener en cuenta para futuros acontecimientos. Argumenta Prim que la dureza estaría mejor dirigida contra Marruecos, que acosa las plazas africanas.

Pasa los principios de 1859 a caballo entre París, a donde regresó su familia, y España. A finales de verano parece que se acerca la guerra con Marruecos. Unas provocaciones de los moros son aprovechadas por O'Donnell para encender el ánimo patriótico. Oliéndose algo regresa a España. En octubre escribe un carta a O'Donnell en la que le ofrece su espada en la inminente guerra: «Ábrame usted campo y usted verá lo que soy capaz de hacer».

El 22 de octubre se rompen relaciones diplomáticas con Marruecos. Aunque tiene dudas, al final Prim es llamado por O'Donnell. Se necesitan todas las buenas espadas disponibles. Es puesto al mando de la división de reserva.

Prim se luce en la guerra como un brillante y valeroso militar. Relatar aquí sus acciones bélicas no lo creo necesario.

El 28 de abril de 1860, el ejército embarcó de vuelta. El regreso fue apoteósico. Las fiestas, discursos, aclamaciones populares y cortejos eran interminables. El 4 de mayo, con motivo de una visita de oficiales del Cuerpo de Ingenieros, pronunció un discurso en el que dijo: «Vuestros principios como militares deben consistir en política en no tener ninguno, en ser siempre adictos a la persona de Su Magestad (*sic*) la reina, en no obedecer nunca más que al Gobierno constituido». Bellas palabras. Pena que él mismo las olvidase pronto, si es que en algún instante él mismo se las creyó, o quizás sea un magnífico ejemplo del «haz lo que yo digo, no lo que yo hago». No consta la cara que pusieron los que escucharon tales palabras en su boca, pero como poco debió ser cara de perplejidad al escuchar eso de quien siendo militar participaba activamente en política

Hubo un sinfín de banquetes. En el de palacio se sentó a la derecha de la reina. Es nombrado marques de Castillejos y grande de España. En julio vuelve a Francia y a finales de agosto regresa a España por Cataluña, donde se repiten las fiestas, los banquetes, los discursos y los agasajos. Está en Cataluña cuando llega la reina de visita. Más banquetes y más discursos.

Si 1860 fue un año triunfal para Prim tampoco empezó mal 1861. En enero prestó juramento de fidelidad a la reina al recibir la grandeza de España. Extraigo estas frases:

«Si el deber de un general, como el de todo militar, es el de servir siempre con lealtad y valentía a su reina y a su patria, cuando es militar, cuando este general sea grande de España, ¿qué no deberá intentar para hacerse más y más digno del aprecio de su augusta reina que tanto lo ennobleció? Deberá hacer, señora, lo que puesta la mano en el puño de su limpia espada promete hacer el marqués de Castillejos: defender vuestros derechos al trono constitucional de las Españas. Contra los que osaran atacarlos, defender también vuestra persona, siempre en todas ocasiones, y cualesquiera que fuesen las vicisitudes de los tiempos, hasta derramar la última gota de mi sangre, hasta exhalar el último suspiro.»

Otras bellas palabras que pronto olvidó. En la recepción posterior a la jura sucedió algo que nos habla bastante de la psicología de nuestro héroe. Se acercó a saludarle el duque de Medinaceli, grande de España desde hacia generaciones, y le dijo: «Felicidades, ya somos iguales», a lo que Prim contestó: «Soy igual a su abuelo no a usted». Él se consideraba superior a los aristócratas que heredaron sus títulos. Él era el fundador de un nuevo linaje de grandes de España. Por desgracia su ego no previó que sus hijos no tendrían descendencia. Karma dirán algunos. En realidad la antigua nobleza sí supo hacer honor a su juramento y permaneció fiel a la reina, algo que él no tuvo la nobleza de hacer. Por carecer ya de nobleza nobiliaria, carecía de nobleza personal.

Para comparar el cumplimiento de su juramento por parte de Prim será bueno leer una historia que Bermejo nos cuenta en su libro sobre cómo otros entendían sus juramentos.

«Por los años de 1837 vivía en el pueblo de Torredembarra un honrado catalán llamado Paulino Recasens, de oficio cubero. No puedo presentaros hombre de origen más humilde. Trabajaba en su profesión y gozaba de su casa muy á su contento; pero los azares de la guerra civil le forzaron á establecer un servicio marítimo desde su pueblo á Tarragona, por medio de una navecilla de la cual se había hecho patrón. Tranquilamente y apartado de la capital, gozaba con el cariño de su mujer y con el amor que daba á sus hijos, y con las delicias que le regalaba el pueblo, donde el sol le parecía más prolijo, más temprana la mañana, más perezosa la tarde, la noche más quieta y los campos más alegres. Fuera de este reposo entraba lleno de bríos en su faena, y muchas veces él y su barquichuelo lucharon con la tempestad. Salió aquella orden para alistar forzosamente en la Milicia Nacional á todos los hombres útiles desde la edad de diez y ocho á cincuenta años, y fue Recasens miliciano nacional, y en una formación que hubo muy lucida juró la bandera y defender el trono de Isabel II. Llegó el caso de entrar en liza; le llamaron, acudió con su arma y peleó con denuedo contra las huestes del cabecilla Pichot. Apuntaban los primeros rayos del sol en la mañana del 22 de Mayo de 1837, y los carlistas sorprendieron á Recasens en el momento que entraba en su barco para seguir su ruta á Tarragona. Era Paulino muy querido de su pueblo, y todos ansiaban saber lo que le había pasado; y dos días después de su apresamiento, recibió su mujer aviso de que podía recoger el cadáver de su marido, y acudió seguida del pueblo, que lleno de consternación halló colgado de un árbol á Paulino Recasens, con trazas de haber sido quemado vivo después de haberle sacado los ojos con la punta de los puñales. ¿Qué motivó tan bárbaro castigo? Vamos á referirlo. Llevado Paulino á paraje de seguridad, díjole el jefe carlista que le había hecho prisionero: «Tú, con el barco que tienes y con la práctica de andar por encima del agua en noches oscuras y tempestuosas, puedes hacernos grandes servicios; toma partido por D. Carlos y sé de los nuestros, por lo cual te prometo que tendrás grandes mercedes de mi Rey». «No puedo», repuso Recasens; he jurado defender á la Reina Isabel II delante de mi bandera y yo no puedo ser traidor á mis juramentos». El jefe carlista, para más obligarle, pasó del ruego á la amenaza de la muerte, y Recasens respondía: «No puedo ser perjuro».

»Le replicaba el jefe carlista que, no habiéndose alistado por su voluntad, aquel juramento era nulo; y contestaba Recasens: «Pero al fin he jurado, y á ningún hombre se le obliga á jurar lo que no quiere». «¿Sabes lo que te espera?», le dijo el carlista; una muerte cruel, la viudez de tu esposa y la miseria de tus hijos». A estas palabras se quedó Recasens meditativo y suspenso. Era día de Santa Rita, y su mujer se llamaba Rita, y tenía por costumbre celebrarlo yendo con su familia á merendar al campo. Miró al carlista y repuso: «Déjamelo pensar». Media hora después le preguntó el carlista: «¿Qué has decidido?» y Recasens respondió: «Que ningún hombre honrado debe faltar á su juramento. Estoy dispuesto á morir». Ocho tigres disfrazados de hombres se encargaron de su martirio.

»El 31 de Agosto de 1840, el cabecilla Fornerat sufría en Tarragona la pena de muerte que le impuso un consejo de guerra por haber ordenado el asesinato de Paulino Recasens.

Recasens no era conde, ni marqués, ni grande de España... No sabía leer ni escribir.

»En el pueblo de Torredembarra vive pobremente la anciana viuda de Paulino Recasens, de oficio cubero; ningún diputado se ha acordado de esta desdichada mujer, para pedir una modesta pensión para la pobre viuda. D. Manuel Becerra hace algunos días que propuso en la Asamblea una de doce mil duros para la viuda del marqués de los Castillejos.»[40]

Aprovecho para hacer constar una curiosa circunstancia, y es que ninguno de los principales espadones isabelinos tuvo suerte con su descendencia. Hoy esos títulos no son ostentados por descendientes directos de sus primeros poseedores.

Espartero murió sin hijos y sus títulos los heredó una sobrina. Narváez también murió sin hijos y sus títulos los heredó un sobrino. O'Donnell fue otro que murió sin hijos, los títulos los heredó una sobrina. Prim sí tuvo dos hijos (varón y mujer), pero ambos murieron sin descendencia, otra sobrina heredó. Serrano también tuvo un hijo varón y una mujer. El varón murió sin descendencia y heredó sus títulos un sobrino. Domingo Dulce también tuvo dos hijos varón y mujer, y también murieron sin descendencia.

Si su vertiente pública va estupendamente no es así en los negocios. Fue mal administrador en dos años. Había perdido 600.000 duros y debía otros 200.000.

Su posición política en la Unión Liberal era ambigua. Sin estar fuera tampoco quería estar muy dentro. Le molestaban los excesos populistas de los progresistas. En un brindis de uno de los numerosos banquetes dijo:

«Señores, yo nací liberal, liberal soy y liberal moriré. Pero en necesario tener presente que, siendo incompatible el absolutismo con el trono de Isabel II constitucional, debemos todos agruparnos a su alrededor, porque detrás de él no veo por de pronto otra cosa que la anarquía, y tras la anarquía, una de esas funestas reacciones de las que la historia nos presenta tantos ejemplos.»

Nuevamente sus palabras contradicen sus actos, aunque

---

40 *La estafeta de palacio,* Ildefonso A. Bermejo Impr. de R. Labajos 1872. Tomo I, pág. 355.

en esta ocasión si fue adivino: tras Isabel II vino la anarquía, solo que fue Prim quien la trajo.

En 1861 se le envía a México para solucionar el conflicto que explicamos en otra parte.

Prim regresa a España vía Nueva York y Londres, donde deja a su mujer y su hijo. Pasa por Madrid brevemente y se vuelve a Estados Unidos, que está en plena guerra civil. Queda impresionado por el potencial de aquel país. En tierra mexicana su mujer concibió a su segundo hijo, una niña. ¿Qué se pensaba en Madrid del asunto mexicano? Pues los moderados estaban con Serrano en contra del Gobierno y de Prim; los progresistas contra que se hubiese enviado a Prim y contra el Gobierno también; el Gobierno aprobando en público y criticando a Prim en privado; y la reina era la única

El general Prim, a caballo, en la batalla de los Castillejos
Colección Museo Nacional del Prado
Henri Regnault

185

que apoyaba a Prim sin fisuras, lo que O'Donnell acepta a regañadientes. En fin, un lío, como casi todo en esa época.

A mediados de verano ya estaba en Madrid y en noviembre nació su hija. Le pusieron Isabel en honor a la reina, que fue su madrina. La reina asistió personalmente al bautizo en la capilla real de Palacio, gesto de deferencia poco común. La reina era madrina de más niños pero siempre delegaba su presencia en otros.

Los acontecimientos políticos que siguen los detallaremos más adelante. Hay una anécdota que nos puede describir el pensamiento y la psicología de Prim.

El cuadro del pintor francés Regnaul fue realizado después del triunfo de la revolución del 68. Fue rechazado por Prim. No le gustó nada ser representado como un líder de masas. Cuando vio el cuadro preguntó: «¿Qué hace y quién es toda esa gente?». Le contestaron que era el pueblo que le seguía y torció el gesto. Otra cosa que no le gusto nada es que estaba descubierto. Él era un grande de España y no se descubría ni ante la reina. Para colmo de males a su mujer no le gustó que estuviese levemente despeinado. Su marido era muy pulcro y ni en combate se despeinaba. Prim no era y no quería ser el líder de masas populares. Él era un militar, un aristócrata, aunque fuese de nuevo cuño. Solo gustaba de mandar a soldados plenamente disciplinados. Odiaba los motines.

Fue este periodo previo hasta el triunfo del 68 un periodo pleno de conspiraciones, pronunciamientos e intrigas. La ignominia alcanzó su más altas cotas. Alguien como Prim, que gustaba de llamarse patriota y caballero, conspiró contra la que le había colmado de honores y a quien debía todo, incluso la vida, y le había apoyado cuando todos estaban en su contra a la vuelta de México. Prim llegó incluso a pagar a periodistas extranjeros para airear infamias contra la reina, a la que había jurado lealtad. ¿Se imagina alguien a algún político inglés pagando a periodistas europeos para que publiquen que la reina Victoria se solaza con su guardabosques el señor Brown y con criados hindúes?

Pero a Prim no le detuvo el descrédito de España si con eso se acercaba a sus fines. No es que no fuese patriota como pretendía, es que no era ni siquiera un caballero. Un caballero con honor no emplea ese tipo de argumentos. Triste es constatar que los políticos ingleses puedan enseñar a un español lo que es ser un caballero.

PRIM GOBERNANTE

Los avatares de la conspiración y su triunfo ya los contaremos más adelante. Hablaremos ahora, aunque más adelante lo hagamos con más detenimiento, de cómo gobernó Prim cuanto tuvo ocasión.

Prim fue recibido en triunfo en Barcelona después de recorrer la costa levantando guarniciones. El recibimiento fue triunfal. En el banquete habló en pro de la unión de todos los liberales, aparcando los programas respectivos en busca del común denominador. Pero ya en ese mismo acto el vicepresidente de la junta revolucionaria Tutau dijo que de ninguna de las maneras. Mal empezamos.

Prim empezó a cavilar qué dique levantar para intentar parar la marea que se avecinaba. Es más fácil sacar el genio de la lámpara que volver a meterlo dentro. Insistía en su consigna: unión y orden. Llegó a Madrid el 7 de octubre, entre aclamaciones populares. Quedó Serrano como presidente del Gobierno y Prim como ministro de la Guerra. También empezaron los problemas. En las Antillas intentaban pescar en río revuelto, mientras en Madrid, Sevilla y Barcelona el pueblo se dedicaba a su pasatiempo favorito: quemar conventos y derribar iglesias. Se publica el programa de gobierno, donde no se menciona la supresión de las quintas, repetidamente prometida por los revolucionarios, lo que no es bien recibido como es lógico. Cayó en lo mismo que el criticaba: otorgó puestos o ascensos a los que le apoyaron y no dejaban de pedir su premio. Quizás así comprendiese a Isabel, a quien todos asediaban con peticiones. El que clamaba indignado contra los recortes a la libertad envía una circular a los capitanes generales pidiendo que se prohibiese la participación de las clases militares «en asociaciones o reuniones más o menos públicas, impulsadas a la expresión de una idea o de un objeto político, sea el que fuere». Muy liberal no parece. Quién te ha visto y quién te ve…

El que se escandalizaba por los manejos electorales de los Gobiernos precedentes escribe a un amigo sevillano: «Ante los días de prueba que se acercan —los de elecciones— esperaba que en la provincia de Sevilla se pusiera en juego la justificada influencia de los amigos». Ni Narváez lo hubiese dicho más claro.

A un intento de regular las milicias, como reacción se produjeron levantamientos armados en Andalucía, sobre todo en Cádiz y en el Puerto de Santa María, del 4 al 7 de diciembre. Fueron sofocados con sangre —pronto sacó el *Narváez style*—. Se repitió en Málaga el 31 y fue sofocada también por el ejército con más de cien muertos y trescientos heridos. Los carlistas también se apuntaron a la fiesta proclamando a Carlos VII.

Empezó el 1869 con revueltas en las Antillas y Filipinas. En las elecciones ganaron los liberales monárquicos. Lo que no se sabía era de qué rey eran monárquicos. Se anunciaron medidas de rigor —más *Narváez style*— para contener graves altercados tras la apertura de las Cortes. Ocurrió en las cortes un gracioso lapsus —¿freudiano?—, cuando Prim se refirió al presidente del Gobierno como el duque de… Valencia, que no era otro más que Narváez.

En clara contradicción con sus promesas Prim llamó a filas a 25.000 hombres adicionales, lo que nuevamente provocó altercados e insurrección armada en Levante y Andalucía. Fueron particularmente sangrientos en Jerez de la Frontera. Ocurrió en esta revuelta una anécdota que merece ser reseñada. Al estar cortado el telégrafo para mandar instrucciones, se decidió hacerlo a través de un joven oficial que hizo de mensajero, a quien dio para gastos del viaje 3.000 duros oro de fondos del ministerio —una muy abultada cantidad—. A la vuelta el joven oficial declaró haber gastado solo 400 duros y devolvió el resto. Prim se los regaló por sus buenos servicios. He aquí otra diferencia con Isabel II: ella era muy generosa, pero solo con su propio dinero, nunca con el del Estado.

Por si España no había tenido bastantes constituciones, en

las Cortes se elaboraba otra más. Era una constitución monárquica, pero nadie sabía quién sería ese rey y cada quien tenía
su propio candidato. Montpensier pensaba que el dinero
entregado a la revolución le daba derecho al trono. Prim recibió el dinero al mismo tiempo que prometía a Napoleón III
que no permitiría que fuese elegido rey. El baile de candidatos
era épico. El 6 de junio quedó promulgada la constitución.
El 16 Serrano es nombrado regente y Prim jefe de Gobierno.
Los asuntos económicos del Gobierno van de mal en peor. Los
republicanos conspiran abiertamente contra el Gobierno. Los
carlistas se extienden por La Mancha, Castilla la Vieja, Aragón,
Cataluña y Valencia. Para luchar contra eso al que protestaba
con aspavientos de novicia ultrajada contra la represión de los
moderados, no duda en resucitar las leyes de 17 de abril de...
1821, que decretaba los procedimientos extraordinarios —lo
que era evidentemente anticonstitucional—. Los carlistas eran
fusilados sin formación de causa alguna.

Un nuevo levantamiento republicano tumultuario y sangriento en septiembre en Tarragona y Barcelona. La orden
de desarmar a la milicia en las poblaciones contrarias al
Gobierno alimentó los disturbios. Una nueva circular nada
liberal prohibiendo las manifestaciones hostiles al Gobierno
exasperó a los republicanos. La constitución no era más que
papel mojado. El 5 de octubre se suspenden las garantías
constitucionales con plazo indefinido. Los republicanos se
retiraron del Congreso y se extendió la sedición por toda
España. Nuevamente fueron sofocados por el ejército. De
esta crisis sale Prim robustecido, por ser considerado el
único que puede frenar la revolución.

El 25 de noviembre los republicanos volvieron al Congreso
y el Gobierno se concentró en la búsqueda de un rey. El
Congreso se llenó de discursos grandilocuentes de oradores
insignes, enamorados del sonido de su propia voz, pero que
en nada resolvía los problemas de España. Al menos sí que
era preferible a los motines sangrientos. La máxima preocupación de Prim era conservar el orden público. ¿A quién
nos recuerda? Escribe: «La libertad es para todos los partidos, governar (*sic*) de otro modo sería governar (*sic*) a la
moderada, a los que abusen palo de firme y viva la libertad».

La clave está en quién decide quién abusa y quién no, evidentemente. ¿Cómo definir al revolucionario que reprime a otros revolucionarios? Como poco como inconsecuente. Prim marcó el camino para lograr objetivos políticos, que no era otro que la revuelta y la traición. ¿Cómo espera que otros no sigan el camino que a él le había llevado al poder?

Otra nueva leva de 40.000 hombres provocó nuevos tumultos. Prim empieza a perder el aura popular. Ya se oyen gritos en su contra en las manifestaciones. Las dificultades de la Hacienda se acrecientan y el Estado se endeuda cada vez más. Topete y otros unionistas le abandonan. Cuba va de mal en peor. Los candidatos a rey renuncian uno tras otro. En el verano de 1870 meditó Serrano la posibilidad de sustituir a Prim y acudió a un Consejo de Ministros al parecer con esa intención, pero por algún motivo se lo pensó mejor. Sobre esto escribió Prim: «En efecto a eso venía, pero yo ya tenía acuarteladas todas las tropas de la guarnición, y si se atreve a iniciar el cambio de presidente lo cojo por la cintura y lo arrojo a la calle por el balcón». ¿Es eso muy constitucional? Serrano sí tenía plenas facultades constitucionales para cesar y nombrar al presidente del Gobierno.

La política nacional es un desbarajuste que ilusamente se cree que la llegada de un rey solucionara. Al fin en octubre de 1870 parece que la candidatura de Amadeo de Aosta se va consolidando. A Prim no le importa la frialdad popular con el candidato. ¿Qué sabrá el pueblo? Debe pensar. El 16 de noviembre se vota en las Cortes y es aprobado con 191 votos. 63 obtuvo la república, 27 el duque de Montpensier, 2 el príncipe Alfonso y uno la infanta María Luisa Fernanda.

El día 20 Amadeo acepta oficialmente. Comentando el asunto con Víctor Balaguer, Prim le dice: «Cuando el rey venga, se acabó todo. Aquí no habrá más grito que el de viva el rey. Ya haremos entrar en cajas a todos esos insensatos que sueñan con planes liberticidas y que confunden la palabra progreso con la palabra desorden, y la libertad con la licencia».

Ni Narváez lo habría dicho más claro.

Como muestra adicional de los pocos escrúpulos constitucionales de Prim, este es un extracto de su correspondencia con Enrique de Climent.

«Con la ley en la mano no es posible vencer a tan poderosos enemigos. Convicción mía es la de que España necesita hoy un Gobierno fuerte y duro, sí, para arraigar a la nueva dinastía y, sobre todo para afirmar el orden. Es necesario tender un velo sobre la estatua de la ley, no vacilemos en hacerlo no nos detengamos en pueriles escrúpulos de legalidad. Las naciones prosperan y viven, bajo todas las formas de Gobierno, mientras los gobernantes son ilustrados, fuertes, justicieros y prudentes, pero bajo el signo de la anarquía no existe sociedad posible».

Leyendo estas cosas está claro que España se encaminaba de cabeza a una dictadura de Prim, y que solo su muerte podía evitarlo, algo que hasta personajes como el pretendiente carlista veía claramente. Esto es del diario de Carlos VII:

«¿Con quién cuenta Amadeo? ¿Con Prim y compañía? Si no cuenta con nadie más, si tiene a toda la nación en contra, ¡pobre Amadeo! No sería extraño que Prim, el perjuro de siempre, que hoy le trae en sus brazos a Madrid, mañana le pegue un puntapié, porque... le convenga».

Ante escritos insultantes hacia el nuevo rey, Prim pide paciencia y esperar a que el rey jure el cargo entonces, «como entonces será inviolable por la misma constitución, lo que se metan con él lo pasaran mal». Con Isabel II parece que sí había carta libre para insultarla. Supongo que se referiría a la tristemente famosa partida de la porra, lo que francamente es indigno de un presidente del Gobierno, incluso para ser decimonónico. Pero ya vemos que no se detenía por pequeñeces. Parece ser que el 27 de diciembre dijo a un diputado republicano: «Que haya juicio, porque tendré la mano muy dura!». Este diputado se apartó del grupo y le dijo: «Mi general, a cada uno le llega su San Martín».

Y efectivamente le llegó. Fue asesinado esa misma tarde. Aún no se sabe quién lo mato y está claro que ya nunca se sabrá, pero fuese quien fuese le ahorró a España un dictador. Amadeo solo era un escalón más hacia una más que probable dictadura de Prim, que no creo trajese nada bueno. Lo bueno de su muerte es que tras ella los republicanos se dedicaron a trabajar con ahínco y denuedo por la reinstauración de los borbones. Sin ellos y sus políticas los borbones nunca volverían al trono.

Pero volvamos a los acontecimientos tras el asunto mexicano. Parte de la Unión Liberal, partidaria de Serrano y secundada por O'Donnell, criticaba la actuación de Prim en México. Le responsabilizaban de la crisis diplomática con Francia, nuestro principal aliado internacional, mientras la reina apoyaba a Prim. En diciembre tuvo lugar un debate parlamentario sobre el asunto de México, en el que Prim recibió públicamente el apoyo del Gobierno. Entre otras muchas cosas —el discurso suyo duró tres días— dijo:

«Pero yo, intérprete de la política del Gobierno, muy de acuerdo con mi criterio y con la balanza en la mano, entre desagradar a la Inglaterra, a los Estados Unidos, y a todo el continente americano, o desagradar al Gobierno del emperador, teniendo los primeros razón y el segundo no, prefiero desagradar al Gobierno del emperador con harta pena mía.»

La verdad es que en eso tenía razón. También vemos a Prim decir que no era posible establecer dinastías extranjeras en ningún país —quién lo diría unos años más tarde... —. El caso es que el Gobierno acabó apoyando a Prim en contra de su propia convicción para evitar remover mucho el asunto que ya bastantes conflictos había causado.

Prim, que no es que destaque por su coherencia ni sobre todo por su lealtad, agradece la forzada aprobación del Gobierno a su gestión acercándose más a los progresistas. La Unión Liberal es un barco que hace aguas y él no será nunca el último en saltar al bote salvavidas. Contaba que con el apoyo de la reina se acercaba más al poder. La reina tenía buenas palabras con todos, no por engañarlos, simplemente era incapaz de decir cosas desagradables a nadie. Los políticos siempre interpretaban esa buenas palabras como un apoyo incondicional. Debían salir de Palacio pensando: «A esa tonta ya la tengo en el bote», pero la reina tomaba sus decisiones más fríamente de lo que ellos pensaban. Por eso era inevitablemente frecuente que se sintieran engañados, no por haber sido engañados por las palabras de la reina, que se cuidaba mucho de ofrecer lo que no podía cumplir. El engaño estaba en las expectativas que los políticos se creaban basándose en esas dulces palabras. Pensaban que, puesto que la reina decía apreciarles, eso suponía que les haría presidente del Gobierno. Pero la reina apreciaba sinceramente a todos los políticos —quizás con la excepción de Olózaga—, pero solo podía hacer presidente del Gobierno a uno cada vez. Como dijera Narváez, para contentarlos a todos sería necesario un Gobierno con cientos de ministros. Y docenas de presidentes, añado yo.

La reina inicia un nuevo viaje, tan exitoso como los precedentes, en esta ocasión por Andalucía y Murcia. Es tan exitoso que hasta alguien tan poco partidario de ella como el embajador inglés dice: «No era exagerado decir que, quizás con la excepción de nuestra amada reina, nunca he sido testigo de una mayor exhibición de afecto del pueblo por su soberano.»[41]

Grandes tendrían que ser las manifestaciones de amor de los españoles para con su reina para que un embajador inglés dijese tal cosa. El Gobierno acompañaba a la reina en estos viajes para intentar recibir apoyo popular, aunque fuese de manera subsidiaria. Decía el conde de Bondy, que sustituía al embajador francés Barrot en el viaje: «La afabilidad natural de la soberana viene a completar felizmente la obra ministerial.»[42]

Se aprovechó el viaje, además de para repartir dinero a manos llenas, para indultar a los condenados por los acontecimientos de Loja.

Empieza 1863 y O'Donnell, a su pesar, empieza a ser consciente de que su tiempo se acaba. Él quiere a la reina y ella siente sincero aprecio por él, pero la situación política es cada vez más difícil para los dos. La popularidad de O'Donnell estaba en horas bajas, el problema era por quién sustituirlo. Evidentemente, candidatos no faltaban, pero ¿eran lo que España necesitaba?

A pesar de todo O'Donnell pensaba que Prim podría ser una opción y fue en esas fechas cuando O'Donnell le

41 *Isabel II y su tiempo*, Carmen Llorca, pág. 216. Ediciones Itsmo, Madrid. (1984) pág. 688.

42 *Isabel II y su tiempo*, Carmen Llorca, pág. 216. Ediciones Itsmo, Madrid. (1984), pág. 689.

ofreció a Prim y los progresistas la posibilidad de acceder al Gobierno. Prim rechazo la oferta. A los pocos días la reina le reiteró el ofrecimiento.

En enero se remodeló el Gobierno dando entrada a los unionistas más a la izquierda —progresistas resellados y puritanos—. Inexplicablemente Prim se lo tomó muy a mal. Quizás esperaba que se le insistiera más para que tomase el poder, pero el caso es que se le ofreció y él lo rechazó. No tenía mucho motivo para quejarse. Quizás lo que más le dolió fuese la entrada de su rival Serrano como ministro de Estado —lo que sería hoy Relaciones Exteriores—, decisión tomada para intentar arreglar las relaciones con Francia. Prim fue recibido por la reina y como era habitual le habló con afectuosas palabras. Como era también habitual, él pensó que esas palabras eran una oferta incondicional de que gobernaría en un momento no muy lejano. Para obtener el poder no se le ocurre otra cosa que lanzarse abierta y violentamente a la oposición contra el Gobierno que hacía solo unas semanas le había apoyado. No parecía el camino más adecuado.

El 26 de febrero dimite O'Donnell. En una conversación posterior a la dimisión con el embajador ingles dijo estas frases:

«Pero si los caballeros que forman un gabinete no consienten en poner a un lado diferencias menores y sentimientos individuales para asegurar intereses más altos, ¿qué se puede hacer? Las disensiones que no tienen motivos políticos reales son muy difíciles de solucionar.»[43] Creo que esto define toda la política de la era isabelina.

Fue el Gobierno de O'Donnell un acontecimiento político inédito por su longevidad, casi cuatro años y medio. Para hacerse una idea comparativa señalemos que desde la muerte de Fernando VII se habían sucedido en España hasta ese momento cuarenta y siete presidentes del Gobierno, de los cuales solo dos duraron más de dos años y once no sobrevivieron treinta días. Como ya hemos explicado, cada cambio de Gobierno suponía un cambio total en el funcionariado

---

43 *Isabel II y su tiempo,* Carmen Llorca, pág. 216. Ediciones Itsmo, Madrid. (1984). Pág. 704.

del Estado, con lo que supone de paralización de la maquinaria gubernamental. Pero tanta estabilidad era insufrible para los políticos decimonónicos, sobre todo para los que estaban fuera y no gozaban de un puesto en el Gobierno.

O'Donnell abandonó el Gobierno pero no Madrid, donde sus consejos todavía fueron escuchados por la reina, lo que resta crédito a la historia de que «fue despedido como un criado que cumple mal». Decir eso es negarse a conocer el carácter de la reina.

10. GESTACIÓN Y PARTO DE LA REVOLUCIÓN DEL 68

Mientras en Palacio la reina buscaba afanosamente un nuevo Gobierno, O'Donnell era uno de los partidarios del acceso de los progresistas al poder, siempre que Prim fuese capaz de moderar las generaciones más jóvenes y radicales lideradas por Sagasta. Pero como eso estaba muy lejos de poderse garantizar, habría que esperar a otra ocasión.

La noche del mismo 26 de febrero —con la dimisión de O'Donnell aún caliente—, la reina llama urgentemente a Palacio a los lideres progresistas Manuel Cortina, Moreno López y Pascual Madoz. La entrevista fue larga —ya sabemos que la reina era muy trasnochadora—. Comenzó preguntándoles su disponibilidad para formar Gobierno. La respuesta fue negativa. «En aquellos momentos» el encargo de formar Gobierno supondría un grave perjuicio para su partido. No aclararon cuál sería ese perjuicio, pero lo que quedó claro es que anteponían los supuestos intereses de su partido a los de España. La reina les aseguró que «deseaba ver alternar en el poder con los demás partidos al partido progresista». ¿Era sincera? No hay motivos para dudarlo, pero el caso es que los progresistas tuvieron miedo al poder y se limitaron a advertir del peligro de llamar a Narváez al Gobierno. Al menos fueron fieles a sus costumbres: ser un poder negativo, no gobernar pero al mismo tiempo querer decidir quién no podía hacerlo. El que se les ofreciera el Gobierno y lo rechazaran tampoco era óbice para que después se quejasen amargamente de que no les llamaban a gobernar.

La reina barajó muchas otras posibilidades, pero las suyas se reducían cada día. Todo el mundo pensaba en Narváez, que fue llamado a palacio dos veces: una al inicio de la crisis y otra el 2 de marzo. Su marido la empujaba en dirección a Narváez, pero la influencia de O'Donnell era más fuerte. Ni uno ni otro convenció a la presuntamente influenciable reina. Se nombró al marques de Miraflores, a quien le pidió que gobernara con las cortes existentes, cosa harto difícil. El chasco para Narváez fue mayúsculo. Abandonó Madrid y se fue a Loja.

En palabras del embajador francés:

«El espectáculo de egoísmo y miras estrechas que dieron todos los hombres políticos llamados a palacio fue desolador. ¡Cuántas combinaciones acogidas, rechazadas y vueltas a tomar! ¡Qué prueba de mala voluntad de parte de todos a los que la soberana se había dignado a suplicar que viniesen en su ayuda! ¡Cuán pocos de esos hombres de Estado que ella ha llamado se han mostrado dispuestos a hacerle el menor sacrificio de sus pasiones o de sus ambiciones!»[44]

Miraflores se apresuró a aclarar que él no había solicitado el poder y que lo había aceptado para salir de la crisis y por lealtad a la reina. Al menos, si había alguien leal a la reina, lo primero que hizo fue intentar calmar a los progresistas entrevistándose con Olózaga y prometiendo que su política no sería una continuación de la Unión Liberal y buscando un consenso imposible en aquella época. La mano tendida por supuesto fue rechazada.

El marqués de Miraflores era lo que hoy llamaríamos un independiente. No tenía ningún partido detrás. Era un hombre probo y de recta moral, cargado de buenas intenciones, y quizás por eso no encontraba acomodo en partido alguno. Era también un hombre que estaba en contra de la consolidada costumbre de mudar todos los empleos del Gobierno a su llegada, lo cual hacía que no tuviese adeptos que le agradecieran el empleo. Los que lo conservaban tampoco se consideraban obligados a gratitud alguna, como vemos y aún

---

44 *Isabel II y su tiempo*, Carmen Llorca, pág. 216. Ediciones Itsmo, Madrid. (1984). Pág. 714.

veremos con más claridad más adelante. La gratitud no era una virtud muy valorada en el siglo xix.

Con motivo de la suspensión por motivos climatológicos de la convocatoria de la marcha cívica al obelisco del 2 de mayo, los progresistas, quizás para mostrar su fuerza, armaron gran alboroto en la calle. Según el embajador francés, la situación era peligrosa. El propio Prim había prometido a José de la Concha (unionista) cabalgar a su lado con O'Donnell y Narváez si había problemas. Prim era entonces, y siempre lo fue, más que progresista, contrario a alborotos populares. Siempre estuvo dispuesto a «levantar su sable contra la hidra de la revolución». Salvo que esa revolución la dirija él, claro está. En una sesión parlamentaria por esas fechas afirmó que sus idas y venidas a palacio respondían a «un gran sentimiento de amor intachable por Su Majestad y por su dinastía y por la patria». Quién te ha visto y quién te ve… En realidad, según su costumbre, Prim jugaba a dos bandas, o quizás incluso a más. Quería llegar al poder. Si era con los progresistas, bien, y si era sin ellos, pues bien también. Los progresistas tenían prisa, también como siempre. Pensaban que era «ahora o nunca».

Miraflores ofreció a Olózaga unos buenos resultados en las futuras elecciones a cambio de moderación. Otra vez más fue rechazada la mano tendida. Entonces, según la costumbre de la época, el Gobierno remitió circulares a los gobernadores civiles en las que restringían la libertad de acción de los partidos al margen de la legalidad, como lo era el partido demócrata. Recordemos que demócrata, en la denominación decimonónica, tenía un significado muy distinto al que tiene hoy en día. Se llamaba demócratas a los anarquistas y revolucionarios violentos, los antisistema de la época. Las circulares no eran nada nuevo. Eran lo mismo que hicieron los progresistas cuando estuvieron en el poder y lo que harán en el futuro cuando lo vuelvan a tener. Básicamente consistían en que solo los que eran electores podían participar en las reuniones electorales. En realidad, como reconocieron posteriormente algunos progresistas, las circulares fueron solo una excusa del sector más radical para imponer sus tesis a favor del retraimiento. El 22 de agosto el comité de Madrid aprovechó que Sagasta, Olózaga y Prim estaban fuera de Madrid para decidir el retraimiento electoral.

Prim se entrevistó tres veces con la reina en La Granja para intentar que el Gobierno retirase la circular, aunque eso tampoco garantizaba la retirada del retraimiento e implicaría la caída del Gobierno Miraflores, para el que la reina no tenía repuesto. Vamos, que pedía mucho a cambio de nada. Prim no podía ofrecer lo que no tenía. Estaba muy lejos de dominar a los progresistas y mucho menos a los demócratas. Al final se decidió definitivamente el retraimiento en una tormentosa reunión el 7 de septiembre. Quedó claro que los progresistas renunciaban a la vía electoral e implícitamente optaban por la vía revolucionaria.

El retraimiento era la plasmación explícita de una vieja aspiración progresista, que era recibir el poder no de la reina. Su ideal era recibirlo de la revolución. Ya Espartero, cuando la reina lo llamó al Gobierno tras la Vicalvarada, insistió mucho en ese punto. Él decía recibir el poder de la «soberanía nacional», que en el idioma progresista significaba de la revolución, y por eso envió a Allende Salazar por delante para que se lo expusiera a la reina. La consecuencia de esa aspiración revolucionaria es que todos los intentos que se hicieran para traerlos al camino institucional fueron baldíos. Ese no era el camino que ellos deseaban, y por eso toda oferta que se les haga será rechazada. Todos los Gobiernos desde el momento del retraimiento hicieron todos los esfuerzos razonables —y alguno no razonable— para volverlos a la senda electoral, y todos fracasaron. Por eso eran inútiles los consejos que recibía y recibirá la reina de dar el poder a los progresistas. Estos no lo querían de su mano, lo querían exclusivamente a través de la revolución, tal y como aconteció.

Líderes progresistas como Madoz o Prim no estaban de acuerdo, pero al mismo tiempo temían ser apartados. Temían una deriva antidinástica con la que en aquel momento no estaban de acuerdo. Madoz dijo estas palabras:

«Yo considero no solo peligroso sino hasta poco político que un partido no acepte el poder porque la Corona no le quiera dar el primer día todo lo que él puede pedir en una larga serie de años. El partido que proclama el rigorismo hasta el extremo tiene que ser oposición siempre.»[45]

Evidentemente, nadie le escuchó. Prim, como era habitual en él, era más ambiguo. Pero el caso es que con esa postura era imposible que la reina los llamase al Gobierno.

Finalmente, tras muchas discusiones y ante el temor a ser sustituidos del liderazgo, los próceres progresistas aprobaron el retraimiento. El que Sagasta firmase un documento justificando el retraimiento progresistas por «el falseamiento sistemático de las elecciones» sería cómico, si no fuese trágico, a la vista de cómo fue su comportamiento electoral cuando pasados los años estuvo en el poder, dejando a los moderados como unos meros aficionados en el arte del torcimiento de la voluntad de los electores.

Durante el Gobierno Miraflores es cuando don Juan de Borbón, único hijo vivo de don Carlos, y ya descabalgado del liderazgo del partido carlista por liberal, se presenta en Madrid para jurar lealtad a la reina doña Isabel II. El Gobierno, con toda la delicadeza posible, lo puso en la frontera. También Miraflores ordenó retirar la escuadra del Pacífico. Pero sus órdenes no fueron obedecidas y eso ocasionó la posterior guerra con Chile y Perú, en la que el único resultado fueron unas cuantas medallas para Topete y muchas complicaciones y gastos para el Gobierno.

También ocurrió en el Gobierno de Miraflores el previsible levantamiento de Santo Domingo. Lo de Santo Domingo era algo que no podía salir bien, y efectivamente así fue, salió mal. Los dominicanos estaban en una gravísima crisis económica y además temían las ansias anexionistas de sus vecinos haitianos. Para salir del paso se acordaron de la madre patria y sin encomendarse a Dios ni al diablo decidieron volver a ser parte de España. En España no faltaron voces que se manifestaran en contra. El caso es que se acordó la reunificación, en la cual los dominicanos tuvieron buen cuidado de conseguir que España asumiera su defensa, su deuda pública, y que cambiara su papel moneda por buena

---

45 *Isabel II y su tiempo*, Carmen Llorca, pág. 216. Ediciones Itsmo, Madrid. (1984), pág. 725.

plata española contante y sonante. Conseguido esto, volvió a renacerles el patriotismo y España se vio envuelta en una estúpida guerra para defender un territorio que se le había unido voluntariamente.

También entonces fue recibida Eugenia de Montijo, emperatriz de Francia, por la reina. Se trataba de cerrar las diferencias que el asunto de México había creado entre ambos Gobiernos.

Las elecciones fueron un fracaso, la abstención fue grande y los resultados confusos, pues las tenues líneas que separaban moderados de unionistas y las cambiantes fidelidades de los diputados no hacían fácil saber quién era el vencedor o si el vencedor lo sería por mucho tiempo. Tras perder una votación en el senado, Miraflores dimitió el 16 de enero de 1864. La reina llamó al Gobierno a Lorenzo Arrazola, antiguo moderado, en lo que se llamó un «gabinete Narváez, pero sin Narváez». A pesar de todo O'Donnell aún conserva influencia y la reina le consulta sobre la conveniencia de convocar nuevas elecciones. O´Donnell lo desaconseja y califica al Gobierno de débil y sin prestigio, ofreciendo sus servicios. La reina le hace caso parcialmente: cesa el 28 de Febrero a Arrazola y nombra a Alejandro Mon, que acepta el cargo tras asegurarse el apoyo de O'Donnell nombrando ministros procedentes de la Unión Liberal.

En este caso era un Gobierno O'Donnell, pero sin O'Donnell. Se reformó la constitución restaurando la del 1845 sin añadidos. Se reformó también la ley de imprenta y se suavizó. El objetivo era tender una mano hacia los progresistas, intentando favorecer el abandono del retraimiento, pero los progresistas no estaban receptivos. Prim y otros líderes progresistas tienen miedo de que estalle una revolución y de sus consecuencias, que temen no poder controlar. Y razón tenía, pues las generaciones más jóvenes y las bases del progresismo estaban muy radicalizadas y cercanas a los demócratas. Para ellos siempre era demasiado tarde y demasiado poco. Prim luchaba contra eso, pero al mismo tiempo no quería quedar descabalgado de lo que creía su única opción de llegar al poder.

El partido progresista, más que por sus líderes nominales, estaba dirigido por la prensa, en la que se competía a ver quién era más radical. Se critica mucho que la reina escuchase consejos de gente ajena a la política, lo que ya hemos dicho que no era cierto. Pero nadie criticaba la influencia que los periodistas ajenos a la política tenían en los políticos.

Prim entonces se dedicó a lo que mejor sabía hacer: conspirar. Tenía prisa para llegar al poder, temiendo que la situación revolucionaria se le fuese de las manos anticipándosele. Por aquel entonces aún no era *antiborbón*. Intentaba a través de una solución militar cerrar el paso a los progresistas más radicales, a los cuales arrebataría su bandera, algo parecido a lo que hizo en 1868. En todos sus levantamientos siempre procuró que el elemento civil quedase en un segundo plano muy reducido. Su primer tanteo fue el levantamiento del cuartel de la montaña del Príncipe Pío, por el cual fue desterrado el verano de 1864. Se perdió una estupenda oportunidad para fusilarlo. Viaja a Francia, donde se entrevistó con Riansares. Siempre tuvo muy buenas relaciones con la familia Muñoz.

En cualquier país sensato, la actitud del partido progresista tendría como consecuencia su ilegalización y la cárcel para sus líderes. No es de recibo que un partido que se declara abiertamente revolucionario y que dice que su camino hacia el poder pasa por los métodos violentos siga actuando libremente, y sin que al Gobierno les moleste lo más mínimo. A pesar de lo cual no dejaron nunca de quejarse de la «cruelísima represión», que en realidad se reducía a multas a sus periódicos cuando se extralimitaban demasiado y nada más. En todos los aspectos la política que pretendía ser conciliadora no hacía más que alentar nuevos y mayores extravíos. Eran como niños que siempre estaban probando dónde están los límites de la paciencia de sus gobernantes. Y, por cierto, tenían mucha.

Mientras en Madrid crecía la desunión entre los miembros del Gobierno, en España solo triunfaban las coaliciones para derrocar, no para gobernar. Alfredo Mon dimitió y la reina ofreció el Gobierno a O'Donnell, que puso como condición el reconocimiento del reino de Italia. La reina se negó, cosa que entraba en los cálculos de O'Donnell. Finalmente formó Gobierno Narváez el 16 de septiembre de 1864. O'Donnell mismo se lo aconsejó a la reina cuando rechazó sus condiciones.

En esta crisis, como en las sucesivas, no faltaba gente que le dijese a la reina que la solución era dar el Gobierno a los progresistas, incluida su propia madre. Pero en el improbable caso de que lo aceptaran, ¿cómo dar el Gobierno a quien no se había presentado a las elecciones? ¿Qué condiciones pondrían para aceptarlo? ¿Qué dirían los partidos que sí lo habían hecho? Es de suponer que no estarían nada contentos. De todas formas, que en aquel momento hubiese quien propusiese esa solución es equivocado pero entendible. Lo que ya es más difícil de entender es que hoy en día tampoco falte quien critique a la reina por no llamar a los progresistas al Gobierno, sabiendo como hoy sabemos las consecuencias del advenimiento al poder de los progresistas en 1868. La única explicación posible es la de que al mal paso hay que darle prisa. Suponer que los progresistas en 1864 gobernarían de forma distinta a como lo hicieron en el sexenio revolucionario es algo que no se sostiene en ningún pensamiento razonado. Nada hay que haga pensar que obrarían de modo distinto a como lo hicieron. Los progresistas no habían renunciado a ninguno de sus dogmas —poner en discusión la dinastía, la soberanía nacional y la Milicia Nacional— y no tenían ninguna intención de hacerlo. Prim tendría las mismas dificultades para controlarlos que tuvo cinco años después. Muy posiblemente, su propio fin sería el mismo. Nada hace pensar que los acontecimientos se producirían de distinta manera.

Evidentemente, la idea de O'Donnell era que Narváez le hiciese el trabajo sucio como otras veces, pero Narváez sabía que los tiempos eran otros y que se necesitaba otra política. En carta a González Bravo dijo:

«Dude usted mucho de la sinceridad del Duque de Tetuán. Aconseja a Su Majestad que me llame para que yo resista, porque el duque de Tetuán, que no me conoce, o no quiere conocerme, presume que soy déspota por instinto, algo hay de verdad en su presunción, pero no tanto como él se imagina, yo he sido político de resistencia cuando el país lo ha necesitado, pero hoy la resistencia labraría mi descrédito, y eso es lo que buscan mis émulos, anularme para siempre, si la reina me llama acudiré con apresuramiento la y cogeré el mando con gusto, por el placer de dejar al Duque de Tetuán con un palmo de narices, porque voy a ser más liberal que Riego, porque como ya no llueven progresistas a chaparrones, puedo salir a la calle sin paraguas y en mangas de camisa. Ya verá usted cuando el duque de Tetuán me vea tomar esta actitud como cesa su protección. No sé de usted por entendido de estas cosas, que yo, como soy leal y no apele jamás a esa política de Maquiavelo, puesto que el general O'Donnell quiere ser mi amigo y me ofrece su apoyo, le aceptaré y propondré la manera de que turnemos con lealtad y disipemos esa atmósfera democrática dejándola reducida a la impotencia.»[46]

Al llegar a Madrid le dijo al mismo González Bravo:

«Ya sabe usted lo que le escribí y cuál es mi designio. Yo no puedo ser hoy lo que antes fui, y es por tanto preciso organizar un ministerio que, dentro del partido moderado, pueda satisfacer las tendencias más conciliadoras y liberales.»[47]

Bonitas intenciones. Conciliación había sido la enseña de los Gobiernos precedentes y también lo será de los siguientes. Será la palabra de moda, está claro que con nulo éxito. Si bien dos no pelean si uno no quiere, también es cierto que dos no se concilian si uno no quiere. Esa conciliadora política también alcanzó a los progresistas. Se decretó amnistía para los delitos de prensa, se permitió el regreso de los desterrados —Prim incluido— y se convocaron nuevas elecciones con promesas de limpieza.

Con el regreso al poder de Narváez y tras una visita del rey Francisco a París para devolver la visita de la emperatriz Eugenia a Madrid, finalmente pudo regresar a España María Cristina, que no había dejado de asediar a su hija con el deseo de regresar, a lo que esta con satisfacción de los políticos siem-

---

46 *La estafeta de palacio*, Ildefonso A. Bermejo Impr. de R. Labajos 1872. Tomo III, pág. 603.

47 *La estafeta de palacio*, Ildefonso A. Bermejo Impr. de R. Labajos 1872. Tomo III pág. 621.

pre daba largas aduciendo las difíciles circunstancias. Pero el tiempo de María Cristina ya había pasado. Encontrarse que ya la política no giraba en torno a sus palabras o a sus silencios, y que sus opiniones no eran valoradas como antaño, debió resultarle muy decepcionante. Tras aconsejar a su hija que llamase al Gobierno a los progresistas, como si ya no lo hubiese intentado y pronosticar males varios a su hija por no hacerle caso, se marchó por donde había venido. Como los progresistas no participaban en las Cortes y ante la imperiosa necesidad que ellos tenían de pronunciar sonoras peroratas, inventaron los banquetes políticos, en los que entre plato y plato daban rienda suelta a su elocuencia y obtenían aplausos de los prosélitos. Evidentemente el orador de más éxito era Olózaga. La elocuencia era la virtud más valorada en los políticos de la época. Que dijese disparates no importaba si hilvanaba bonitas frases y entreveraba citas de Cicerón o Plutarco. Importaba la forma, el fondo del discurso era lo de menos. Así nos fue.

Fue famoso el banquete que los progresistas celebraron en los Campos Elíseos, situados cerca de la Puerta de Alcalá y frente a las tapias del Retiro. En el banquete hablaron muchos, pero los discursos más esperados eran los de Prim y Olózaga, jefes militar y civil del partido. Pero sobre el partido progresista aún sobrevolaba el espectro de Espartero. Prim prometió el poder en dos años y un día, lo que sonaba a amenaza o más bien a pena de cárcel. Olózaga en su discurso planteó la jubilación definitiva de Espartero, lo que sonó muy mal a sus partidarios, que increíblemente si tenía —y eran numerosos además—. Los progresistas estaban tan desunidos como el resto de partidos y el personalismo campaba a sus anchas. De Olózaga se pueden decir dos cosas que no se pueden decir del resto de políticos de la época: no era nada errático y no ansiaba el poder para sí mismo. No era errático porque solo tenía un objetivo en la vida al cual supeditaba todo: derrocar a la reina. No ansiaba el poder para sí mismo, le bastaba con que la reina dejase el trono. Quien gobernase después le era indiferente. Tras la revolución tomó con alegría la embajada en París, que era el puesto que de verdad le gustaba.

El caso es que el enfrentamiento entre esparteristas y olozagistas a quien benefició fue a Prim.

La vida política de la época era de carácter personalista, más de personas que de ideas. Los políticos, más que seguidores del partido progresista, lo eran de Olózaga, de Espartero o de Prim en el campo progresista. En el moderado, pues, pasaba lo mismo, más que liberales moderados eran seguidores de Narváez, de Serrano o de la Concha. Y así en todos los partidos. Es por esto que todos los intentos de conciliación fracasaron, no porque existiesen diferencias ideológicas irreconciliables. Lo que eran irreconciliables eran las diferencias personales. Entre la Unión Liberal y el partido moderado las diferencias eran de matiz. La Unión Liberal gobernó usando retórica progresista para aplicar medidas moderadas, y a pesar de eso, como veremos, el enfrentamiento era encarnizado, como suelen ser las peleas de familia. Tan poca distancia ideología había que era corriente que un mismo gobernante aprobara una ley en un sentido y unos pocos años o meses después hiciese otra en sentido opuesto y no encontrase en eso motivo de sonrojo. Por ejemplo, Mon propuso el senado hereditario en 1858 para hacer lo contrario en 1864. Esa imposible concordia entre moderados y unionistas es la que causó la caída de Isabel II más que las maquinaciones de Prim.

Mientras tanto, el partido progresista en octubre de 1864 eligió un nuevo comité central cuyos integrantes competían en ver cuál de ellos era más radical. La opción del retraimiento fue reafirmada masivamente y apoyada por Espartero por carta que circuló profusamente. Algunos progresistas sensatos y amantes de la legalidad como Manuel Cortina intentaron organizarse para frenar la deriva revolucionaria de su partido. Temían, y con razón, que fuese absorbido por los demócratas, pero fue inútil.

Narváez, irritado ante el rechazo a su mano tendida en una circular sobre educación, amenaza con expulsar a los profesores que expresen principios anticonstitucionales y antidinásticos, lo que no deja de ser lógico. Evidentemente eso no gustó a los progresistas, que en ese momento eran como las muchachas coquetas que gustan de tener pretendientes que le halaguen los oídos para después rechazarlos. Las ofertas que recibían ellos las entendían como conquistas irrenunciables que no debían tener contraprestación por su parte. Narváez se cansó de ese juego, como es lógico.

La situación económica era mala. La crisis del Pacífico y la insurrección dominicana eran un pesado lastre y la coyuntura europea tampoco ayudaba. Barzamallana, ministro de Hacienda, propuso un empréstito forzoso al Estado de 600 millones por parte de los contribuyentes de más de 400 reales anuales. Como era harto previsible, no gusto nada y el ministro tuvo que dimitir. La reina, que no era economista, sabía que los empréstitos había que pagarlos más adelante y que, aunque eso no preocupase a los ministros —que sabían que ellos no tendrían que hacer frente a las deudas que firmaban—, ella sí que estaría en su puesto cuando esa deuda venciese. También sabía que es imposible estar pagando deudas adquiriendo nuevas deudas (algo que aún hoy parecen ignorar muchos ministros de Hacienda), por lo que decidió desprenderse de su patrimonio personal para con el 75 % del producto de esa venta compensar las maltrechas arcas públicas, y con el restante 25 % poder ella seguir manteniendo las cargas de la Corona, rasgo de genuina e ingenua generosidad que los progresistas no podían dejar de ensuciar como era previsible en ellos.

El 25 de febrero de 1865 se publicó un artículo en el periódico *La democracia*, firmado por Castelar, titulado «El rasgo», que causó un gran revuelo. En él criticaba el proyecto de enajenación. El señor Castelar, a quien no creo tan mal informado y con malicia manifiesta, afirmaba que lo que se vendía era patrimonio del Estado, sin más fundamento para su afirmación que su palabra. La verdad es que sí era patrimonio de la reina. Lo que no lo era estaba sujeto a un usufructo vitalicio y hereditario a su favor, por lo que recibir compensación por su venta era totalmente legítimo. Castelar mentía y sabía que estaba mintiendo. Algo que por supuesto nunca le importó.

El debate en torno a la cuestión fue demoledor para la reputación de Isabel II, que durante todo su reinado dio sobradas muestras de desprendimiento y generosidad. Los revolucionarios habían logrado hacer de Isabel un compendio de defectos al que ahora sumaban el más injusto de todos: la avaricia. La tormenta política desencadenada acabó siendo la causa de la caída de Narváez. Emilio Castelar fue expulsado de su cátedra, lo que ocasionó la revuelta estudiantil de la llamada noche de San Daniel, el 10 de abril de 1865, que se saldó con nueve muertos, en unos acontecimientos que describe Carlos Cambronero (posterior biógrafo de Isabel II), que participó en ellos como estudiante, como algo que se escapó de las manos de los estudiantes, que fueron sustituidos por los que él llama «gente maleante y de aspecto demagógico. Como decíamos entonces, gente dispuesta siempre a producir motines y dejarse desgarrar la blusa por los sables de la caballería». No es difícil ver la mano oculta de los progresistas en los disturbios buscando una represión de la cual quejarse después.

Estos acontecimientos lamentables tienen muchos historiadores para hablar y recrearse en ellos y así crear una imagen del Gobierno tiránica y cruel, curiosamente muchos más que los que escriben sobre por ejemplo la represión Zugasti bajo Gobierno de Prim, que supuso la ejecución extrajudicial (asesinato) de cien detenidos bajo custodia de la Guardia Civil, los que a diferencia de los fallecidos en la noche de San Daniel no tenían ni la defensa de la huida para escapar a sus matadores. Pero ya sabemos que los progresistas tenían y tienen carta blanca para matar gente. Aunque maten a diez veces más gente, ellos siempre son los buenos.

Estos acontecimientos dieron el fruto de sonoros discursos en las Cortes, donde los progresistas, con Ríos Rosas a la cabeza, dieron rienda suelta a su verborrea, injuriando a las fuerzas del orden y al Gobierno por actos que en idénticas circunstancias ellos también cometerían, tal y como la historia nos enseña.

Narváez aún sobrevivió dos meses como primer ministro. Un nuevo pronunciamiento fracasado y con la firma de Prim se produjo en Valencia, Aranjuez y Pamplona. En este levantamiento tuvo mucho cuidado Prim de, como dice Bermejo, «sacar a sardina del ascua con mano ajena». Se le empezó a calificar por muchos como «el Capitán Araña», que anima a la gente a embarcarse y él se queda en tierra, calificativo que le quedaría para siempre a pesar de tener fama de brioso. El caso es que se dijo que en este levantamiento habían tenido parte algunos unionistas, cosas de la política decimonónica.

Fue designado el conde de Ezpeleta como tutor del Príncipe de Asturias en sustitución del marqués de Alcañices. Era un cargo estrictamente familiar y sin contenido político, pero como Ezpeleta como senador había votado siempre en contra de Narváez este se lo tomó muy a mal, y pese a que la reina intentó disipar sus temores explicándole que era una decisión que nada tenía que ver con la política, Narváez dimitió. Era Narváez de fácil dimisión. Todos los políticos isabelinos se creían con derecho a decirle a la reina de quién debía rodearse y a quién debía escoger para su servicio.

Narváez fue sustituido por O'Donnell el 21 de junio de 1865. Con su regreso quedaba claro que el moderantismo político estaba acabado. Su programa era lo más abierto y liberal que las circunstancias permitían, como escribió el embajador francés:

«Es difícil reaccionar con más decisión contra las tendencias ultrarrepresivas y reaccionarias que la Unión Liberal reprochó tan vivamente al gabinete Narváez, ni hacer avances más declarados y liberales al partido progresista.»[48]

Fue fueron inútiles de todas formas. No era ese el camino hacia la estabilidad. Los progresistas entendían las concesiones como debilidad, a pesar de lo cual O'Donnell persistió en la misma política en que había fracasado con Narváez, con el mismo resultado.

En su primer discurso O'Donnell prometió una reforma de la ley de imprenta en sentido más liberalizador, la puesta en práctica de la pendiente desamortización eclesiástica y el reconocimiento del reino de Italia (cuestión muy sensible para la reina y para los católicos). La estrella de las promesas era la reforma de la ley electoral para ampliar el censo a gente con rentas más bajas, lo que aumentaba la base electoral de

---

48 *Isabel II y su tiempo,* Carmen Llorca, pág. 216. Ediciones Itsmo, Madrid. (1984) pág. 768.

los progresistas claramente. También repuso a Castelar en su cátedra y permitió el regreso de Prim.

En este punto quizás convenga hablar más sobre el tema del reconocimiento del reino de Italia. Era algo que a la reina le costó muchísimo aceptar, pues perjudicaba al Vaticano al desaparecer los Estados Pontificios. Pero este asunto no solo dolía a la reina. La población española era entonces muy fervientemente católica, agitada por un clero prácticamente carlista en su totalidad. Atacar a la iglesia engordaba las filas del carlismo, que nunca fue una fuerza despreciable, como se verá unos años después en la tercera guerra carlista. A pesar de ello la reina claudicó, demostrando una flexibilidad y pragmatismo del cual carecían los políticos de la época.

Tras los sucesos de La Rápita el carlismo podría darse por muerto y enterrado, y así sucedería con cualquier Gobierno con dos dedos de frente. Pero O'Donnell, intentando atraerse a los progresistas, lo que hizo fue resucitarlo. Ya está escrito en otra parte de este libro cuál fue el sentimiento que la decisión del reconocimiento de Italia causó en muchos carlistas que habían empezado a ser leales a Isabel II por ser defensora de la iglesia. El reconocimiento de Italia no trajo ninguna ventaja a España y solo sirvió para resucitar a los carlistas. Evidentemente, los progresistas no se movieron un ápice de sus posturas. ¿Para qué habían de hacerlo cuando sin mover un dedo eran los otros los que se encargaban de cumplir su programa político?

Isabel II, que era más lista de lo que nos quieren hacer creer, sabía que si forzaba la situación provocaría una revolución de la cual la Iglesia saldría aun peor parada, y así se lo manifiesta al Papa por carta:

«Pero no se me oculta que, si por una lucha imprudente se facilitase el triunfo de la revolución, lejos de servir yo a la causa de la iglesia le causaría tanto o aun mayor mal que la ha causado el rey Víctor Manuel obrando en contrario sentido.»[49]

49 *Isabel II y su tiempo*, Carmen Llorca, pág. 216. Ediciones Itsmo, Madrid . (1984), pág. 770.

Esta perspicaz reflexión nos muestra que la reina era más capaz de medir las consecuencias de sus actos que los políticos que la rodeaban, O'Donnell incluido. Algunos, como cada vez que se encuentran ante una decisión inteligente de la reina solo se les ocurre que esas palabras tuvieron que ser sugeridas por alguien. En este caso no se me ocurre quién podría haberlas inspirado. Se supone que la camarilla que dicen le influía era radicalmente contraria a esa decisión, por lo que deberíamos descartarlos, y tampoco parece razonable pensar que pudiese venir del Gobierno, que tenía otras preocupaciones muy distintas al bien de la religión.

En septiembre de 1865 se entrevistó Isabel II con Napoleón III en San Sebastián y Biarritz. Era la primera vez que la reina salía de España. La relación de la reina con el emperador de los franceses es difícil de definir. Él no dejaba de sentirse con algún derecho a dar consejos y la reina Isabel II, que era muy patriota sin desairarlo, se encargaba de no seguirlos en la medida de lo posible. Durante esta estancia en Zarauz conoció a Amadeo de Saboya, que pretendía la mano de la infanta Isabel. Pero una cosa era reconocer el reino de Italia a regañadientes y otra muy distinta concederle la mano de su hija mayor. Eso ya era mucho pedir.

Con ser difícil fue más fácil convencer a la reina que a los progresistas. Persistió O'Donnell en sus medidas conciliadoras con entusiasmo digno de mejor causa. Se decretó una amnistía para los delitos de imprenta. La ley electoral fue aprobada a toda prisa. Esto redujo a la mitad la contribución necesaria para ser elector, lo que triplicaba el censo elector. Se entrevistó con Olózaga, pero fracasó ante la oposición de Sagasta. Era la política del «todo o nada». A pesar de eso O'Donnell no desistió en sus gestos conciliadores: repuso a Castelar en su cátedra, disolvió las cortes y convocó elecciones para el 1 de diciembre. Le ofreció a Prim un grupo parlamentario amplio que le permitiese optar en su momento a la presidencia del Gobierno. Prim se mostró receptivo. En una entrevista con O'Donnell le dijo que haría todo lo posible para que su partido participase en las elecciones y que, de no lograrlo, dejaría de conspirar y se retiraría de la política. No sabemos la cara que debió poner O'Donnell ante esas palabras. De todos modos, supongo a O'Donnell sabedor de que Prim no era muy dado a cumplir sus palabras.

La tenaz tendencia revolucionaria salió ganando el debate que se generó en el partido progresista y el retraimiento se mantuvo, jaleada por la prensa. En la decisión pesó mucho también la posibilidad de que el resultado de las elecciones le fuese adverso, lo que manifiesta que ellos mismos no se creían representantes de la voluntad popular mayoritaria tal y como proclamaban. Sorprendentemente todavía hoy sostiene esto mucha gente. Suponer que las clases populares eran progresistas es algo gratuito y sin fundamento. Las clases urbanas sí podrían tener ese pensamiento, pero la inmensa mayoría de la clase popular era rural, y ellos estaban más cerca del carlismo que de otra cosa. En su cortedad de miras los políticos tanto progresistas como de la Unión Liberal actuaban como si el carlismo fuese un fantasma del pasado que no había de resucitar, y quizás fuese así si ellos no se encargaran de desenterrarlo, como comprobaron a su pesar en 1868, cuando su victoria supuso el renacimiento de otra cruenta guerra carlista.

Era el fracaso del Gobierno O'Donnell. En cualquier otro país, vista la negativa a participar constructivamente en la política, se hubiese prohibido el partido progresista, por su manifiesta opción por la acción ilegal como medio de acceso al poder.

La actitud de la prensa podemos juzgarla viendo su comportamiento ante un acontecimiento en apariencia trivial.

Tras la estancia en Zarauz y la entrevista con Napoleón III, la reina, que estaba en avanzado estado de gestación, regreso a La Granja. Sus médicos y el Gobierno le aconsejaron que esperase a que pasase una epidemia de cólera morbo que entonces asolaba Madrid.

Esto evidentemente fue tachado por los progresistas como una muestra de indiferencia hacia los padecimientos del pueblo, y toda la ristra de patéticas quejas que podemos imaginar. El que donase un millón de reales para paliar los efectos de la epidemia fue silenciado por esa prensa. En realidad, como ya sabemos, eran unos cínicos. En esas mismas fechas estaba prevista una reunión de progresistas en Madrid, que fue aplazada para evitar riesgos a los que vendrían de provincias. Por lo visto la vida de los delegados progresistas sí era más importante que la de la reina y de la criatura que gestaba y los delegados progresistas no eran insensibles a los «padecimientos del pueblo», pero, como eso les parecía poco, a la oposición se le ocurrió acusar al Gobierno de querer poner en riesgo la vida de la reina para provocar una regencia de O'Donnell. Vamos, que eran como la gata Flora, «que cuando se la meten chilla, y cuando se la sacan llora». Hiciese lo que hiciese el Gobierno estaba mal. La verdad es que pretender sacar conclusiones históricas leyendo la prensa de la época es como si dentro de 150 años alguien pretendiese sacar conclusiones sobre la monarquía actual leyendo *El jueves*.

Una semana después de abrirse la nuevas Cortes el 2 de enero de 1866, Prim se olvidó de su promesa —si es que alguna vez la recordó— y sublevó en Villarejo de Salvanes a los regimientos de Caballería acantonados en Aranjuez. Posiblemente su intención era adelantarse a una revolución que temía no controlar. Los gritos que se pronunciaron fueron: «Viva la reina», «Viva el general Espartero», «Viva el general Prim». Curiosa mezcla. De todas formas el resto del ejército no se unió y Prim fracasó huyendo a Portugal. ¿Cuál era el programa? Gutiérrez Gamero lo describe perfectamente:

«Mucha libertad y mucho palo. Libertad, naturalmente para nosotros y nuestros amigos, y palo para moderados, clericales, absolutistas, servilones y demás gente bellaca.»[50]

Con tal programa es fácil de comprender que la reina se resistiese a darles el Gobierno tal y como muchos proponen como solución.

Se acusó a O'Donnell de ser muy tibio en la persecución de Prim, y la verdad es que mucho interés no parece que hubiese en arrestarlo. En un momento de sensatez se decidió endurecer las leyes de reunión y asociación, que buena falta hacía. En realidad lo razonable sería declarar fuera de la ley el partido progresista ya directamente echado al monte, y al margen de toda legalidad. Los apuros económicos no dejaban de crecer por otro lado.

---

50 *Mis primeros ochenta años*, pág. 196.

Desde Londres, donde como sabemos se refugiaban los progresistas cuando las cosas les iban mal, Prim escribía a un amigo:

«Ya no tiene remedio. En enero de 1866 todavía hubiera yo podido salvar el trono de la reina doña Isabel, porque me imponían este deber mi caballerosidad y los vínculos que me ligan a una madrina generosa. Mis consejos, mis advertencias han sido desatendidas, y mis compromisos son graves e irrevocables, pues no me quedan fuerzas para disuadir a los antidinásticos. Narváez ha vuelto a ser dueño de la situación. Usted sabe, como yo, que el duque de Tetuán, despechado y convencido de que con esta señora no se puede gobernar, trabaja sin descanso para su destronamiento. Creo que no obro mal anticipándome, con tanto mayor fundamento cuanto que O'Donnell no ha de poder dominar a los revolucionarios y tendríamos la dictadura.»[51]

El texto no tiene desperdicio. Desde luego que Prim estaba equivocado y O'Donnell no tramaba el destronamiento de la reina, como hechos posteriores demuestran. Prim en realidad no era distinto a los demás. Para él la reina solo era un instrumento y era válida mientras siguiese sus «consejos». Si los desoía se sentía legitimado a cualquier cosa para imponer su voluntad. También es de observar su preocupación por una posible dictadura, o más bien deberíamos decir por evitar que otro que no fuese él fuese el dictador, preocupación estéril. Sobradas muestras dieron Narváez y O'Donnell de sometimiento a la constitución y a la voluntad regia. Ellos nunca negaron su dimisión a la reina; es más, se la ofrecieron más veces de las convenientes. Nunca salieron de ellos iniciativas como las que más tarde adoptó Prim en el poder. Prim dijo estar dispuesto a tirar por la ventana a Serrano si lo destituía siendo Serrano el regente. Prim estaba haciendo lo que en psicología se llama proyección: proyectaba en los demás sus propias motivaciones e impulsos o, más sencillo todavía, como dice el refrán, «piensa el ladrón que todos son de su condición».

---

51 *La estafeta de palacio*, Ildefonso A. Bermejo Impr. de R. Labajos 1872. Tomo III pág. 677.

También es interesante porque menciona una frase que venía siendo muy usada y muy repetida, aquella de «con esta señora no se puede gobernar». Al respecto nos dice el marqués de Marques de Miraflores en este caso al respecto de la dimisión de Narváez:

«Venía formada desde mucho tiempo antes cierta deplorable costumbre, al verificarse mudanzas ministeriales. Los ministros salientes solían por lo común achacar a intrigas de palacio y a planes preconcebidos de parte de la reina la mudanza de ministerios, suposición gratuita, pues las fatales y sobrado frecuentes variaciones ministeriales eran el natural resultado de las condiciones intrínsecas de los Gobiernos representativos, grandemente aumentadas en España a la sazón, donde en vez de Gobierno constitucional no había sino Gobiernos personales y de partidos en continua lucha por obtener el poder, sin reparar en los medios para adquirirlo y readquirirlo. Esta y no otra era la causa de los frecuentes cambios políticos. En aquella ocasión, el insignificante nombramiento de Ezpeleta para el cuarto del príncipe fue la causa y pretexto para que los ministros dimisionarios propalasen en todos los tonos, y repitiesen ellos y sus parciales la acostumbrada frase «con esa señora no se puede gobernar». ¡Tiempo había de venir desgraciadamente para España, en que jefes y partidos hallasen de menos no conservar en el trono a todo trance a aquella augusta señora!

»Colocada necesariamente la Reina sobre los partidos, y sobre los hombres que los capitaneaban, tenía ineludible precisión de tomar siempre en cuenta cada actualidad con criterio imparcial, mirando en primer término la necesidad esencial de evitar al estado profundas y arriesgadas perturbaciones si la lucha de los partidos se aumentaba con hechos materiales que perturbasen el orden público. Su sexo y su carácter dulce y bondadoso la impedían siempre la declaración terminante y decidida con que un rey dijera a sus ministros que consideraba necesario variar la administración. La joven y afable reina tenía necesidad de buscar rodeos para hacer comprender a los ministros la necesidad de que se retirasen presentando su dimisión, para confiar a otros hombres, y a otros partidos la gestión de los negocios públicos.

No es pues de extrañar que hubiesen sido tan escasas las ocasiones durante su reinado en las que se retirasen los ministros tranquilos y sin quejarse de la reina, y que sin tomar en cuenta los acontecimientos, achacasen la causa de su retirada, no a aquellos, sino a la volubilidad de la reina, y a intrigas palaciegas, de que si alguna pudo haber, procuraron utilizarse los que fuera del poder trabajaban incesantemente para arrancarlo de las manos de los que constitucional y legítimamente le poseían.»[52]

Difícilmente se puede explicar más claro. Quizás no falte quien acuse al buen marqués de cortesano, parcial y demasiado partidario de la reina, pero para saber si dice verdad o no solo tenemos que mirar qué ocurrió en España cuando la reina desapareció. La verdad es que está meridianamente claro que sin «esa señora» se podía gobernar aun menos. La desaparición de la reina no supuso ninguna mejora en las condiciones de gobernabilidad del país, más bien al contrario. Las luchas y divisiones entre los políticos fueron más enconadas, y el desgobierno, los despropósitos y disparates de los políticos alcanzaron cotas inimaginables bajo el reinado de Isabel II, siendo doña Isabel II la causa de los males de España ¿Cómo es que estos lejos de solucionarse se agravaron con su desaparición?

Por si todavía alguien alberga dudas al respecto de cómo eran los caballeros que se quejaban amargamente de esa augusta señora, podemos leer lo que nos dejó Amadeo de Saboya unos años después cuando tuvo que tratar con ellos:

Dos largos años ha que ciño la Corona de España, y la España vive en constante lucha, viendo cada día más lejana la era de paz y de ventura que tan ardientemente anhelo. Si fueran extranjeros los enemigos de su dicha, entonces, al frente de estos soldados, tan valientes como sufridos, sería el primero en combatirlos; pero todos los que con la espada, con la pluma, con la palabra agravan y perpetúan los males de la Nación son españoles, todos invocan el dulce nombre de la Patria, todos pelean y se agitan por su bien; y entre

---

52 *Memorias del reinado de Isabel II, Atlas,* Marqués de Miraflores. Madrid, 1964, 1ª edición 1873. Tomo III, pág. 248.

el fragor del combate, entre el confuso, atronador y contradictorio clamor de los partidos, entre tantas y tan opuestas manifestaciones de la opinión pública, es imposible atinar cuál es la verdadera, y más imposible todavía hallar el remedio para tamaños males.

Tampoco faltan historiadores que dicen que era política de la reina dividir y enfrentar a los políticos entre sí para así manejarlos mejor. Por un lado no cuadra eso con su supuesta carencia de inteligencia, pero sobre todo no se sostiene puesto que desaparecida Isabel II Amadeo nos dice que desconocían la unión luego no era la reina la causa de esa desunión, más bien era su víctima.

La soledad de Isabel II era palmaria, ya que con toda razón desconfiaba de todo el mundo. Incluso su madre, a través de Riansares, estaba en tratos muy poco claros con Prim. La falsa calma que surgió al intento de Prim duró el lo que quedaba de invierno y la primavera.

Prim volvió a la carga el 22 de junio de 1866 con el pronunciamiento de los sargentos del cuartel de San Gil. En esta ocasión se sumaron a la revuelta elementos civiles, socialistas y republicanos, lo que marcó una diferencia con pronunciamientos anteriores estrictamente militares. El levantamiento se inició con el asesinato de los oficiales opuestos al mismo, otra sustancial diferencia.

Fracasó por la decidida acción combinada de O'Donnell, Serrano y el resto de generales unionistas y moderados unidos contra la revolución, que no dudaron en subirse al caballo y dirigir las operaciones directamente, Cambronero les atribuye el siguiente diálogo: «'Señor duque de la Torre, hoy es el día de morir por la reina', a lo que Serrano le contestó sonriente: 'No, mi general, hoy es el día de triunfar por la patria'».

Algunos autores atribuyen a la reina un papel principal en la posterior represión y en los fusilamientos, nada más lejos del carácter de Isabel II. La realidad es que el motín de los sargentos supuso el asesinato de los oficiales del cuartel opuestos. Era imposible que los generales y demás oficiales permitiesen que eso quedase sin castigo, pues sería sentar un precedente trágico para ellos. Era su vida la que estaba en juego; además, Isabel II no podía dejar de hacer lo que quienes la sostenían le exigían. Por otro lado, los fusilamientos eran el cumplimiento de la legalidad existente, no ejecuciones extrajudiciales como en los posteriores tiempos del Gobierno de Prim.

Circula con profusión la leyenda de que la reina le pidió a O'Donnell más fusilamientos, pero como la leyenda como la mala moneda circula de mano en mano, pero ninguno se la queda, todos la citan pero nadie dice de dónde salió ni cuál es su fuente.

Isabel Burdiel, en su magna obra de casi mil páginas, no encontró espacio para consignar un episodio que nos muestra diáfanamente cómo era el carácter de doña Isabel II. En su obra[53] sí que menciona que Castelar se refugió en casa de Carolina Coronado, pero olvida contarnos si fue por falta de espacio. ¿Por falta de espacio? El resto de la historia, olvidando también que una media verdad es una mentira completa.

Castelar, implicado en la intentona y con una merecida pena de muerte sobre él, efectivamente se escondió en casa de la poetisa y amiga de la reina Carolina Coronado. La reina se enteró de que la policía lo tenía localizado y le envió a Campoamor para avisarle, que saliese de esa casa y lo acompañase a la embajada americana, donde el esposo de Carolina Coronado era jefe de negocios para refugiarse. Esa era la estatura moral de la reina Isabel II, actuando contra su propia policía para salvar a quien tan injustamente la había insultado y causado tanto daño moral y político, pagando los agravios con favores no merecidos. Para saber cómo era la miseria moral de Castelar es bueno saber que nunca mostró ningún grado de gratitud a quien le había salvado la vida, ni por supuesto dejó de insultarla.

Este hecho por sí solo es suficiente para dignificar todo un reinado. Difícilmente una reina puede ser más magnánima y un político puede ser más miserable.

Para los progresistas no había mentira lo suficientemente grande como para que no mereciese ser contada. Atribuir crueldad a Isabel II, imaginarla exigiendo fusilamientos solo

---

53 Página 784.

es propio de mentes menguadas o de mentirosos compulsivos. Es como hablar de ovejas carnívoras que comen lobos. Pero, como cuanto más disparatada es la mentira que se dice de Isabel II más adeptos encuentra, no faltó ni falta quien diera pábulo a semejantes tonterías. El que O'Donnell mismo dijese que la reina había pedido clemencia para los ejecutados y que él asumiese personalmente el castigo es algo que pasan por alto los detractores antiguos y presentes de la reina.

Tras estos acontecimientos y desde Londres, Prim envió a través de un cortesano un recado a Isabel II:

«Diga usted a S.M. que he querido salvar al trono de un cataclismo, que no he solicitado el poder por ambición, sino por retribuir dignamente los favores y atenciones que la Señora me ha dispensado. Todavía es tiempo de salvarse, todavía puedo demostrarla mi reconocimiento con servicios de grande importancia. Se acerca la exasperación de mis amigos y no podre contenerlos en sus propósitos, me eligieran por su jefe, pero lo harán con el auxilio de la revolución.»[54]

Prim no renuncia a jugar con dos barajas y ni siquiera se esfuerza en disimularlo. Confiar en Prim sería como dejar una pistola cargada a un mono. ¿Cómo confiar en quien pensaba engañar a sus propios seguidores? Eso suponiendo que dijese la verdad y la lealtad manifestada fuese sincera, lo que francamente ya es mucho suponer.

Un punto decisivo y que en mi criterio marcó el destino de la dinastía y de España —y que algunos autores pasan por alto— fue la efímera unión de moderados y unionistas contra los revolucionarios progresistas y demócratas. Los generales de distinta procedencia política fueron capaces de unirse a caballo para espada en mano reprimir la revolución. Si esa unión se hubiese mantenido al bajar del caballo, el destino de España habría sido muy distinto. La solución desde luego no era como algunos pretenden claudicar ante los revoltosos y ceder el poder a Prim y compañía, sino que debería haber sido la unión de los elementos liberales razonables y dinásticos.

Estando Narváez en cama recuperándose de una herida

---

54 *Historia de la interinidad y guerra civil de España desde 1868,* Ildefonso A. Bermejo. Madrid. R. Labajos. (1875). Tomo II, pág. 486.

recibida en la lucha, dijo a sus seguidores políticos que él veía un elemento distinto en esa revolución que la hacía más peligrosa y que era necesario poner fin a las diferencias entre los elementos conservadores y unirse todos en torno al trono y las instituciones para juntos salvarlas. Las diferencias entre los moderados y la Unión Liberal no eran ideológicas como sus sucesivos Gobiernos habían demostrado, sino personales. El bien de España exigía dejarlas de lado.

Se comunicó ese deseo de unión entre unionistas y moderados al marqués de Miraflores, ofreciendo apoyar al gabinete en cuanto pidiese a cambio de alguna deferencia por parte del Gobierno para que no pareciese la unión como una imposición. Se ofreció Miraflores a comunicar la novedad a la reina, que la acogió con mucho interés y alegría, pues ella lo que siempre había deseado es la unión y el acuerdo entre los políticos. Con una visión política que solo los necios le pueden negar, le sugirió a Miraflores que intentase sumar a los progresistas sensatos como Cortina para hacer más amplia la base de la unión, se comprometió al reina a comunicárselo a O'Donnell, quien inicialmente pareció acoger bien la idea, o al menos eso pensó la reina. Acudió Miraflores al despacho de O'Donnell para concretar el acuerdo, pero parece que en el ínterin este cambió de idea y le dio largas contestando:

«Yo no veo medio (me replicó con cierto aire de fría indiferencia), yo no veo más medio que ustedes voten lo que les parezca. Si el Gobierno tiene mayoría seguirá gobernando, si no se retirará. Y a fe que difícilmente podría yo hallar para mí mejor ocasión que después de haber vencido el 22 a la revolución.»[55]

El orgullo y la arrogancia de O'Donnell frustró una posibilidad de unión que podría haber sido la salvación no solo de la reina y de su dinastía, sino de España. Pero O'Donnell, en este su último Gobierno, estaba al parecer decidido a cometer todos los errores posibles. Evidentemente Narváez se tomó muy a mal que le rechazaran una mano tendida con tanta generosidad.

---

55 *Memorias del reinado de Isabel II, Atlas,* Marqués de Miraflores. Madrid, 1964, 1ª edición 1873. Tomo III, pág. 264.

Quizás hubiese sido bueno recordarle sus propias palabras ya citadas anteriormente, y que en esta ocasión también son de plena aplicación:

«Pero si los caballeros que forman un gabinete no consienten en poner a un lado diferencias menores y sentimientos individuales para asegurar intereses más altos, ¿qué se puede hacer? Las disensiones que no tienen motivos políticos reales son muy difíciles de solucionar.»[56]

El prestigio de O'Donnell cayó en picado. Aún tuvo tiempo de recabar poderes extraordinarios de las Cortes y declarar el estado de sitio en todo el país, saludable medida por cierto. Al evaluar su Gobierno vemos que todas sus concesiones no sirvieron para nada si el objetivo declarado de su Gobierno era traer a los progresistas por las senda institucional. Está claro que el fracaso era rotundo y sin paliativos. Se suponía también que mientras él gobernase no habría pronunciamientos militares por su control sobre el ejército, algo que los últimos acontecimientos desmentían.

Terminó dimitiendo y siendo sustituido por Narváez el 1 de julio de 1866. Esta vez se alejó de España y se marchó a Francia, al parecer muy dolido con la reina, cuando era ella la que debería estar dolida con él. La había forzado a actos contra su voluntad y a cambio no podía ofrecerle resultado positivo alguno. Ciertamente había sofocado la revolución, pero no era eso lo que de él se esperaba; de él se esperaba que la revolución no se produjera, que no hubiese tenido lugar por estar los progresistas del lado legal de la vida política. Además, su orgullo había impedido la unión con los moderados, lo que hubiera dejado totalmente desarticulados a los progresistas. Todo lo que aconteció después viene marcado por ese error estratégico.

Narváez nombró como ministro de Gobernación a Luis González Bravo, hombre enérgico y decidido. Como todos los Gobiernos desde 1863, asumió como primera tarea intentar acercarse a los progresistas, posiblemente para alejar a los unionistas del poder. Prim en principio parecía recep-

---

56 *Isabel II y su tiempo*, Carmen Llorca, pág. 216. Ediciones Itsmo, Madrid. (1984), pág. 704.

tivo y le parecía una buena ocasión para eliminar definitivamente a los vicalvarinos de la Unión Liberal. Prim no logrará hacer cambiar el rumbo a los progresistas, que solo querían la revolución y ninguna otra cosa, y empezaban a acercarse a demócratas y republicanos, que en aquel entonces tenían fuerza muy marginal.

La mano tendida de Narváez duró muy poco. Sensatamente optó por una política de resistencia. En lo que erró fue en que sumó a esa resistencia a los unionistas. Es muy probable que sus esfuerzos fuesen estériles. O'Donnell estaba irritado en su voluntario exilio, y sus seguidores aún más irritados que su líder. Es difícil que optasen por algo distinto a lo que sentía su líder indiscutible. Pronto surgieron causas para enconar aún más esas letales diferencias.

Según la costumbre de la época despidió a los nombrados por el anterior Gobierno para poner adeptos suyos, costumbre que tantos perjuicios traía. Aprovechando los amplísimos poderes que O'Donnell le había dejado, realizó una purga del ejército apartando a quien no tuviese una limpia hoja de servicios. Para restar elementos con los que los sediciosos pudiesen seducir a la tropa, redujo el servicio militar de ocho a cuatro años. Hasta ese momento Prim tenía muy pocos adeptos entre el generalato, lo que parecía prometer tranquilidad al Gobierno.

Pero como a los próceres esa tranquilidad parecía aburrirles empezaron a cuestionar la ausencia de Cortes, que ni se disolvían ni se convocaban, cuestionándose si se cumplía el precepto constitucional de que todos los años debía haber Cortes en activo. El caso es que los primeros meses del año sí hubo Cortes y por eso las opiniones eran diversas.

Finalmente, el 27 de diciembre se disuelven las Cortes. Antes de que se publicase el decreto, un elevado número de diputados deciden elevar una exposición a la reina reclamando que antes de que acabase el año se convocasen las Cortes existentes. Hubiese bastado con publicar el decreto de disolución para dejar esa exposición sin validez legal alguna, pues sus firmantes ya no serían diputados, aunque, incluso en el caso de serlos, no dejaba de ser una súplica que podía ser atendida o desatendida. Pero Narváez estaba irritado y aprovechó la ocasión para desquitarse con la oposición. Fue finalmente Serrano el responsable de entregar la exposición a la reina, en la que criticaba ásperamente al Gobierno, a lo que la reina con las dulces palabras de siempre contestó que lamentaba su actitud y la de sus compañeros, pero que no podía complacerlos. A eso Serrano con malos modos contestó que se le avecinaban tiempos aciagos. Se olvidó decirle que lo sabía bien puesto que él ayudaría a traerlos, y que no solo serían aciagos para la reina, también los serían para España. Serrano, presidente del Senado, y Ríos Rosas, presidente del Congreso, fueron deportados a Mallorca y a Canarias respectivamente. A pesar de las duras palabras recibidas, aún terció la reina ante Narváez para que en la medida de lo posible atenuase la pena a Serrano para no infligirle una humillación innecesaria.

«Como ministro presidente y responsable que eres de tus actos, no he querido poner óbice a tus disposiciones contra Serrano, pero no olvides que ha prestado al trono singulares servicios y que ha sido tu noble compañero en los campos de batalla. Dulcifica en cuanto puedas tus rigores, manda que le conduzcan a paraje donde sufra las menores molestias, mandando que las pasiones de partido no le impongan vejaciones que rechazarían su dignidad y su elevada categoría.»[57]

Pero las «pasiones de partido» estaban desatadas y difícilmente tendrían vuelta atrás. En la época se consideraba un duro agravio esa pena de enviar a los oponentes de vacaciones a la playa. Los afines reaccionaban como si se les aplicase años de duros trabajos forzados, cuando solo eran un cómodo alejamiento. El caso es que todo eso no hizo más que aumentar las disidencias entre fuerzas políticas de ideario monárquico y liberal, que en circunstancias normales en cualquier otro país estarían destinadas al entendimiento; pero en España precisamente esa afinidad ideológica era el obstáculo a su unidad.

Se celebraron las elecciones en las que, como siempre, el Gobierno ganó. Se notó una presencia de los llamados neo-

---

57 *La estafeta de palacio,* Ildefonso A. Bermejo Impr. de R. Labajos 1872. Tomo III, pág. 748.

católicos, que aumentaron su protagonismo debido al reconocimiento de Italia. Era la demostración práctica de los efectos de la política de O'Donnell. En el Congreso seguía sin haber diputados progresistas y ahora sí había neocatólicos que antes no había. Se obtuvo el resultado inverso al buscado, cosa más que previsible. Se ofreció la presidencia del Senado al marqués de Miraflores por sexta vez, quien la aceptó con la sana intención de apaciguar los ánimos. Era el buen marqués hombre de consenso. Quizás por eso duro poco. Le presentó González Bravo un proyecto de reforma del reglamento del Senado y del Congreso y Miraflores le contestó que no era tiempos para ese tipo de cambios, por muy necesarios que fuesen. En la prensa apareció después un artículo en el que se sugería que Miraflores ambicionaba el Gobierno y que por eso conspiraba contra Narváez. Como el artículo no fue censurado, a pesar del control de la prensa por el Gobierno, Miraflores se sintió injuriado y dimitió.

En abril de 1867, Montpensier tuvo la ocurrencia de enviar a su esposa para que hablase con su hermana, la reina, y aconsejarle que adoptase una línea política más liberal. La reina, que tenía un carácter dulce, no la echó a patadas como merecía, pero sí le dijo que para darle consejos ya tenía a sus ministros. ¿Qué pensaba la infanta que los Gobiernos habían estado intentando desde 1863? En realidad Montpensier lo que quería era llamar la atención hacia su persona de los progresistas y postularse como candidato, ya fuese él o su esposa, para sustituir a Isabel II. Por eso hacía esa demostración de desaprobar la política gubernamental. Era uno más que se sumaba a la legión de ingratos. Hasta el rey de Portugal se atrevía a darle esos mismos consejos. Debían sentirse los descubridores del Mediterráneo, aconsejando obviedades que se habían intentado hasta el aburrimiento.

En agosto de 1866 progresistas y demo-republicanos firmaban un pacto en Ostende que fijaba como objetivo la eliminación de Isabel II, pero sin ponerse de acuerdo en los medios ni en qué poner en su lugar, dejando a unas futuras Cortes constituyentes decidir sobre si sería una república o una nueva dinastía quien gobernase España. Eso sí, están de acuerdo en que su jefe era Prim, al menos hasta que llegase el triunfo.

Solo faltaba conseguir que se uniese la Unión Liberal, pero don Leopoldo, que se había retirado a Francia con intención de no volver a España, se negó a hablar de destronamiento de Isabel II y les dijo que con los progresistas no iba ni al cielo. Llamó a Prim traidor. Algo tarde, pero parece que al fin se dio cuenta de quién era. Por si faltaba alguien más, Montpensier empezó a conspirar con la Unión Liberal para favorecer un acuerdo con los progresistas —como si eso fuese posible y no se hubiera intentado muchas veces—.

Isabel empieza a barajar la posibilidad de abdicar, posibilidad que desecha por la poca edad de su hijo y lo peligroso de las regencias. Siente y con razón que todos conspiran contra ella. De esta época es su relación con Carlos Marfori, sobrino de Narváez, ministro de Ultramar, quien ya era ministro antes de iniciar la relación. Esta fue la relación más aireada de todas, ya todo valía para atacar a la reina. Para colmo de males se sumó una crisis económica y bancaria: la crisis del textil catalán y varios años de malas cosechas. Era la tormenta perfecta.

Las últimas cortes del periodo isabelino abrieron el 30 de marzo de 1867. A mediados de agosto de 1867 se produjo otra intentona, otro fracaso de Prim, quien, haciendo honor a su mote de «Capitán Araña» no apareció por España para ponerse al frente de sus huestes. Llegaron las críticas a tal punto que creyó necesario publicar poco después una proclama donde entre otras cosas intentaba justificar su ausencia de España. El fracaso se explica en parte por su deseo de no involucrar a las masas populares y por la carencia de generales de prestigio que lo apoyaran, lo que hizo evidente que sería necesario contar con el apoyo popular a pesar de sus peligros o, como solución alternativa, contar con los espadones de la Unión Liberal. Se decidió por la segunda opción.

O'Donnell, que seguía conservando su control sobre ellos, como mucho admitía una abdicación de la reina en su hijo, pero todo cambió con su muerte el 4 de noviembre de 1867 a los 58 años. Fue enterrado con honores de capitán general en campaña en Madrid. En su funeral habló Narváez, en justa alabanza del difunto. Después en privado dijo: «No tardaré en seguir a la tumba a mi ilustre compañero». Triste es para los destinos de España que estos dos grandes hombres no pudiesen ponerse de acuerdo en vida.

Ante su cadáver el duque de Valencia recordó que juntos habían defendido el trono de doña Isabel II y las instituciones liberales, y lamentando que en el último tercio de su vida diferencias políticas los hubieses separado, pedía a todo el mundo delante de aquellos despojos vigor y porvenir, no ya al abdicación de sus ideas, por más que entre partidos medios y constitucionales las diferencias de doctrina no podían ser esenciales, sino dominio de la pasión y tolerancia recíproca que exigían la conservación de lo que aquellos partidos tenían de común y el interés de la justicia.[58]

Los exiliados como es lógico estaban inquietos por su situación. Eran pocos los que tenían medios económicos para sostenerse indefinidamente en el extranjero. Narváez abrió un poco la mano y corrieron rumores de una próxima amnistía, lo que creó una frenética actividad entre los exiliados. Muchos estaban dispuestos a volver a España, pero de su correspondencia se deduce que querían volver para seguir conspirando con más facilidad. La gratitud hacia el Gobierno y la reina era algo que no se les pasaba por la cabeza. Sagasta escribió a Víctor Balaguer el 21 de noviembre de 1867: «Si la amnistía se diera, que yo no lo creo, y sin condiciones, todos iríamos y deberíamos ir a nuestro país, allí es más fácil hacer lo que en la emigración es casi imposible.»[59]

Hicieron los unionistas lo contrario a lo pedido. ¿Cuántos intentos llevamos ya? A la muerte de O'Donnell los generales Serrano, Dulce, Ros de Olano, Zabala, etc. se unieron a la conspiración. Eran tiempos de conspiraciones a todo tren —incluso el infante Enrique de Borbón, hermano del rey, y que en su momento se había barajado como candidato para marido de la reina, ofrecía su candidatura para rey de los

58 *La estafeta de palacio*, Ildefonso A. Bermejo Impr. de R. Labajos 1872. Tomo III, pág. 775.

59 *Así cayó Isabel II*. R. Olivar Bertrand. Ediciones Destino (1955), pág. 344.

progresistas a los que siempre estuvo próximo, con una proclama llena de ingratitudes e inconveniencias—.

España era un hervidero de conjuras, sociedades secretas y de disparates también. Todos creían llegada su hora. Hasta los absolutistas se proponían como solución a la situación. Si los partidos siempre habían tenido una unión precaria, en este momento estaban en franca anarquía, sobre todo la Unión Liberal, que no tenía jefe claro ni ideas claras tampoco. Estaban contagiados del vértigo revolucionario, que cuando infecta a los políticos no tiene cura.

Solo Narváez sostenía el trono a duras penas. Murió cinco meses después de O'Donnell, el 23 de abril de 1868. Se suele presentar la elección de este último Gobierno antes de la revolución como un punto donde se decidió la monarquía. A mi parecer se había decidido bastante antes, cuando Narváez y O'Donnell no fueron capaces de ponerse de acuerdo. Tras eso ya estaba cantada la caída de Isabel II. Miraflores, siempre conciliador, propuso una especie de reunión de notables.

«Desde el infausto día 22 de junio de 1866 y más todavía desde agosto de 1867, vengo clamando a favor de lo que yo llamo conciliación. Sin ella es imposible satisfacer el gran objeto y la suprema necesidad de reunirse alrededor del trono de la reina con todos los elementos conservadores monárquicos del país, que yo veo existir todavía en los esparcidos restos de los disueltos partidos políticos constitucionales, llámense moderados o unión liberal, logrando con esa unión dejar solos y aislados los revolucionarios...»

Para que de esa reunión saliese el consejo de cuál debía ser el rumbo de nuevo Gobierno, en esta ocasión no se le hizo caso, ya no era tiempo para eso. Predicar conciliación en España era predicar en el desierto, y la verdad es que no era esperable de esos señores que se pusieran de acuerdo en unos días, cuando hacía casi dos años que no se ponían de acuerdo más que en detestarse mutuamente cada vez con más ahínco. Desaparecidos sus jefes naturales, que eran los que en cierto modo tenían autoridad moral para imponer decisiones, nadie podía proponer ningún acuerdo si no quería perder su influencia en el partido. Mostrarse conciliador era exponerse a ser tachado de pusilánime y débil.

No faltó quien dijese que la reina había tirado su trono por la ventana nombrando a González Bravo. Pero ¿que alternativas tenía? Era claudicar a la revolución o enfrentarse a ella. Dar el Gobierno a Prim era claudicar a la fuerza, y los reyes que ceden a la amenaza y hacen concesiones por debilidad no duran mucho. Pero es que además tampoco aportaba nada positivo. En vez de ser ella la que tirase el trono por la ventana (como parece que dijo Cheste), con ese Gobierno de Prim sería como si la reina abriese el balcón para que quien lo tirase fuese Prim. La situación no era la misma que en la Vicalvarada: en aquel momento la reina inteligentemente había salvado el trono escogiendo a San Miguel y a Espartero, que a pesar de ser progresistas eran monárquicos isabelinos por encima de cualquier otra consideración; pero en esta ocasión no tendría ni a San Miguel ni a Espartero ni a O'Donnell para contener a los revolucionarios. Si en el bienio progresista el debate parlamentario sobre la monarquía se apagó fue por la autoridad moral de esos dos últimos líderes. En este caso no existían líderes con autoridad moral dispuestos a su defensa. En las cortes constituyentes que sin duda se convocarían, lo primero que se haría sería suprimir la monarquía, o como poco dejarla como una mera marioneta, tal y como le había pasado a Amadeo. Además, si la reina daba el Gobierno a los progresistas, ¿quién entre los generales moderados saldría en su defensa cuando la reina misma los marginaba? Premiar a los desleales solo sirve para enseñar que la deslealtad es el camino hacia el poder y para provocar que los leales dejen de serlo. Ya lo dice el refrán: «Cría cuervos... y tendrás muchos».

Otra opción podría ser Serrano, que al menos no estaba tan significado en los levantamientos como Prim. Pero este y los progresistas lo verían como una traición y no cejarían en sus revolucionarios empeños. Pensar en un independiente como Miraflores o algún otro por el estilo era volver a intentar lo ya intentado. No había razones para pensar que ahora tuviese más éxito.

Fue elegido González Bravo como primer ministro. Era hombre de temperamento (se había batido en duelo dos veces). Se pensó con acierto o sin él que era el hombre adecuado para enfrentarse a la revolución, o al menos eso pensaba él. Se dice que decía a sus amigos: «A la tercera va la vencida. Ni Bravo Murillo ni el conde de San Luis lograron sobreponerse al elemento militar. Yo haré ver que también puede en España ejercer la dictadura un paisano». Palabras poco políticas que llegadas a oídos de los militares no sonaban nada bien. En realidad, lo suyo más que dictadura era una dictablanda. Eso sí, se acabaron las inútiles ofertas conciliadoras a los progresistas que nulo fruto habían dado. Su intención era resistir a todo trance, y a eso se dispuso. Una de sus primeras acciones fue detener a Serrano, Dulce, Zabala, Echagüe, Serrano, Bedoya y Córdoba, todos generales conspiradores contra los que había incontrastables pruebas. Fueron deportados a Canarias, cuando quizás hubiese sido más apropiado fusilarlos. Se suele presentar este Gobierno de González Bravo como un Gobierno represivo, pero la verdad es que sus violencias no dejaban de ser pellizcos de monja, sobre todo si lo comparamos con el futuro Gobierno de Prim. En su exilio isleño tuvieron tantas comodidades y tan poca vigilancia que fue suficiente con que un barco se amarrase a puerto para subirse a él y volver sin que nadie les molestase.

Patricio de la Esconsura acudió a González Bravo para pedirle que cambiasen el destino de Dulce, pues su mala salud se resentiría del clima de Canarias. Dulce tenía cáncer de estómago y no veo qué relación pueda tener eso con el clima, pero el caso es que González Bravo le contestó que no tendría tan mala salud cuando esta no le impedía conspirar contra el Gobierno. Es más, González Bravo sabía que también Esconsura conspiraba. Tenía una carta de los agentes del Gobierno en París, donde se detallaba su viaje a París para sondear a la emperatriz sobre la candidatura de Montpensier. Pese a esa pruebas, lo dejó salir libre de su despacho, cuando lo adecuado hubiera sido hacerle acompañar a Dulce ya que tanto le preocupaba su salud.

Eran tanto los escrúpulos y los miramientos legalistas del Gobierno que, recogidas cartas incriminatorias en el despacho de Dulce, se hizo firmar a su esposa para que constase que los policías no habían abierto las cartas y que ya están abiertas a su llegada. Ya veremos unas páginas más adelante cómo se comportaron en el Gobierno los que llamaban cruel represor a González Bravo. Conviene recordar que en la infancia de la reina, cuando Olózaga era gobernador civil de Madrid, hizo violar todo el correo de la provincia para buscar pruebas contra sus enemigos políticos.

Dijo Galdós que el reinado de España era «pesada carga para tan dulce mano» hablando de Isabel II, y tenía mucha razón. España hubiese necesitado una mano más dura que fusilase a todos esos generales y a algunos más, y quizás incluso recordásemos a la reina con más cariño del que ahora se la recuerda por la mayoría. A fin de cuentas, ¿quién cuenta que Isabel I la Católica mandó a gente al patíbulo? Absolutamente nadie la critica por eso. ¿Deja de ser un gran rey Carlos I por ejecutar a los comuneros? Nadie se lo tiene en cuenta o incluso se lo aprueban. Se puede alegar que eso ocurrió siglos atrás y que en el siglo XIX esas duras medidas ya no estaban de moda y no eran aceptadas, pero ¿alguien critica a Espartero por los generales que mandó fusilar en 1841, solo unos pocos años antes? En los libros de historia nadie fustiga a Espartero por esos fusilamientos, y se podría decir que incluso tiene bastante mejor prensa que la benigna Isabel II. Es más, muchos años después en España tuvimos un jefe de Estado, Franco, que firmó muchos miles de sentencias de muerte y, si bien ciertamente es muy criticado por eso, no por eso deja de tener adeptos que aprueban su proceder. Incluso muchos le son adeptos precisamente por la mucha gente a la que fusiló. La triste realidad es que tiene muchos más defensores que Isabel II, incluso alguno de sus defensores son los que más insultan a la bondadosa Isabel II. ¿Será que en España nos gustan más los fusiladores que los magnánimos y preferimos a los crueles a los bondadosos? Quizás todo se reduzca a que de Franco no se conocen asuntos sexuales extramatrimoniales —y matrimoniales estoy por jurar que tampoco—, y que somos más duros con los pecados de la carne que con los de la ira. Preferimos a un casto a un fornicador, aunque el casto sea un criminal.

Con este Gobierno dejó de ser ministro Marfory y pasó a ser intendente de palacio, lo que no hizo que aflojase la presión sobre la reina. Tener relaciones con la reina fue letal para la carrera política del favorito. Marfory había llegado a la política de la mano de Narváez, pariente suyo. Desaparecido Narváez, este perdió su único apoyo.

En estas fechas tuvo lugar el matrimonio de la infanta Isabel con el conde Girgenty, hermano del exrey de Nápoles. El enlace fue acordado por el rey Francisco de Asís. La reina lo aceptó para contentar a su marido, pero ella decía que su nuevo yerno era gafe. Los acontecimientos hacen pensar que algo de razón tenía. El caso es que la boda fue con todos los honores de rigor. A ella acudió, como es lógico, Montpensier, que ya conspiraba descaradamente, algo que el Gobierno sabía y la reina también, a pesar de lo cual lo trató con toda delicadeza.

Montpensier financiaba la conspiración generosamente, pensando en que él o su esposa serían los elegidos para sustituir a Isabel. Lo que no sabía es que Prim se había comprometido con Napoleón III a que de ninguna de las formas él fuese el nuevo rey. Evidentemente Prim se cuidó mucho de decírselo y siguió recibiendo su dinero y alentando sus ilusiones.

El Gobierno recibía a diario informaciones sobre conspiraciones, unas ciertas y otras falsas, que no hacían más que aumentar la confusión. La verdad es que, como era lógico, los conspiradores desconfiaban unos de otros. Poca sintonía podía haber entre los republicanos y Serrano, quien hacía un par de años los había cañoneado en las calles de Madrid. Se intentó por enésima vez en mayo del 68 formar Gobierno con Cánovas, pero también fue rechazada esa oferta. Cánovas, más calculador que patriota, sabía que cualquier intento sería vano y decidió no quemarse como político. Tuvo el buen criterio, eso sí, de no sumarse a la conspiración. Como hombre inteligente sabía que de aquella coalición revolucionaria no podía salir nada bueno ni duradero, y era importante no verse mezclado en lo que previsiblemente sería un fracaso. A Isabel solo le quedaban los reaccionarios.

Tras los generales unionistas también fue deportado Montpensier y su esposa, a quienes se le dio libertad de escoger su destino fuera de España. Eligieron Portugal, donde fue recibido tras varias dudas del rey de Portugal, que no quería verse metido en líos ajenos. Montpensier no quería estar lejos de la conspiración. Si a los generales se les debió fusilar, a Montpensier no, eso sería demasiado honroso para él. Montpensier debió ser ahorcado y su esposa recluida en un convento de clausura. Desde Lisboa publicó una carta de protesta por su expulsión que es una verdadera tesis doctoral de cinismo y de desvergüenza.

Como ya hemos dicho, los conspiradores estaban enfrentados entre sí. Nadie se fiaba de nadie. Sabían que se necesitaban los unos a los otros, pero también temían que como en otras ocasiones fuese otro el que se beneficiase de sus trabajos. Prim, tras hacerse antidinástico, olvidando todos sus enfáticos juramentos intentaba calmar las suspicacias de los demócratas y los republicanos hacia los unionistas, mientras a estos les aseguraba que evitaría la deriva revolucionaria de los primeros. Jugaba a dos barajas o a tres, si tenemos en consideración que también mantenía contactos con el pretendiente carlista. Si algunos llaman errática la política de Isabel II, sería bueno saber cómo calificarían a la de Prim. Jugar a varias barajas es algo que se le daba muy bien. Si todos desconfiaban de todos la desconfianza de los republicanos hacia los marinos unionistas era extremada. No era un secreto que Topete era partidario de Montpensier y los republicanos con buen criterio lo detestaban profundamente.

Una muestra de la poco dura política «represiva» de González Bravo es este relato que nos hace Bermejo de cómo era la labor del Gobierno con los revolucionarios encargados de ganar voluntades entre los militares con dinero y promesas.

Un agente que tenía escogido Prim para este empeño, llamado D. Antonio de la Riva, y sus asiduos compañeros los señores Carrasco, Cala, Guillén, La Rosa, Salvoechea.

El Gobierno, que tenía recelos fundados de estos manejos, los vio confirmados por una carta interceptada y dirigida al general Prim por uno de estos diligentes seductores, y pudo el ministerio desconcertar algún tanto los planes sediciosos que se elaboraban en aquellas guarniciones, trasladando la de San Fernando, más comprometida que otras, prendiendo a varios oficiales y al coronel Salcedo, desterrando al señor

La Riva, amonestando a Cala y Salvoechea, y persiguiendo a Guillen, que tuvo que ausentarse de Cádiz.[60]

Actuando con tantos miramientos no es extraño que la revolución triunfase. Lo de «amonestar» a los conspiradores contra el Estado como si fuesen niños de colegio es no sé si para reír o para llorar. Desde luego que esos mismos «amonestados» no tendrán después tantos escrúpulos. Todos estos escrúpulos desde luego no evitaban que los revolucionarios se quejasen amargamente de la «insufrible, injustificada y cruelísima represión» de la que eran objeto.

Era el representante de Prim en España el republicano José Paúl y Angulo (quien no mucho después será sospechoso de su asesinato), quizás para que así los republicanos no desconfiasen tanto de él. Era partidario Paúl y Angulo de una mayor participación popular en la revuelta, a lo que Prim argumentaba que era menester mantener el secreto de la conspiración y las excusas similares, lo que no impidió que Paúl y Angulo aprestase a su gente. Unionistas y republicanos en ocasiones competían por atraerse a las mismas unidades militares. Se sumaron a la conspiración muchos marinos, con Topete a la cabeza, algo que pilló a González Bravo con el pie cambiado y a lo que no dio crédito. Topete y la Marina aparentaban ser fidelísimos a la reina, y deberían haberlo sido. La Marina había recibido muchos favores y un trato magnifico por todos los Gobiernos isabelinos, que la habían levantado de un estado lastimero a una Marina digna y con barcos modernos. Evidentemente como ya sabemos la gratitud no estaba de moda.

Una muestra de las desconfianzas mutuas entre los conspiradores son estas palabras de Paúl y Angulo:

«Por lo demás, y sin embargo de manifestar lo contrario el brigadier Topete, la verdad es que, aunque este se lanzase en la conspiración por su propia iniciativa, pronto le vimos algún tanto dirigido por el grupo de los unionistas que le rodeaba. Solo así podemos explicarnos como habiéndose proyectado un alzamiento en Cádiz para el 9 de agosto,

---

60 *La estafeta de palacio*, Ildefonso A. Bermejo Impr. de R. Labajos 1872. Tomo III, pág. 810.

y debiendo salir de Londres el señor Alcalá Zamora, se le encargase oficialmente el recomendar a Prim que no viniese a Cádiz hasta después de verificada la revolución, porque según nos dijo el mismo brigadier Topete el general Prim, sin los generales unionistas, sería un inconveniente en los primeros momentos porque, según nos dijo el mismo brigadier Peralta, el general Prim no contaba con elementos en aquella provincia. Algunos dispuestos en la de Sevilla, tal como el general Izquierdo, se negaban a tomar parte a nuestro favor con Prim al frente, y por último porque según dijo el señor Ayala y a muchos otros también, pues de lo contrario callaríamos esta frase. El general Prim es un pillo.»[61]

Según algunas fuentes, un posible motivo para los retrasos que imponía Topete era que había puesto la condición de que el levantamiento tuviese lugar cuando la reina estuviese en su habitual veraneo en el norte, para facilitarle una salida ausente de peligros para su persona, cosa que no se quería explicar a los republicanos para que no pusiesen objeciones. Algo de caballerosidad sí que se guardaba. Justo es reconocer que ninguno de los generales sublevados ni Prim tampoco albergaba deseos de hacer mal a la persona de la reina. La ingratitud también tenía sus límites.

La reina salió para el norte el 8 de agosto. El 9 tuvo lugar una intentona frustrada dirigida por Paúl y Angulo y sus civiles fieles, a quienes los militares dejaron a los pies de los caballos. El gobernador Belmonte llamó a su despacho a Paúl y Angulo, le dijo que no desconocía lo que tramaba y lo amenazó con el destierro. Otro pellizco de monja. Si tenía pruebas debió encarcelarlo, y si no las tenía debió callarse y buscarlas, pero nunca avisarle de que lo estaba vigilando. Lo único que se conseguía así es que Paúl y Angulo y los demás tomasen más precauciones y fuese más difícil su detención con pruebas, como si se necesitasen más. González Bravo y sus gobernadores parecían profesoras de párvulos, que pensaban que con regaños podían controlar la situación.

---

61 *La estafeta de palacio*, Ildefonso A. Bermejo Impr. de R. Labajos 1872. Tomo III, pág. 814.

Los conspiradores dedicaban tanto tiempo a conspirar contra la reina como a conspirar los unos contra los otros. Nadie quería que el triunfo de la revolución se les fuese de las manos. Prim, que estaba en Londres, lo que más temía es que los marinos o los unionistas se le adelantasen y se pronunciasen sin contar con él. Y no estaba desencaminado. Serrano barajó la posibilidad de sublevarse sin contar con Prim. Esa era también la principal preocupación de Paúl y Angulo, que era quien en España defendía sus intereses. Para en la medida de lo posible evitarlo tenía un barco fletado y siempre listo para salir hacia España, en caso de llegarle noticias de que los generales saliesen de Canarias. Estando pronto para salir cenó con Cabrera, cena en la que volvió a ofrecer el trono de España al pretendiente a poco que este asumiese algunos principios constitucionales. Cabrera le dijo que sería imposible. Eso sí, le encargó que llegando a Madrid ahorcase al infante Sebastián, se supone que por traidor a la causa. ¿Hablar con Prim de traidores no era nombrar la soga en casa del ahorcado? El caso es que a ninguno de los dos le parecía contradictorio.

Si los republicanos desconfiaban de los unionistas partidarios de Montpensier, Serrano y los unionistas no confiaban en Prim. Prim no es que desconfiara de todos ellos, es que Prim era capaz de escribir una cosa con la mano derecha, mientras la izquierda firmaba otra, y su pensamiento estaba en no cumplir ninguna de las dos.

En este momento, para los conspiradores la principal dificultad era coordinar la llegada a Cádiz al unísono de Prim y de los generales unionistas, algo que ambos bandos intentaban evitar, al mismo tiempo que aparentaban desearlo intentando engañar al circunstancial aliado.

Se pensó en que Prim con el barco que tenía preparado en Londres pasase por Canarias a recoger a los generales para llegar así todos juntos a Cádiz, y a tal fin se mandó aviso a los exiliados para que se aprestasen a huir. El plan no convino a Prim, que argumentó que ese viaje de ida y vuelta sería muy largo y su ausencia sería notada, y que fácilmente podría el Gobierno detenerlos a todos juntos en un solo barco. ¿Quizás para regañarlos? Dijo Prim entonces que él viajaría a Gibraltar para desde allí esperar la llegada de los generales unionistas y juntos llegar a Cádiz.

Mientras todo eso ocurría en el sur, en el norte la reina seguía de veraneo en Lequeitio con gran parte del Gobierno. Se barajó entonces por los revolucionarios la posibilidad de secuestrar a la reina en su prevista visita a la fragata *Zaragoza*, mandada por Malcampo, y obligarla a abdicar. Esta idea se desechó por dudar de la lealtad de la marinería, o más exactamente por dudar de su deslealtad hacia la reina. El plan, como casi todos, había llegado a oídos del Gobierno.

Isabel II era una mujer valiente, y quizás por eso no pensaba que los demás pudiesen ser desleales. Sobre el asunto dijo: «Todo se quedará en aguas cerrajas. Malcampo es un caballero».

Finalmente, la visita tuvo lugar el 22 de agosto a las cuatro de la tarde. La reina, acompañada del rey, el príncipe de Asturias, el infante Sebastián, los ministros de Marina y de Estado, sus damas y demás acompañantes subieron a bordo. Los ministros y demás caballeros del séquito ocultaban armas de fuego en sus bolsillos porque no eran tan confiados como la reina. La visita tuvo lugar entre los mayores cumplidos y promesas de fidelidad de la oficialidad, con Malcampo a la cabeza, quien hizo los más fervientes votos por «la prosperidad de la real familia» durante la visita. En un aparte con el ministro de Estado, la reina le dijo: «No puede ser, son unos cumplidos caballeros, y no cabe en ellos la perfidia. Yo conozco a los traidores en el modo de mirar, y los ojos de Malcampo indican que no sabe fingir. González Bravo está mal impresionado».

Esa misma noche la reina ofreció un banquete a los marinos, que redoblaron sus promesas de lealtad y amor a la reina y su dinastía, a lo que la reina respondió con las dulces palabras que la caracterizaban.

Isabel II no conocía a los traidores tan bien como presumía. La fragata *Zaragoza* partió hacia Cádiz, donde pronto tuvo otros pasajeros.

El Gobierno de González Bravo tuvo múltiples avisos por todos los conductos posibles de que Topete estaba involucrado en la conspiración. Belmonte, el gobernador de Cádiz, pasaba todo cuanto sabía, que era mucho, al Gobierno, pero ni él ni la reina lo creyeron posible. El 11 de septiembre escribía González Bravo:

«Querido amigo:

Las comunicaciones que he visto de los principales marinos son de tal genero que destruyen todo cuanto usted me asegura. No hay infantería de Marina en el arsenal de Cádiz. Topete es precisamente un favorito de la reina porque acaba de rechazar ofertas magníficas de los revolucionarios. El jefe encargado del departamento es un hombre de grandísimo valor y absoluta fidelidad. Prim no se ha movido de Londres. El coronel de Cantabria responde de su regimiento a todo trance. Por último, Izquierdo no sueña en sublevaciones...»[62]

Por desgracia no se puede decir que González Bravo estuviese muy bien informado. Es difícil concluir de dónde surgían las seguridades de González Bravo. Por todos lados le llegaban informaciones cada vez más detalladas que no eran tenidas por verídicas. Cierto es que era difícil de imaginar tanta perfidia, pero esa confianza es más explicable en la reina que en él. Un político que no podía dejar de conocer cómo se las gastaban sus colegas.

El 16 de septiembre recibió el gobernador de Cádiz, Belmonte, este telegrama del ministro de Gobernación:

Siendo efectivamente infundado lo que se teme de los comandantes, oficiales y guarniciones de los buques, el Gobierno tiene seguridad de que esa misma fuerza sería la que más contribuyese a reprimir y castigar cualquier rebelión. Procure usted medidas de tranquilidad y esté seguro de que nadie viene de Canarias e Inglaterra, ni de parte alguna. El Gobierno está por momentos enterado de todo cuanto se hace e intenta en todas partes, y la seguridad con que hasta ahora ha desbaratado los planes mejor combinados es una garantía de acierto en esta ocasión.

Y aun recibió otro telegrama en muy parecidos términos del presidente del Gobierno el día 18, en el que le repetía que

---

62 *La estafeta de palacio*, Ildefonso A. Bermejo Impr. de R. Labajos 1872. Tomo III, pág., 862.

en caso de disturbios la Marina sería su principal apoyo. El pobre Belmonte debía estar desesperado ante tanta ceguera.

Muy bien enterados no estaban por desgracia. Prim había salido de Londres el 12 de septiembre disfrazado de criado, acompañado de Sagasta y de Zorrilla, quienes viajaban con pasaporte americano. Se buscó entonces un barco para traer a los generales de Canarias, en lo que ayudó Paúl y Angulo. Se encontraba dispuesto para el viaje el capitán mercante Lagier, quien era republicano. Se programó el viaje de forma que no pudiese estar el barco de regreso a Cádiz antes de que Prim estuviese en Gibraltar. Quedaba por precisar si el barco a la vuelta de Canarias pasaría a recoger a Prim o este debía llegar a Cádiz por sus propios medios. Esto levantó suspicacias en los marinos, que temían tanto que Prim se adelantase como los republicanos temían que fuesen los generales quienes lo hiciesen. Se decidió finalmente que los barcos de la Marina recibieran al primero que llegase ante la imposibilidad de coordinar el viaje con tanta precisión.

Paúl y Angulo, que desconfiaba de los marinos, fletó por su cuenta un barco en Gibraltar para que el desplazamiento de Prim hasta Cádiz no dependiese del barco que los marinos habían puesto a su disposición y que temía fuese detenido de algún modo. Llegó Prim el 16 por la mañana a Gibraltar. El vapor *Alegría*, que era el barco designado por los marinos, le estaba esperando. Se le comunicó lo acordado con los marinos de que debía esperar allí a los generales. Los republicanos, pese a su inicial resistencia, le convencieron de no esperar. Salió entonces el *Alegría*, seguido del remolcador *Adelia*, en el que viajaban Prim, Paúl y Angulo, Zorrilla y Sagasta. A las doce de la noche del 16 llegaron hasta la fragata Zaragoza —sí, esa misma que había recibido a la reina— con disgusto poco disimulado de Topete. Esa misma noche se decidió sublevar Cádiz a las doce del siguiente día. En la madrugada del 19 Prim y Topete desembarcaron y ya sin resistencia se apoderaron de la ciudad.

Se publicaron diversas proclamas, la primera de Topete, que para nada mencionaba a la reina. Es más, los marineros, subidos a las gavias de los buques, daban vivas a la reina. Las proclamas eran todas ellas un prodigio de vaguedad o deseos vacuos. Lo único que quedaba claro y se podía entender como una reivindicación política era que se quería el sufragio universal. Todo lo demás eran vaguedades. Leyendo esos documentos a uno le queda la duda de qué es lo que reclamaban esos señores. Un levantamiento armado necesitaría algunos motivos más sólidos que alguna presunta irregularidad procedimental en la tramitación de alguna ley. Las juntas que, como siempre, se fueron formando no anduvieron con tantas divagaciones y reclamaban las supresión de las quintas y los impuestos de consumos, ofertas que después asumió Prim como propias, como todo lo suyo sin intención de cumplirlas claro está, pero eso al menos era algo concreto y comprensible. Se hizo famosa y pasó a la posteridad la proclama llamada de la «España con honra», que merece ser incluida aquí:

«Españoles: La ciudad de Cádiz puesta en armas, con toda su provincia, con la Armada anclada en su puerto, y todo el departamento marítimo de la Carraca, declara solemnemente que niega su obediencia al Gobierno de Madrid, segura de que es leal intérprete de todos los ciudadanos que en el dilatado ejercicio de la paciencia no hayan perdido el sentimiento de la dignidad, y resuelta a no deponer las armas hasta que la Nación recobre su soberanía, manifieste su voluntad y se cumpla.

Hollada la ley fundamental, convertida siempre antes en celada que en defensa del ciudadano; corrompido el sufragio por la amenaza y el soborno, dependiente la seguridad individual, no del derecho propio, sino de la irresponsable voluntad de cualquiera de las autoridades; muerto el municipio; pasto la Administración y la Hacienda de la inmoralidad y del agio; tiranizada la enseñanza; muda la prensa y sólo interrumpido el universal silencio por las frecuentes noticias de las nuevas fortunas improvisadas, del nuevo negocio, de la nueva real orden encaminada a defraudar el Tesoro público; de títulos de Castilla vilmente prodigados; del alto precio, en fin, a que logran su venta la deshonra y el vicio. Tal es la España de hoy. Desde estas murallas, siempre fieles a nuestra libertad e Independencia; depuesto todo interés de partido, atentos sólo al bien general, os llamamos a todos a que seáis partícipes de la gloria de realizarlo.

Nuestra heroica Marina, que siempre ha permanecido extraña a nuestras diferencias interiores, al lanzar la primera el grito de protesta, bien claramente demuestra que no es un partido el que se queja, sino que los clamores salen de las entrañas mismas de la patria.

No tratamos de deslindar los campos políticos. Nuestra empresa es más alta y más sencilla. Peleamos por la existencia y el decoro.

Queremos que una legalidad común por todos creada, tenga implícito y constante el respeto de todos. Queremos que el encargado de observar la Constitución no sea su enemigo irreconciliable.

Queremos que las causas que influyan en las supremas resoluciones las podamos decir en alta voz delante de nuestras madres, de nuestras esposas y de nuestras hijas; queremos vivir la vida de la honra y de la libertad.

Queremos que un Gobierno provisional que represente todas las fuerzas vivas del país asegure el orden, en tanto que el sufragio universal echa los cimientos de nuestra regeneración social y política.

Contamos para realizar nuestro inquebrantable propósito con el concurso de todos los liberales, unánimes y compactos ante el común peligro; con el apoyo de las clases acomodadas, que no querrán que el fruto de sus sudores siga enriqueciendo la interminable serie de agiotistas y favoritos; con los amantes del orden, si quieren verlo establecido sobre las firmísimas bases de la moralidad y del derecho; con los ardientes partidarios de las libertades individuales, cuyas aspiraciones pondremos bajo el amparo de la ley; con el apoyo de los ministros del altar, interesados antes que nadie en cegar en su origen las fuentes del vicio y del mal ejemplo; con el pueblo todo y con la aprobación, en fin, de la Europa entera; pues no es posible que en el consejo de las naciones se haya decretado ni se decrete que España ha de vivir envilecida.

Rechazamos el nombre que ya nos dan nuestros enemigos: rebeldes son, cualquiera que sea el puesto en que se encuentren, los constantes violadores de todas las leyes, y fieles servidores de su patria los que, a despecho de todo linaje de inconvenientes, la devuelven su respeto perdido.

Españoles: Acudid todos a las armas, único medio de economizar la efusión de sangre; y no olvidéis que en estas circunstancias en que las poblaciones van sucesivamente ejerciendo el Gobierno de sí mismas, dejan escritos en la historia todos sus instintos y cualidades con caracteres indelebles. Sed, como siempre, valientes y generosos. La única esperanza de nuestros enemigos consiste ya en los excesos a que desean vernos entregados. Desesperémoslos desde el primer momento, manifestando con nuestra conducta que siempre fuimos dignos de la libertad, que tan inicuamente nos han arrebatado.

Acudid a las armas, no con el impulso del encono, siempre funesto; no con la furia de la ira, siempre débil, sino con la solemne y poderosa serenidad con que la justicia empuña su espada.

¡Viva España con honra!

Cádiz, 19 de setiembre de 1868

Duque de la Torre - Juan Prim - Domingo Dulce - Francisco Serrano Bedoya -Ramón Nouvilas - Rafael Primo de Rivera - Antonio Caballero de Rodas - Juan Topete.»[63]

Es una obra de la retórica decimonónica, llena de frases rimbombantes listas para ser leídas con gesto insigne y voz campanuda, y llena de obviedades con las que es imposible estar en desacuerdo. El autor conoce bien la técnica de tirar la piedra y esconder la mano, y sabe que lo importante es la última frase, que aunque en todo el documento no se la nombra es claro que está dirigida a la reina. Tan importante es la última frase que no en vano es la que le da el título con el que pasó a la posteridad. Todo el resto del documento es relleno. Pena que los firmantes, supuestos hombres de valor, no encontrasen el suficiente para decir las cosas claras y recurran a circunloquios, para insultar a la reina, que ese y no otro es el objetivo verdadero del documento. No hay en él recriminaciones políticas serias y fundadas, ni tampoco hay

---

63 *Gaceta de Madrid*, 3 de octubre de 1868.

un programa político de futuro más allá del sufragio universal, ni un solo argumento político. En eso es un ejemplo perfecto de la retórica de la época: mucha forma y nada de fondo, una acumulación de palabras huecas pero biensonantes. No se puede esperar otra cosa de una proclama escrita por un poeta.

En el apartado de los «queremos» podemos leer lo que dicen querer los sublevados, lo de la legalidad común y el respeto para todos en una cosa que salvo prueba en contrario ya existía, y la prueba de que la legalidad se cumplía es que los firmantes estaban vivos.

También dicen querer que el encargado de observar la constitución no sea su enemigo, curiosa reclamación cuando son los firmantes quienes actúan anticonstitucionalmente y eligen el camino ilegal en vez del constitucional. Las vías constitucionales siempre les estuvieron abiertas y fueron ellos los que deliberadamente, a pesar de los reiterados ofrecimientos que se les hicieron, decidieron la vía anticonstitucional.

En lo que sí tienen razón es en lo de que quieren que las causas de las crisis ministeriales las puedan comentar en presencia de las mujeres de sus familias sin avergonzarse. Es normal que no deseen que sus esposas e hijas sepan las mezquinas causas de los cambios políticos en los que ellos participan, ni que sepan que son unos hombres sin palabra que traicionan sus juramentos más sagrados. Pero la solución solo está en sus manos. Si dejan de hacer política vergonzosa ya no tendrán de qué avergonzarse. Supongo que los marinos se sentirían avergonzados de tener que reconocer ante su familia que faltaban a sus juramentos por los perjuicios económicos que las reformas del ministro de Marina se veía en la necesidad de acometer. Más que la recuperación de una honra que nunca tuvieron les preocupaba su menguada cartera. Si quieren honra deberían ser los primeros en practicarla. *«Nemo dat quod non habet»*, nadie da lo que no tiene. Ya decían los clásicos.

Dicen querer un Gobierno que represente todas las fuerzas vivas del país, justo lo que la reina llevaba intentando cinco años y a lo que ellos se negaron reiteradamente una y otra vez.

Lo del sufragio universal sí que es un reclamo lícito y más o menos lógico, pero desde luego que no justifica una revolución. Para hacer eso bastaría con presentarse a las elecciones, ganarlas y después modificar la ley electoral. No son precisas tamañas alforjas para tal viaje. ¿Quién decíamos que era el enemigo de la constitución?

También tiene razón la proclama en lo de «los títulos de Castilla vilmente prodigados». Como los firmantes son receptores de esos títulos, lo que no se explica es cómo una vez reconocido que sus propios títulos fueron «vilmente prodigados» no renuncian a ellos. Los firmantes no ignoraban que los que se suponen fueron amantes de la reina no recibieron título nobiliario alguno, luego los firmantes solo pueden referirse a sí mismos. Pena que la autocrítica se quede solo en palabras y no pase a los hechos.

Lo de las fortunas improvisadas y los nuevos negocios y tal pues también sería más creíble, y si todos ellos no participasen de esos nuevos negocios y esas fortunas improvisadas. Todos ellos se hicieron ricos con los ferrocarriles y otras empresas. Lo de un general como Serrano, que fue director de negocios ferroviarios, es bastante ilustrativo de lo que digo. Si querían el poder era para tener capacidad de participar más activamente en los negocios y favorecer sus particulares intereses empresariales.

En realidad el documento es más interesante por lo que omite que por lo que dice. Es extraño que en la proclama de una revolución para destronar a la reina y su dinastía no se la nombre, ni para bien ni para mal. Lo mínimo que se podría esperar es un «abajo los Borbones» o algo así, pero lo único que se puede entender dirigido a la reina es la indirecta referencia a la honra, bastante poca cosa.

Un lector malpensado como lo soy yo podría deducir que los firmantes no estaban muy seguros de su éxito y que tenían un plan B, que supondría no prescindir de la reina. Seguro que Prim además tenía un plan C y un plan D, y quizás eso sea la explicación a lo que nos dice Ildefonso A. Bermejo, que entre las muchas visitas que tuvo la reina en San Sebastián estuvieron emisarios de Prim y de Serrano, pero con ofertas distintas: el emisario de Serrano le dijo a la reina que si lo llamaba para formar Gobierno la revolución quedaría en nada y de Prim le llegó el mensaje de que si les enviaba al Príncipe de Asturias la sublevación no seguiría adelante. Ante dos propuestas distintas de dos líderes que se suponía que estaban unidos en un objetivo común, lo lógico es que la reina no se fiara de ninguno de los dos, con muy buen criterio. ¡Como para fiarse de ellos cuando no eran leales entre sí! Lo que también nos demuestra lo que cualquiera podría deducir: lo que se quería era el poder, el para qué era algo secundario, y por eso la proclama está huérfana de propuestas políticas.

Pero volvamos momentáneamente al sur. Al día siguiente de pronunciarse Cádiz se pronuncia Izquierdo en Sevilla y con él toda la guarnición. Los rebeldes ya tienen tropas y al frente de ellas se pone Serrano, mientras que el capitán Araña (perdón, el general Prim) se va de crucero por la costa levantando guarniciones. El levantamiento de Sevilla fue un punto de inflexión en la revuelta. Su ejemplo fue seguido por Málaga, Granada, Huelva y finalmente toda Andalucía. Era una costumbre previsora que tenían los militares isabelinos la de no pronunciarse hasta que el pronunciamiento contaba con fuerzas que, si no garantizaban el triunfo, al menos sí lo hacían posible, y eso es lo que sucedió con el levantamiento de Izquierdo en Sevilla.

También el capitán general de Andalucía, Vasallo, había tenido múltiples avisos de que su segundo cabo el general Izquierdo conspiraba contra el Gobierno. Pero tampoco se tomó en serio los avisos, tal y como tampoco hizo el Gobierno, y prefirió confiar en los juramentos de lealtad de Izquierdo. Caro pagó España tanta confianza.

La noticia del pronunciamiento cayó como una bomba, y no por falta de avisos. Como hemos visto avisos tuvieron muchos, pero el exceso de confianza de González Bravo los minusvaloró. Solo le quedaba presentar la dimisión y recomendar a la reina que designase un general para frenar la revolución. Durante toda la estancia de la reina se había intentado gestionar una entrevista con Napoleón III, que estaba en Bayona, pero el taimado Napoleón II solo daba largas. La postura del emperador francés era totalmente indigna.

Estaba al corriente de los planes y había decidido dejar caer a Isabel II. Finalmente, al saberse del pronunciamiento de Cádiz, se decidió concentrarse en los asuntos internos, ya que estaba claro no se podía esperar apoyo de fuera. Se nombró presidente del Gobierno al marqués de la Habana, el general José Gutiérrez de la Concha. Este cambio ya estaba previsto desde hacia algunas semanas y los acontecimientos lo único que hicieron fue precipitarlo. El primer impulso de la reina fue trasladarse a Cádiz para negociar con los levantados, pero se la hace desistir. El nuevo presidente, al instante se trasladó a Madrid a tomar el mando. Dividió el territorio en cuatro distritos militares: uno en Castilla la Nueva y Valencia, al mando de su hermano Manuel Gutiérrez de la Concha, marqués del Duero; otro en Cataluña y Aragón, al mando del conde de Cheste; otro en Andalucía, al mando del marqués de Novaliches; y el de Castilla la Vieja, Galicia y Asturias, al mando del general Calonge, ordenando que acudiesen a tomar el mando sin pérdida de tiempo.

En Madrid el marqués de la Habana recibió la visita del marqués de Miraflores, quien además de las medidas militares le propuso tomar medidas políticas como promesas de mayor conciliación y convocatoria de nuevas elecciones. El buen marqués estaba cargado de buenas intenciones, pero eso no había funcionado en los cinco años anteriores. Y no era tiempo de ofertas políticas, o al menos no hasta conseguir una victoria militar que hiciese entrar en razón a Serrano, Prim y compañía.

El día 20 envió un telegrama a la reina en el que le comunicaba las decisiones tomadas y pidiendo su regreso a la corte, insistiendo el 21 en su pronto regreso. La reina estaba dispuesta —pues nunca le faltó el valor—, no así su marido. En este segundo telegrama agregó que le parecía conveniente que no la acompañase Marfory, lo que no gustó a la reina ni a Marfory.

Calonge consiguió dominar la situación en Santander. Se concentraron esfuerzos para combatir en Andalucía, en los que se incluyó a un regimiento de húsares al mando del conde Girgenty. Es de suponer que no se pidió parecer a la reina sobre este punto, pero, de haber sido solicitada su opinión y de haber sido tenida en cuenta su opinión, no se hubiera enviado a su yerno. La reina tenía la idea de que era gafe, y algo de razón no le faltaba. Valiente sí que era. Estaba en el extranjero cuando estalló la revolución y voló a Madrid para ponerse al frente de las tropas a su mando. El contraste con su suegro era notorio.

La situación era apurada pero no desesperada, Madrid se mantenía en calma y las tropas de la guarnición se mantenían leales. Cataluña estaba bajo control de momento, pero había prisa por tener una victoria. Se envió a Novaliches un telegrama de esos que a ningún militar gusta recibir:

El ministro de la Guerra al General en Jefe.

La situación de la costa del Mediterráneo es tal que se hace absolutamente necesario que obtenga V. E. mañana una victoria.

Alea jacta est, debió pensar Novaliches. Antes del combate recibió a López de Ayala, el autor de la proclama de la España con honra de triste fama, como enviado de Serrano, intentando atraérselo a su bando. Fue despedido con buenas palabras y se aprestó al combate. El enfrentamiento tendría lugar el 28 de septiembre de 1868 en el puente de Alcolea, donde hacía 60 años también se había combatido a los franceses. Se envió al general Echevarría con fuerzas suficientes para atacar el puente desde la orilla derecha mientras que Novaliches lo hacía por la opuesta. Pero al dividir sus fuerzas cometió un error, pues Serrano tenía los suyas compactas y eran numéricamente superiores al no estar divididas. Acometer el ataque simultáneamente en las dos orillas requería una sincronización que era muy difícil de coordinar con los medios de comunicación de la época. Serrano supo aprovechar esa ventaja. Además, Echevarría entabló el combate con sus tropas fatigadas después de una larga marcha, mientras las de Serrano estaban descansadas pues habían llegado en ferrocarril. El combate de Echevarría y sus tropas fue un derroche de valor. Pena que el enemigo no fuese extranjero.

Tras dos horas de combate se escuchó el primer cañonazo de las tropas de Novaliches. Eran las cinco de la tarde. Eso animó a las tropas. Pero el empuje de los rebeldes no declinó y los isabelinos tuvieron que empezar a retroceder. Anocheció ese día a las seis menos 12 minutos, pero no dejó de disparar la artillería. Desde la distancia ve Echeverría el combate en el puente de Alcolea y distingue que ha sido infructuoso. De valor indudable, Novaliches se había puesto al frente y fue herido en la primera acometida en el puente. La batalla tuvo resultado indeciso. Se podría haber ganado por Novaliches de haber apresurado a sus tropas a ocupar el puente antes de la llegada de las tropas de Serrano, o de no ser porque las tropas de Echevarría que había enviado por un vado para atacar el puente desde las dos orillas se viesen envueltas en combate a una hora de la tarde, que implicaba que en medio de la batalla cayese la noche, o de no haber sido herido Novaliches en la primera acometida. El caso es que los dos ejércitos conservaron sus posiciones y durmieron en sus respectivos campos.

El general A'Posteriori es el más victorioso de la historia, pero sin caer en estratega de barra de bar. No me resisto a expresar que, de haber hecho Novaliches un mejor uso de su superior artillería, el resultado de la batalla hubiera podido ser otro. Antes de cargar sobre el puente debió aprovechar el superior alcance de su artillería para ablandar las posiciones del enemigo sin sufrir bajas propias y, una vez bien castigadas las tropas de Serrano por un fuego al que no tenían respuesta, sí cargar con decisión al alba del día siguiente.

Tras la herida de Novaliches recayó el mando en el general Paredes. Ordenado la retirada hasta la población del Carpio, las bajas entre muertos y heridos fueron de unos 800 hombres entre los revolucionarios y 757 entre los leales a la reina.

En comunicación telegráfica con el presidente del Gobierno, este le pregunta a Paredes si puede sostener sus posiciones, a lo que responde afirmativamente. Además, dice que puede prescindir de dos batallones para enviarlos a Madrid.

Pero esta tragedia se representaba en varios escenarios al unísono. Volvamos al norte para saber lo que ocurría en la corte del todavía reino de Isabel II.

⁂

En San Sebastián la reina recibía consejos de todo tipo, siendo bastantes los que aconsejaban la abdicación en el

Príncipe de Asturias. Llegaron también hasta la reina emisarios de Serrano y de Prim, que por separado y al parecer sin tener conocimiento el uno de lo que hacía le otro ofrecieron a la reina recibir al príncipe para proclamarlo rey. Pero con buen juicio la reina decidió que, si se traicionaban entre ellos, muy bien podrían traicionarla a ella otra vez. Decidió no arriesgar la vida de su amado hijo. Además, muy posiblemente la reina recordase su infancia sin nadie que le diese afecto y siendo manejada por los intereses de los políticos, y no deseaba eso para su muy amado hijo. Algunos propusieron encomendar el príncipe a Espartero, por proponer cosas que no quedase. Mucho lloro la reina, por la ingratitud y por el destino de España que no hacía falta ser muy lúcido para ver muy negro. Era Isabel II mujer de lagrima fácil, pero en esta ocasión tenía fundados motivos para hacerlo.

La reina intentó viajar a Madrid el 21 de septiembre, pero el viaje fue suspendido por recomendación del Gobierno hasta no estar clara la situación en Madrid. A nadie ocultó la reina su deseo de ir a Madrid. En esos momentos su único apoyo militar era el batallón de los siempre leales ingenieros que hacían la guardia exterior de su residencia y los alabarderos que daban la guardia interior. Todas las noticias que llegaban eran malas, por no decir funestas.

Nos cuenta Bermejo que la reina le pidió al brigadier Castillo que mandaba a los ingenieros a un oficial para una misión secreta en Madrid, y supone Bermejo que se trataba de enviar un mensaje a Novaliches sobre la desconfianza que la reina tenía en la lealtad del general Concha, pero a mí me parece más bien que tan secreta misión se trataba de traer a San Sebastián las joyas de la reina, que estaban en poder de la reina en su exilio. No es razonable pensar que se las hubiera llevado todas para un viaje de veraneo. Como muy bien sabemos por boca del infame Figuerola, no estaban en Palacio cuando los revolucionarios lo ocuparon.

El día 25 se volvió a ordenar el regreso de la reina, contra el parecer de Concha. Esta vez viajaría acompañada solamente de su hijo y de su marido (a quien no gustaba nada la idea). Estando ya subidos al tren llegaron dos telegramas cifrados que anunciaban que la vía estaba cortada. La reina insistió en salir y en llegar hasta donde la vía estuviese cortada a todo trance. Se dice que dijo: «Basta de vacilaciones. A Madrid sin detenerse. Yo no salgo de este tren sino para entrar en Madrid».

Roncali tercio y expuso los inconvenientes y riesgos, se decidió averiguar dónde y quien había cortado la vía férrea, pero la línea telegráfica estaba cortada, no había comunicación con Madrid, a pesar de eso la valiente reina insistía en viajar con valerosa persistencia, nunca fue cobarde la reina, finalmente la reina se sometió al parecer de Roncali que a fin de cuentas era el representante del Gobierno, hasta en sus últimos días la reina se sometía al consejo de sus ministros, ejemplo de constitucionalidad hasta el fin. Regresó a sus aposentos muy contrariada.

Se comprobó que la vía férrea no había sido cortada cuando horas después llegó el tren correo sin novedad. No se aclaró quien había puesto el dichoso telegrama, pero todos los dedos apuntan al marqués de la Habana, puesto que el telegrama estaba cifrado y solo el Gobierno conocía esa cifra. Nadie ajeno al Gobierno pudo haberlo puesto.

Volvamos a Madrid para saber qué pasaba en ese escenario. Los recelos entre los revolucionarios estaban muy lejos de disiparse, y así Madoz maniobraba para evitar que los unionistas o los republicanos se hiciesen en exclusiva con el poder. Esto escribía Prim a Madoz.

«Sé que los unionistas andan muy listos. Ud. es quien ha de hacer que no nos chasquen. Es menester que andemos más listos que los unionistas y los republicanos. Después esto será monarquía o república, ya veremos. Pero no se descuide usted. Yo cuento sobre todo con la actividad de usted.»[64]

Tras conocer el resultado de la batalla de Alcolea, el marqués de la Habana convocó en la madrugada del 29 un consejo de guerra con los directores generales de todas las armas: el capitán general de Madrid; el general jefe del ejército de Castilla la Nueva; su hermano, el marqués del Duero; y el gobernador civil de Madrid, el señor Berriz.

---

64 *Historia de la interinidad y guerra civil de España desde 1868,* Ildefonso A. Bermejo. Madrid. R. Labajos. (1875)Tomo II, pág. 459.

El presidente del Consejo de Ministros les dijo que aquella era una reunión consultiva y que podían hablar en confianza porque la última decisión sería suya. Dijo que tenía información de que la corte barajaba retirarse a Francia y pidió su parecer en ese caso. En realidad la reina no le había manifestado nada al respecto.

El gobernador de Madrid dijo que podría mantener el orden en la ciudad si el ejército le apoyaba, y hasta el momento la guarnición de Madrid se mantenía leal. Se decidió mantener el orden a todo trance y se dieron disposiciones para ello. Solo se mostró disconforme el marqués del Duero, que consideraba la situación insostenible y propuso entrar en tratos con Serrano, excluyendo a Prim.

A la mañana siguiente, viendo el gobernador que no se había ejecutado el despliegue de tropas previsto para el sostenimiento del orden, se dirigió al despacho del general Concha, donde se encontró con Nicolás María Rivero, con el republicano Figueras y otros revolucionarios. El marqués del Duero le dijo que su presencia y buenos servicios ya no eran necesarios y que se retirase a su casa. Se disponía a hacerlo cuando el otro general Concha le dijo que aún tenía un servicio que prestar y que había decidido que lo acompañase a San Sebastián para poner a la reina al corriente de los acontecimientos personalmente. Vestido de paisano, el general Concha se dirigió a la estación del Norte, donde debería estar esperándole un tren especial y una escolta de la guardia civil. Pero la escolta no estaba y los ferroviarios habían boicoteado la salida del tren. Se encontraron con gente hostil que los increpaba. Cuando la situación parecía que se ponía peor, apareció la guardia civil y se refugiaron en el cuartel de la Montaña, que se mantenía leal, como también lo hacían las del cuartel de San Gil. Pero Concha decidió dejar correr los acontecimientos. Es más, salió del cuartel y buscó otro refugio para evitar siquiera la sospecha de que tenía otra intención.

Hizo bien Prim en confiar en la actividad de Madoz, pues este quedó al frente de la junta que sustituyó al Gobierno de la reina.

¿Por qué el marqués de la Habana cambió de parecer y decidió dejar caer a Isabel II? Los generales que debían haberse puesto al frente de la tropas para el sostenimiento del orden esa misma noche recibieron un permiso para residir en el extranjero que no habían solicitado. A buen entendedor, pocas palabras.

Estando en el Carpio ya Echevarría recibe el siguiente telegrama:

«El ministro de la guerra ha hecho dimisión. Marqués del Duero general en jefe accidental. Agitación en Madrid. De V.E. paso franco al duque de la Torre.»

Y poco después otro que decía:

«Gobierno provisional. Madrid pronunciado con grande entusiasmo sin derramamiento de sangre. El pueblo ha fraternizado con el ejército al grito de viva la libertad y la soberanía nacional. El general Ros de Olano.»

La verdad es que el ejército, si bien por falta de órdenes, no luchó. Tampoco es cierto que fraternizara. Más bien veía expectante y sorprendido los acontecimientos, como gran parte de los españoles.

Llegó la noticia de estos telegramas a la reina, que cayó en justificada tristeza. Ya se le aconsejaba abiertamente que se retirase a Francia. Cada vez la reina estaba más sola. Solo las tropas de ingenieros insistían en su defensa y estaban dispuestas a combatir por ella. En un desesperado intento el general Calonge envió un telegrama diciendo que lo esperasen, que se dirigía a San Sebastián con tres batallones, pero se le sublevaron por el camino. Fue el ultimísimo intento de un hombre leal.

Finalmente la reina decidió exiliarse. Entre lágrimas dirigió unas palabras a los leales que aún le quedaban, como la marquesa de Novaliches, que, pese a tener a su marido gravemente herido, no consintió en separarse de su Señora: «Grande es el tormento que me causa este alejamiento forzado del suelo en que nací, pero si mi ausencia ha de ser para bien de los españoles, sufriré resignada mi destierro, que endulzara la idea de ver felices a los españoles.»[65]

Todos sabemos que los españoles no fueron más felices por su ausencia, y hasta ese adulzamiento le fue negado. Una muchedumbre silenciosa pero no hostil contempló el espectáculo de la salida de la reina hacia Francia, donde un hipócrita Napoleón la recibió. Pero lo sucedido en Francia merece capítulo aparte, lo mismo que los destinos de España ya sin reina.

Recolectó la reina muchas ingratitudes, pero no deja de ser especialmente grande que fuese la Marina quien encabezase el pronunciamiento. A la llegada al trono de Isabel II prácticamente no existía Marina en España, solo había tres viejos navíos incapaces de navegar de puro viejos, cinco fragatas en no mejor estado y un puñado de navíos auxiliares, todos ellos de vela y de madera. Durante su reinado se compraron barcos al extranjero y se construyeron en España, empleando técnicas modernas. En 1853 se construye en Ferrol el primer barco español movido por hélice —el *Santa Teresa*—, se introdujo la navegación a vapor y la construcción de navíos blindados de hierro. La fragata *Numancia* fue el primer buque acorazado en dar la vuelta al mundo. Los barcos españoles eran capaces de defender el pabellón nacional en las lejanas costas del Pacífico americano.

Bermejo en carta a Amadeo hace el siguiente balance:

«Cuando se ausentó de la Península vuestra antecesora existía un presupuesto de 2.900.000.000, que se saldaba con un déficit de 150; y el presupuesto de hoy ha pasado de 3.000 millones y asciende el déficit á 1.500. Se pagaban al corriente casi todas las atenciones, y hoy están muchas desatendidas. Entonces, cuando Méndez Núñez arrojó bombas contra el Callao, se vacilaba si podía manchar ó no la victoria este acto. Hoy se han arrojado mortíferos proyectiles contra Cádiz, Jerez, Málaga, Valencia y Gracia. Los estados de sitio no pasaban en aquella sazón de treinta días, sin haber una ley que lo vedase; hoy ha durado uno más de cinco meses

---

65   *La estafeta de palacio*, Ildefonso A. Bermejo Impr. de R. Labajos 1872. Tomo II, pág. 1008.

en las provincias Vascongadas, existiendo un artículo que lo prohíbe en la Constitución que habéis jurado acatar y defender. Ayer no entraban tan á menudo en la cárcel los periodistas, y cuando entraban, era después de una sentencia definitiva; hoy penetran con profusión, y hasta hemos visto entrar en ella un dueño de imprenta irresponsable, no habiendo desaparecido el autor del escrito que se denunciaba como injurioso. Ayer la Guardia veterana era la salvaguardia del ciudadano tranquilo; en nuestros días hemos tenido una sociedad de aporreadores, y hay ciudades, como Valencia, en donde es necesario encerrarse apenas aparecen las sombras de la noche para no morir de un trabucazo.

Ayer las municipalidades y diputaciones provinciales se congregaban para deliberar y atender cuidadosamente á sus empeños. Hoy existen poblaciones donde se congregan para maltratar al presidente de un municipio, para andar á silletazos varios diputados provinciales, y las corporaciones más pacíficas, para lamentar que los establecimientos de beneficencia sucumben por falta de recursos. Entrad, Señor, en las comparaciones, y escuchareis más prevenidamente á los que os digan que estamos mejor que estábamos.»[66]

El balance del reinado de Isabel II está en las primeras páginas de este libro escrito, por voz más autorizada que la mía. Otros reyes como Carlos III, con muchos menos méritos, son llamados «el mejor alcalde de Madrid» y otros ditirambos. Pero fue bajo el reinado de Isabel II cuando Madrid dejó de ser un pueblo grande lleno de basura por las calles y con alcantarillas abiertas, y se pudo llamar una ciudad sin mentir.

Se empedraron las calles, se limpiaron de basuras y se construyeron aceras, se hicieron alcantarillas cerradas, se hicieron nuevas y anchas avenidas, se instaló alumbrado público de gas. La policía patrullaba las calles limpiándolas de delincuentes. Se hacen múltiples monumentos para ornato de calles y plazas. Se construyó el palacio del Congreso, la Universidad, el Hospital de la Princesa, el Teatro Real, la

---

66 *La estafeta de palacio,* Ildefonso A. Bermejo Impr. de R. Labajos 1872. Tomo I, pág. 160.

casa fábrica de la Moneda, las plazas de Oriente, de Bilbao, del Progreso, el canal de Lozoya, se acomete el ensanche de Madrid y muchas más obras que sería largo detallar. Eso solo en lo referente a Madrid, pero el impulso a las obras publicas alcanzó a toda España. Se dotó al país de carreteras dignas del tal nombre y se dio seguridad a los caminos limpiándolos de bandidos sin necesidad de recurrir a leyes de fuga y asesinatos mal disimulados como hizo Prim, sin obtener por ello un resultado ni remotamente parecido, creo que la mejor forma de valorar su reinado es conocer lo que ocurrió tras el triunfo de la mal llamada Gloriosa, cuyo nombre más ajustado sería Ignominiosa. A eso dedicaremos el próximo capítulo.

11. Y MIENTRAS TANTO, EN ESPAÑA...

Dicen que los dioses cuando quieren burlarse de los humanos les conceden sus deseos. Por eso los dioses concedieron a los españoles librarles de los «obstáculos tradicionales» y de aquella «señora con la que no se puede gobernar». En este capítulo analizaremos los «ventajas «y «adelantos» que trajo la revolución.

Para ser justo, no está claro ni mucho menos que el pueblo español pidiese la caída de la reina. Ese era más bien un deseo de los políticos. También es verdad que, si bien inicialmente la revolución no cuenta con apoyo popular, pues fue un pronunciamiento eminentemente militar, lo cierto es que la causa de la reina tampoco levanta el apoyo del pueblo, que más bien observaba expectante los acontecimientos esperando a ver quién era el vencedor para acudir en su auxilio en aquello tan español de «a moro muerto gran lanzada».

Con el triunfo de la revolución se abrió la veda para todo linaje de insultos e infamias sobre la reina. Los periodistas competían por ver quién podía llegar más lejos en la infamia. Candidato a ganador en la categoría de panfleto tragicómico sería el socialista utópico Fernando Garrido por su obra *Historia del reinado del último Borbón de España*, donde ya nos deja a las claras que lo suyo no es la adivinación del futuro. Pero lo más divertido es la dedicatoria:

Dedicatoria a Isabel de Borbón
La democracia española sería ingrata con Isabel de Borbón si no reconociera que a ella debe en gran parte el triunfo de sus principios. Sin su auxilio no tendría hoy la

gran satisfacción de ver proclamados y practicados, la libertad de cultos ni el sufragio universal, ni las otras libertades que forman el dogma de la democracia universal.

Leyendo esa dedicatoria uno no pude dejar de pensar que los demócratas revolucionarios decidieron devolverle el favor, haciendo todo cuanto estaba en sus manos para convencer a los españoles de que la monarquía borbónica era el único Gobierno posible en España. De otra manera no se entiende tal cúmulo de despropósitos como ocurrieron en los seis años siguientes, en los que todo lo que se podía hacer mal, efectivamente, se hizo mal. No sé si el dicho «otros vendrán que buena me harán» se inventó pensando en Isabel II, pero desde luego se le podría aplicar perfectamente.

Bermejo y Cambronero, que asistieron como partícipes y espectadores, nos relatan los acontecimientos de septiembre del 68 en Madrid. Una vez que se supo que la reina había salido para Francia, una vez que ya estuvo claro el triunfo, todos eran entusiastas partidarios de la revolución. Nos cuentan también cómo se repartieron armas al pueblo, que las reclamaba con insistencia una vez que ya estaba claro que no eran necesarias. Bermejo nos cuenta que algunos, más prácticos que patriotas, lo que hacían era venderlas para obtener un dinero que nunca sobraba. Otros, como Cambronero, se dedican a pasearlas con aires que pretendían ser marciales si no fueran cómicos.

En Madrid, a la triunfal entrada de Serrano se sucedieron las fiestas, los desfiles, las serenatas y los discursos, muchos discursos, Cambronero nos cuenta que algunos incluso en italiano que nadie entendía. Pero todos aplaudían frenéticamente cuando entendían la palabra «*libertá*», y después pues más fiestas, desfiles, serenatas, y discursos. Llegó Prim el 7 de octubre a Madrid. Más discursos, más serenatas y más fiestas. Se abrazó a Serrano en un balcón, igual que hicieron Espartero y O'Donnell. Se forma Gobierno, que los republicanos pronto llaman reaccionario. Mal empezamos.

A pesar del festejo general, tampoco faltaban gentes que viesen lo que se avecinaba con prevención, solo que se cuidaban mucho de decirlo en público. Por ejemplo, tenemos lo que escribió el famoso pintor Federico de Madrazo, que no veía nada bueno en los nuevos tiempos:

Recuerdo cuando volvió Fernando VII de Cádiz, el año 23, que oía gritar a las mujeres entusiasmadas (por supuesto las mismas que habían gritado «Viva la Constitución» o «Viva Riego). Viéndole pasar, «Qué buen mozo», «Más quiero al rey que a Dios», etc., pues hoy he oído a otras del mismo género viendo al general Prim: «Qué guapo es». Y si fuera moda hablar de Dios de seguro habrían añadido alguna cosa por el estilo de lo otro.[67]

El grueso del pueblo madrileño no parecía tener tanta memoria, pero lo que es más grave es que los vitoreados tampoco recordaban cuán voluble es el pueblo español. Poco tardarían en darse cuenta.

En otros lados de España también hubo fiestas, pero para conservar las costumbres revolucionarias se ataca a la Iglesia. En Sevilla se destruyen 56 templos. Se cierran conventos y se expulsa a las monjas.

La Junta de Madrid, presidida por Madoz y autotitulada Superior Revolucionaria, hizo recuento de los nuevos derechos de los españoles: sufragio universal, libertad de cultos, libertad de enseñanza, libertad de reunión y asociación, libertad de imprenta sin legislación especial, descentralización administrativa, juicios por jurados, unidad de fueros en la administración de justicia, inamovilidad judicial, seguridad individual, inviolabilidad del domicilio y de la correspondencia, abolición de la pena de muerte. A esto las juntas provinciales añadieron abolición de quintas y matrículas de mar, desestanco del tabaco y la sal, libertad de industria y comercio, y supresión de la contribución de consumos. Viejas reivindicaciones mezcladas con algunas nuevas. Se acabaron las vaguedades y el andarse por las ramas de las proclamas de Cádiz. El cómo hacer posible todo eso evidentemente se lo dejaban al nuevo Gobierno. Se reinstauró la Milicia Nacional. Eso sí, renombrada como «Voluntarios de la Libertad», para que sonase como más moderno.

---

67   *El trono vacío,* Francisco Climent, Editorial Brand, (2001) pág. 128.

Tarea de titanes la del Gobierno, sobre todo si tenemos en cuenta que había que hacer todo eso y además mantener el orden público y sanear la hacienda. Difícil cuestión cuando la gente entendía la libertad de prensa como la libertad para insultar al oponente y la libertad de cultos no era pedida por el deseo que tuviesen los españoles por hacerse protestantes o musulmanes, la pedían por el irrefrenable deseo de molestar a los curas, que era una especie de deporte nacional. La libertad de reunión se entendía como libertad de reunirse para conspirar contra el Gobierno por cualquier medio, violencia política incluida.

Las juntas provinciales se resisten a dejar el poder y obligan a Sagasta, ministro de Gobernación, a invocar el orden. Curiosa tendencia que tienen todos los que llegan al poder por medio del desorden. Envió un circular que terminaba tal que así:

«Expuesto cual es el pensamiento del Gobierno en este punto, solo me resta añadir a esa autoridad que merecerá bien de la patria manteniendo el orden a toda costa, y entregando inmediatamente a la acción de los tribunales a los que con cualquier pretexto lo turbasen, que esos son los único y encarnizados enemigos de la libertad a que aspiramos, y que tantos sacrificios y lágrimas y sangre nos han costado, para consentir que se comprometa su suerte por unos cuantos extraviados».

Palabras que podrían ser firmadas por González Bravo o Narváez sin problema. Pero esto es nada comparado con lo que veremos.

El pretendiente carlista don Juan abdica en su hijo, don Carlos de Borbón y de Este, lo que es recibido por los revolucionarios con burlas. En su soberbia eran incapaces de pensar que existieran carlistas en España. José María Rivero fue elegido alcalde de Madrid y prometió todo lo prometible y más. Madrid sería el jardín del Edén de donde desaparecerían la pobreza y todas las penurias y los impuestos.

Lo más grave es que el pueblo lo creyó, y lo mismo pasó en toda España, donde las promesas de las juntas revolucionarias fueron creídas. Así, se esperaba la desaparición del impuesto de consumos, de las quintas, del estanco de la sal y el tabaco, y todo cuanto fuese menester.

¡Que se remata! ¡Que se remata!

Se reparten ascensos y condecoraciones a manos llenas. Nadie se quiere quedar sin su empleo, su ascenso o al menos sin una sonora condecoración. Era lo que en la época se llamaba repartir el turrón. Mientras, la junta revolucionaria tiene la poca vergüenza de dar de baja al príncipe de Asturias de su regimiento. Y no faltó quien quisiera procesarlo por desertor, pero su edad lo hacía inimputable. Prim usaba de su cargo como ministro de la Guerra para ganarse lealtades que le serían útiles en el porvenir. Ascendió a todos los oficiales que habían emigrado por las intentonas fracasadas pagándoles los sueldos no cobrados durante su exilio y dio dos años de rebaja en el servicio militar a la tropa.

Todos felicitan a los triunfadores. Espartero escribe una carta:

«Todo el mundo sabe cuál es mi único anhelo, que excuso por lo mismo repetir».

Se ve que ya hasta él mismo se daba cuenta de que repetir el «cúmplase la voluntad nacional» sonaba ridículo. De todas formas Espartero también felicitará a Serrano dentro de unos años por todo lo contrario. Olózaga que no cabía en sí de gozo. En París, antes de salir para Madrid, dijo: «Se me ha quitado un peso del corazón. Al fin cayo lo que hace tanto tiempo deseaba que cayera y por lo cual tanto he trabajado».

Patética vida la de un hombre hecho y derecho que dedica su vida a vengar un supuesto agravio cometido por una niña de 13 años, sin darse cuenta en su ceguera de que él mismo había sido el que había dado la munición con la cual fue agraviado, cuando si no con fuerza sí con engaño obtuvo torticeramente un decreto de disolución para sus miserables intereses políticos. ¿Se puede ser más miserable jugando con el destino de todo un país para satisfacer sus ruines pasiones personales? Como el resto de próceres revolucionarios, fue recibido en Madrid con todos los honores, músicas, discursos (muchos discursos) y demás parafernalia.

Diez días después del pronunciamiento de Cádiz, los cubanos siguen su ejemplo y estalla una rebelión en Yara en la que se proclama la independencia de Cuba. Era capitán general Lersundi y fue sustituido por el general Dulce, uno de los firmantes de la proclama de Cádiz.

El Gobierno hacia esfuerzos por mantener la unidad, agitando el espantapájaros de la reacción, por lo demás inexistente. Como era inevitable, España se dividió entre republicanos y monárquicos. Y por si esto era poco, había republicanos unitarios, federales, federativos, demócratas, centralizados y descentralizadores; por el otro lado, había monárquicos hereditarios, electivos, responsables e irresponsables. Vamos, un sin Dios. Surgieron como las setas periódicos de todos esos matices y algunos más. Y con razón algunos se preguntaban si había en España lectores para tanto papel impreso.

Publicó Sagasta una ley de asociaciones que en el primer artículo daba plena libertad de asociación, pero en el cuarto ya decía que estaban prohibidas las que estuviesen sometidas a «una autoridad establecida en país extranjero», supongo que refiriéndose a las asociaciones religiosas recientemente disueltas, o a los monárquicos isabelinos, pero que también podría aplicarse a los masones, cosa que evidentemente no estaba en su ánimo, y a los conspiradores establecidos en el extranjero, como habían sido ellos solo hacia unos meses. La ley era un saco de ambigüedades, creada para prohibir aquello que no gustaba, pero al mismo tiempo dárselas de muy liberal. Los que hacia unas semanas decían que González

Bravo era un tirano que gobernaba con mano de hierro por defender el orden, ahora clamaban por ese mismo orden que ellos escarnecieron. El ministro de Gracia y Justicia Romero Ortiz pedía a los fiscales pronto castigo a los que en Andalucía repartían tierras que tenían dueño, mientras que aplaudía que se despojase a las órdenes religiosas de sus edificios, de los que eran tan legitimas propietarias como los terratenientes de sus fincas. El ejemplo del trato que el Gobierno daba a los religiosos era letal para el orden.

Sagasta intentaba mantener ese orden, pero disimulando la represión o al menos culpando a la presunta reacción de causarla. En la circular del 29 de noviembre, culpa a la presunta reacción de estimular las posiciones más exageradas para desprestigiar al Gobierno y a la revolución, culpando a los republicanos Castelar y a José María Orense de ser instrumentos de los reaccionarios. Por supuesto esto no hizo que los republicanos moderasen sus discursos, más bien al contrario, eran más ardientes todavía. Eran una fuerza ascendente.

Las juntas revolucionarias competían entre sí por ser más revolucionarias que sus vecinas, y no había alcalde que no pensase que su poder era mayor que el del Gobierno. El Gobierno pedía orden y templanza, pero es más fácil sacar el genio de la lámpara que volverlo a meter. Sagasta paría circulares una tras otra y todas con nulo resultado. Los motines por los más variopintos motivos eran cotidianos, pero generalmente eran contra los ricos, a los que se consideraba culpables de las penurias generales. Otras veces eran republicanos contra monárquicos que dirimían sus diferencias a palos, cuando no a tiros. No había día en el que no hubiese algún disturbio en algún pueblo de España. 34 motines se sumaron en el mes de noviembre, con su correspondiente goteo de víctimas y represiones.

Empezó diciembre tal y como acabo noviembre, con motines, en los cuales se daban mueras a los que hacía dos meses escaso recibían ardorosos vivas. Las elecciones hacen que las tensiones aumenten y los muertos también. Las sublevaciones más importantes fueron las de Cádiz y Málaga, de marcado tinte socialista. En Cádiz los rebeldes se apoderaron de algunas piezas de artillería y dominaron la ciudad durante tres días. Caballero de Rodas sofoca la revuelta en la ciudad donde había nacido la revuelta de la cual había nacido el Gobierno. Si se piensa un poco, nada más natural. En Málaga los combates duraron dos días y Caballero de Rodas fue auxiliado por fragatas que cañonearon la ciudad. La misma Marina que había encendido la mecha ahora quería apagarla a cañonazos. Caballero de Rodas no aplicó medidas de rigor con los prisioneros, quizás esperando obtener gratitudes y lealtad a la ley y el orden. Obtendría el mismo resultado que Isabel II: ninguno.

El Gobierno mientras tanto emitía circulares en las que culpaba a la «reacción» de los acontecimientos, mientras hacía esfuerzos por desarmar a quienes sin necesidad había armado solo hacía unas semanas.

La prensa empieza a hablar de la necesidad de un Gobierno fuerte. ¿No era eso acaso de lo que se acusaba a González Bravo? En ese trance reaparece Montpensier y ofrece su espada a la revolución, como si la abundancia de espadas no fuese el problema y sí la solución. El Gobierno se apresura a declararse neutral y enfría los ánimos de Montpensier y sus partidarios, quienes pretendían presentarlo como el salvador ante la anarquía. Lo envían de vuelta a Portugal y además lo hacen de manera pública, publicándolo en la *Gaceta*, un desaire en toda regla que sí gustó en Francia.

Para colmo de males para Montpensier el infante don Enrique también hace movimientos para sin decirlo postularse como candidato de los progresistas, algo difícil, pues el grito de «abajo los Borbones» le incluía a él. Pero eso no era óbice cuando la ambición impulsa a los hombres.

Como la revolución no había marcado ningún programa político concreto, todos los partidos la asumían como propia y llamaban traidores a los oponentes. Los republicanos eran los más ardientes. A las elecciones por primera vez acudió el partido carlista, lo que el Gobierno, preso de sus palabras, de plena libertad no podía impedir legalmente, por lo que recurrió a todo tipo de trucos sucios y provocaciones para impedir que participase en igualdad de condiciones. Se llegaron a lamentar muertes en los disturbios promovidos por el Gobierno.

¿Cuál era la situación de los partidos en esas elecciones?

Los moderados estaban sin líderes y desorientados, casi disueltos. Creían no sin razón que la restauración la traerían los propios revolucionarios. Practicaron un retraimiento tácito. Tenían el íntimo convencimiento de que solo era cuestión de tiempo que volviese la cordura al país.

Los progresistas estaban igual de desorientados. Sus líderes naturales como Olózaga o Espartero fuera del Gobierno y acosados por los republicanos. Parece que el destino de los progresistas era hacer revoluciones para que sus frutos los cosechasen otros.

La Unión Liberal estaba tempranamente asustada de su propia obra e intentaba por todos los medios poner freno al torrente revolucionario que habían desatado. Por eso quería un rey, pero con todos los poderes tradicionales de la monarquía española. Era un cambiarlo todo para que nada cambiase.

Los carlistas a los que todos daban por muertos habían sido resucitados por los demócratas y sus excesos anticlericales.

Y por último los republicanos, divididos en múltiples grupos antagónicos entre sí, y que sentían que les habían birlado una revolución que en realidad no era obra de ellos. Pero la retórica de Prim y compañía les hacía creer que sí era fruto de su labor.

La división interna era común a todos los partidos. Mal asunto para presentarse a unas elecciones, y más si eran constituyentes. El resultado fue a gusto del Gobierno como es lógico, pero pasaron cosas como que Topete fue derrotado en Cádiz, el mismo Cádiz que lo había vitoreado solo hacía unos meses.

El 25 de enero de 1869, el gobernador de Burgos Isidoro Gutiérrez de Castro fue asesinado en la catedral por una multitud, cuando, en cumplimiento de una confusa orden del Gobierno, el pueblo supuso que intentaba sacar las alhajas de la catedral. El pueblo era más católico de lo que algunos querían suponer. Del anticlericalismo el Gobierno no sacaba ningún beneficio y sí muchos inconvenientes, pero persistía en su actitud con determinación digna de mejor causa.

A principios de este año salió para Cuba como capitán general Domingo Dulce, con el encargo de apagar la sublevación ofreciendo las ventajas que según el Gobierno otorgaba la revolución. Sus primeros pasos fueron prometedores, pero el sabotaje de los furibundos voluntarios españolistas pronto frustró esas esperanzas. Y como el karma es muy cabrón, sufrió Dulce el pronunciamiento de su segundo cabo y se vio obligado a ceder el mando. Donde las dan las toman, que se suele decir. Una vez que se muestra cuál es el camino hacia el poder, es inevitable que otros lo sigan.

Lo más divertido del caso es la comunicación que escribió al Gobierno desde la fragata que lo traía de vuelta a la península:

«Excelentísimo señor:

La precipitación de mi marcha y el temor de que mis palabras fueran la expresión apasionada del resentimiento o de la ira han hecho que deje para más tarde el poner en conocimiento de V.E. las causas, el origen y los pormenores de un suceso que, infringiendo un ultraje al Gobierno supremo de la nación española, de quien yo era representación legitima, habrá herido de muerte el principio de autoridad en las Antillas, si la mano rigurosa de aquel no la restablece sin consideración a respetos, no debidos nunca a los que olvidan, por flaqueza de espiritu, o porque de ese modo van a su mejor provecho, del cumplimiento de sus deberes, «diciéndoles» que su exigencia era un proceder indigno del carácter español, que se aprovechaban de las armas que les había dado la patria para sostener la autoridad, volviéndolas contra la misma y valiéndose de verla desarmada»[68].

¿Olvidaba el señor Dulce sus propios actos y cuáles eran sus deberes y quién le había entregado las armas que alzaron hacía solo unos meses? Yo no lo creo. Dulce, como todos sus compañeros, era ferviente partidario de la disciplina y de la obediencia cuando era él quien mandaba, y partidario del motín cuando mandaban los demás. En lo que sí tiene razón

---

68 *Historia de la interinidad y guerra civil de España desde 1868*, Ildefonso A. Bermejo. Madrid. R. Labajos. (1875). Tomo II, pág. 80.

es en que España hubiese necesitado una mano rigurosa que no tratase con respeto a gente que no lo merecía, como él mismo.

Que los políticos de la época vivían en un mundo paralelo y alejado de la realidad del pueblo es algo indiscutible, pero por si había dudas véase lo siguiente. Cuando era capitán general de Cuba, en sustitución de Dulce, el general Caballero de Rodas recibió una comunicación del Gobierno en la que pomposamente le decían que le daban un argumento político que sería capaz de frenar la insurgencia. Y ese argumento vencedor era... la libertad de cultos. La respuesta de Caballero de Rodas no tiene desperdicio.

«La libertad de cultos de que V. E. trata en su telegrama del 20 tiene aquí escasa importancia. La generalidad de la población se ocupa de los negocios de este mundo sin preocuparse gran cosa de los del otro. La tolerancia religiosa es un hecho consecuencia de la numerosa población extranjera que en todos tiempos se ha establecido en la isla. Las costumbres, más que libres, son relajadas. La moral se entiende con mucha anchura. Así, publicado el telegrama en la prensa asociada en el que decía haberse determinado en el consejo de Ministros la libertad de cultos, nadie se ha ocupado de esta noticia»[69].

Mejor habría hecho el Gobierno dando publicidad en España a la contestación de Caballero de Rodas sobre las «relajadas costumbres y ancha moral» caribeñas. Quizás así no tendría tantos problemas para reclutar a los quintos con destino a Cuba.

Pero más que la redacción de la constitución y sus leyes asociadas o los asuntos de Cuba, lo que ocupaba el tiempo de los políticos era la elección del rey. Se barajaban todas las posibilidades. Estaban descartados, eso sí, los dos Borbones, don Alfonso y don Carlos, que en realidad eran los únicos que la aceptarían sin dudarlo, ya que la revolución se había hecho al grito de «abajo los Borbones», sería demasiado inconsecuente incluso para los políticos decimonónicos capaces de decir cosas distintas en días consecutivos.

---

69 *Historia de la interinidad y guerra civil de España desde 1868*, Ildefonso A. Bermejo. Madrid. R. Labajos. (1875). Tomo II, pág. 443.

Montpensier presentaba su candidatura con las armas que tenía a mano, que era la prensa a sueldo para hablar maravillas de él. Pero, salvo los que recibían su dinero, nadie apoyaba su candidatura con firmeza. Los que como Topete la habían abrazado, aunque no la abandonaron hasta el final, enfriaron su entusiasmo ante la falta de apoyo popular. Montpensier era capitán general, vivía hacia 20 años en España y nunca había participado en ningún hecho de armas. Eso el pueblo español, amante de los valientes, nunca se lo perdonaría. Por esa misma razón nunca fue popular Francisco de Asís. Si Montpensier hubiese en tiempo y forma demostrado valor como militar, de seguro tendría más adeptos en las masas populares. A fin de cuentas esa y no otra era la fuente de la popularidad de Prim.

Otro candidato a la corona era don Fernando de Coburgo, rey consorte viudo de la reina María de Portugal. Hablaba español, era convencido liberal y conocía perfectamente la política española. Precisamente por eso no tenía ninguna gana de ser rey de España. Tras la regencia de su hijo vivía muy plácidamente retirado en sus asuntos particulares. Esa candidatura era además vista con suspicacia por el Gobierno inglés, que temía que tras la muerte de don Fernando se produjese una unión ibérica que les haría perder su influencia sobre Portugal.

La candidatura Coburgo tenía el inconveniente de su sucesión. Si le sucedía su hijo Luis I, rey de Portugal, se abriría un conflicto con Inglaterra y con el pueblo portugués, que no deseaba la unión ibérica que en España si acariciaban los progresistas españoles con Olózaga como principal impulsor de tal idea. Se pensó en hacer sucesor a su hijo Augusto, duque de Coímbra, que tenía fama de corto de luces. Montpensier, que no daba puntada sin hilo, pensó en casarlo con alguna de sus hijas. Don Fernando de Coburgo, que a diferencia de su hijo no era tonto, alejó a Augusto de los encantos de las hijas de Montpensier. Otra opción sucesoria eran las hijas de don Fernando, pero otra corona femenina no era vista con buenos ojos. Curiosamente una de ellas, la infanta Antonia, estaba casada con Leopoldo de Hohenzollern-Sigmaringen, quien más adelante también sería candidato. En realidad las condiciones para ser rey se limitaban a ser varón, católico y de estirpe regia.

A pesar de los desmentidos a su interés en la corona, Montpensier no se fiaba y concentró sus armas periodísticas en desprestigiar su candidatura, resaltando su relación con la cantante Elisa Hensler, maniobrando incluso para que se casara con ella, cosa que sucedió. Para disgusto de Montpensier, esto no desanimó a sus partidarios progresistas, que eran muy modernos para la época y no rechazaban a la cantante como reina consorte, a pesar de tener una hija de padre desconocido.

Se propuso también a Espartero. Curiosa proposición, teniendo en cuenta que tenía ya 76 años y no tenía hijos. ¿Quién le sucedería? Esto no dejaba de animar a sus partidarios, entre los que se contaba a Madoz como uno de los más firmes. No deja de ser curioso que la sucesión del mucho más joven don Fernando Coburgo suscitase debates y sin embargo nadie parece plantear qué sucedería tras la previsiblemente más temprana muerte de Espartero. ¿Esperaría alguno de nuestros políticos de la época ser adoptado por Espartero al estilo romano?

Algunos incluso propusieron a Serrano, para más alegría de su esposa que de él mismo.

Serrano es un personaje curioso. Varias veces tuvo en sus manos el destino de España y siempre lo dejó en manos de otro sin resistencia significativa. Por otro lado es difícil ser más errático que él: en el 40 estaba con Espartero contra Narváez; en el 43 con Narváez contra Espartero; siendo ministro universal, dejó el poder en manos de Narváez y pasó a segunda fila; en el 54 estaba otra vez con Espartero y O'Donnell contra el Gobierno de San Luis y contra la reina; en el 56 con la reina y O'Donnell contra Espartero; en el 66 con O'Donnell y Narváez en defensa de la reina contra Prim y los progresistas; y en el 68 con Prim y los progresistas contra la reina, y volvió a tener el mando del país para volver a delegarlo en Prim y después en Amadeo. Fue ministro universal, presidente del Gobierno, regente y presidente del poder ejecutivo de la república (presidente de la república pero con otro nombre). También ese poder lo dejó sin resistencia digna de tal nombre. Parece que le gustaba más subir que permanecer arriba, y eso que nadie llegó tan arriba como él.

Si para las conversiones políticas fuese necesario caerse del caballo como san Pablo, los políticos decimonónicos estarían todos ellos descalabrados.

En las elecciones, tal y como era consolidada tradición, ganó el Gobierno, con los tradicionales ardides de sobornos y amenazas, a lo que en esta ocasión se añadió una buena dosis de violencia.

El resultado de las elecciones fueron un grupo de carlistas con 18 diputados, 69 unionistas, 14 isabelinos capitaneados por Cánovas del Castillo, 156 diputados progresistas de variadas tendencias, 20 diputados demócratas monárquicos y 69 diputados demócratas republicanos. Vamos, que aburrido no sería.

En el discurso de apertura de las Cortes, Serrano llenó de elogios a los ilustres convocados para hacer la felicidad de España una vez libre de los obstáculos tradicionales, prometiendo todo tipo de libertades; eso sí, reconociendo que si en los meses anteriores habían hecho cosas aparentemente incompatibles con esas libertades prometidas había sido en «defensa de la revolución misma que imperiosamente lo reclamaba». Vamos, que la reacción es buena cuando son ellos quienes la practican. Y como todos los políticos que en España han sido y serán, culpó a sus antecesores de todos los males habidos y por haber. El discurso más largo de la sesión fue como era de esperar el de Castelar, que entre su florida prosa tuvo espacio para decir que Prim y sus compañeros no tenían capacidad para gobernar. Como adivino estuvo más acertado que Prim. La predicción de los tres jamases de Prim no se cumplió pero la de Castelar sí, para desgracia de España.

Se encomendó a Serrano la presidencia del Gobierno y Prim pronunció su famoso discurso de los tres «jamás», refiriéndose a la vuelta de los Borbones. Es lógico que lo dijese tres veces, pues de decirlo solo una no le hubiera costado nada decir lo contrario al paso de un tiempo. Es sintomático que él mismo sintiese la necesidad de enfatizar tanto sus palabras.

El Gobierno continuó con los mismos ministros, lo que por las causas ya varias veces explicadas llenó de insatisfacción a los que aspiraban a un puesto más elevado para el que contaban con sobrados méritos según su propio criterio. En eso no cambió nada la política, ahora que ya no estaba la señora con la que no se podía gobernar.

Estalló una sublevación republicano-federal en Barcelona que fue prontamente sofocada. Los disturbios continuaron por toda España. En Andalucía se hicieron repartos de tierras y otros más prácticos todavía se apoderaban de la cosechas que otros habían cultivado. Para algunos el socialismo quería decir que las cosas eran del primero que las tomaba, mientras el Gobierno dejaba hacer sin intentar poner orden de forma firme. El ministro de Hacienda se quejaba de que nadie pagaba impuestos salvo que fuese a punta de bayoneta. También las quintas eran motivo de protesta: en Jerez el anuncio de reclutamiento de una nueva quinta produjo sangrientos disturbios. La protesta alcanzó tal punto que fue necesaria la intervención del ejército, que causó 300 víctimas entre soldados y revoltosos.

En el Congreso, Prim, ante las acusaciones de los republicanos, argumentó que él no faltaba a su promesa de suprimir las quintas, pero que hacerlo tendría un coste que el Estado no podía asumir. Esto hace que uno se pregunte: ¿pero eso no lo sabía usted antes, señor Prim? De todas formas el pueblo no estaba para disquisiciones ni sutilezas parlamentarias o económicas y reclamaba el cumplimiento de una promesa repetida mil veces.

Ayuntamientos como el de Madrid prometió redimir en metálico a los mozos del municipio a quienes tocase en suerte, ejemplo que siguieron otros ayuntamientos. Lo que no aclaraban era que, si todos los ayuntamientos hacían lo mismo, ¿quién compondría el ejército español? A pesar de ese ofrecimiento se organizó una manifestación en Madrid contra las quintas, protagonizada por mujeres, madres y esposas.

Ante la negativa insistente de don Fernando Coburgo, Prim se decidió a impulsar la candidatura del duque de Aosta, que tampoco es que tuviese muchas ganas. Parece que nadie en España pensaba que los candidatos, visto el trato que recibió la clemente Isabel II, no esperaban recibir ellos otro mejor por parte de los españoles. La falta de lealtad para con la reina legítima era una razonable fuente de temor para los aspirantes, que además carecían de esa legitimidad dinástica de siglos. Vamos, que en buena lógica pensaban: si así trataron a la buena de Isabel, ¿cómo me trataran a mí, que además soy extranjero? Todos en España suponían que los candidatos debían estar encantados de ser reyes de España, pero la verdad es que todos preferían su tranquila vida privada a tener que tratar con los veleidosos españoles, que un día te aclaman y al siguiente te maldicen. Es de suponer que debían pensar: ¿Qué graves pecados ha cometido la reina destronada que no pueda cometer yo? De haber sido Isabel II una reina cruel y sanguinaria, se podría fácilmente suponer que, siendo un rey magnánimo, se podría obtener el amor del pueblo español; pero magnánima en grado sumo había sido la reina Isabel, y a pesar de eso estaba exiliada e insultada. Yo de haber sido candidato también hubiese rechazado tal canonjía, auténtica fruta envenenada.

Ante la falta de un rey que se prestase, se decidió la regencia de Serrano y que Prim fuese presidente del Gobierno. Al instante fue asediado por todos los partidos, que exigían estar representados en ese Gobierno. Como bien dijo Narváez, serían necesarios cientos de ministerios para contentarlos a todos. Pero ahora, además, no solo pedían para sí, además exigían que no se diese parte a sus oponentes, o más bien enemigos políticos.

El 1 de junio de 1869 se votó la nueva constitución. Cada siglo tienen sus manías y el XIX tenía la manía de las constituciones. Eso sí, como ya tenían práctica, esta estuvo lista en un par de meses, en vez de dos años como la del bienio. En su primer discurso, Prim promete restablecer el orden y acabar con los motines. No se esforzó en disimular que lo haría con mano dura.

En el Gobierno no participaban los demócratas de Castelar y compañía, que rechazaron las ofertas de los progresistas. Era una reedición del retraimiento que habían practicado los progresistas. Las disensiones en el Gobierno no se hicieron esperar. Se intentó solucionar cambiando algunos ministerios. Era el cuarto Gobierno en nueve meses. Algunas cosas no parecían cambiar y era imposible que cambiasen si las ambiciones personales seguían siendo el motor de la política, y la empleomanía y el «quítate tú para ponerme yo» seguían campando a sus anchas.

Ocurrían cosas chuscas, como que, enterado el Gobierno de que el general Gasset había visitado a doña Isabel II en París para tratar asuntos de la posible restauración, le mandaba que de desterrase a Canarias. Evidentemente Gasset hizo el mismo caso que haría Prim de haber recibido una orden similar, cosa que el sentido del ridículo de los Gobiernos isabelinas impidió. Pretender que alguien que está en el extranjero regrese voluntariamente para exiliarse solo se le podría ocurrir a gente como aquella. Gasset respondió con una proclama donde les cantaba unas cuantas verdades, recordándoles su ingratitud y a Prim su juramento de defender a la reina en cualquier circunstancia. De tener vergüenza, se avergonzarían; pero, como no la tenían, se hicieron los dignos.

Insistía Prim en sus discursos en que quería mantener el orden público y en la disciplina, loables deseos si no fuese porque el que alentó el desorden y el capitán de la indisciplina había sido él. Suele ocurrir que los que conquistan el poder por medio de la revolución nada más alcanzarlo descubren las virtudes de la ley y la disciplina que han destruido. Y lo que antes era insufrible tiranía y represión intolerable en sus manos se convierte en sano respeto a la ley.

Mientras tanto los carlistas intentaban reunir fuerzas y fondos económicos para reavivar su lucha. El pretendiente intentaba que Cabrera se pusiese al frente, pero este manifestaba que no creía posible la victoria. Conseguir el apoyo de Cabrera era muy importante, puesto que con él al frente le sería más fácil al pretendiente conseguir financiación y gente dispuesta a seguirlo. Era prácticamente su único líder de prestigio. Don Carlos, aunque confiaba en los medios electorales que había estrenado, más confiaba en el tradicional método del alzamiento, con el que pensaba alcanzar su objetivo, sobre todo teniendo en cuenta la poco lisonjera situación de España. Cabrera, que profesaba poco afecto al pretendiente, se negó. Además, su estancia en Londres le había convencido de la imparable fuerza de las «ideas del siglo», según sus propias palabras. Don Carlos, mientras, en público decía no desear la guerra civil, pero hacía en secreto todo lo posible por iniciarla. Y si no cruzaba la frontera armado era solamente por falta de medios. Sería un digno rey de los políticos españoles.

Los intentos del Gobierno de calmar la situación eran estériles. La situación económica empezaba a ser preocupante, puesto que no se cobraban los impuestos y los empleados del Gobierno empezaban a cobrar con retrasos. Para intentar corregir la situación se promulgó una ley de orden público mucho más restrictiva que ninguna que hubiesen publicado Narváez o González Bravo. Era una reedición de la ley de 17 de abril de 1821, claramente anticonstitucional. Pero eso no le importaba a Prim, para quien la ley solo era de obligado cumplimiento cuando coincidía con su voluntad.

La catadura moral de Prim quedó más patente si eso fuera menester con la creación de la «partida de la porra», que consistía en que, como las leyes no eran útiles para frenar las críticas periodísticas, se procedía a enviar unos sicarios armados de porras para apalear a los periodistas hostiles y destruir sus redacciones y robar los ejemplares de periódicos que no agradaban. Y estos eran los que llamaban cruel opresor a González Bravo, que se limitaba a reprender a los conspiradores. Ver para creer. Los que en su célebre proclama se quejaban de «la prensa amordazada» consideraban que mejor que amordazada por multas estaba la prensa apaleada.

El caso es que la caótica situación de España, con un Gobierno combatido por todos, engordaba las filas del carlismo, en quien muchos veían una salida a la anarquía imperante. Cualquier cosa antes que seguir en tal estado, pensaba mucha gente que nunca había sido carlista. El Gobierno era el principal reclutador de los carlistas.

Se levantaron pequeñas partidas carlistas y algunos de los aprendidos fueron fusilados sin formación de causa judicial alguna, por muy sumaria que fuese. Creo que no es necesario destacar la diferencia con lo que ocurría solo hacia unos meses antes bajo la «tiranía» de Isabel II. Alguien podría pensar que esas cosas eran excesos cometidos por oficiales por su propia cuenta y riesgo, pero no, sí había orden expresa y escrita del Gobierno para proceder de esa manera. El teniente coronel José Casalis, que había fusilado a 8 carlistas en Montealegre, fue ascendido a coronel. La orden del ministro de la Guerra decía textualmente:

«Excelentísimo señor, con esta fecha digo por telégrafo a los capitanes generales de distrito lo siguiente:

Póngase V. E. de acuerdo con los gobernadores civiles para que estos prevengan enérgica y terminantemente a los alcaldes que presten toda clase de auxilios y ayuden a la persecución de las partidas de malhechores, todos los cuales deben ser pasados por las armas en el acto, si fuesen aprendidos con ellas en la mano, y aun los que las arrojen en la persecución. De orden de S. A. los traslado a V. E. lo que traslado a V. S. para su conocimiento, esperando que tenga a bien comunicar sus instrucciones a los alcaldes de los pueblos para que tenga esta disposición su más exacto cumplimiento»[70].

Esto, como es lógico, era totalmente anticonstitucional. Pero para los revolucionarios la constitución era algo cuyo cumplimiento solo se podía exigir a los demás, ellos estaban exentos de cumplirla. No está de más recordar lo que decían en su famosa proclama de la «España con honra», mientras se quejaban de que la ley fundamental era hollada: «Queremos que el encargado de observar la Constitución no sea su enemigo irreconciliable».

Por lo visto eran partidarios de guardar la constitución, pero en un cajón para no sacarla, no fuese que se gastase de usarla.

El año avanzaba y Prim se fue a tomar sus habituales baños veraniegos a Vichy. Se entrevistó en París con Napoleón III, como si en España no fuese necesaria su presencia, Si Prim esperaba obtener ayuda de los franceses contra los carlistas es que era muy pero que muy ingenuo, cosa que no creo. Lo que sí es muy probable es que le recordara su veto a Montpensier. Mientras tanto las huelgas florecían en Cataluña y el des-

---

70 *Historia de la interinidad y guerra civil de España desde 1868,* Ildefonso A. Bermejo. Madrid. R. Labajos. (1875). Tomo I, pág. 690.

orden y la delincuencia crecían en Andalucía. Quien tenía capital lo retiraba de la circulación y emigraba, incluso a Marruecos, que entonces era un país con un mejor Gobierno que España. Esto dejaba la economía del país aún peor al detenerse los negocios. Tal era el balance del primer año del Gobierno de Prim.

Los republicanos estaban cada vez más activos y captaban a muchos progresistas. Juan M. Martínez era gobernador de Tarragona. A mediados de septiembre sabía de la presencia del general Pierrad (el del cuartel de San Gil) en su jurisdicción, con ánimo de generar disturbios contra la constitución. En la manifestación de recibimiento a Pierrad se gritó a favor de la república federal. El gobernador estaba ausente. En su ausencia, su secretario Raimundo de los Reyes García era el gobernador interino. Como tal personalmente se dirigió a Pierrad para que pidiese a sus seguidores que no gritasen tales cosas prohibidas, a lo que Pierrad se negó y dijo no reconocer su autoridad. La turba se animó por la arrogancia de su líder y mataron a golpes y a cuchilladas al gobernador interino. Mientras, Pierrad siguió su camino tranquilamente recibiendo los vítores y aplausos de la multitud sin mover un dedo en defensa del desdichado gobernador interino. Tal y como era harto frecuente, la Milicia Nacional, ahora llamada voluntarios de la libertad, en vez de frenar los disturbios participó activamente en ellos. Por eso fue desarmada y disuelta.

Pierrad fue detenido, pero a Prim le pareció oportuno pedir que fuese tratado con miramientos, «a fin de que pueda estar con la comodidad y decencia correspondiente a su clase»[71].

Poca decencia tenía Pierrad y poca comodidad merecía. Pero para Prim primero era el corporativismo militar y político que la justicia. Los republicanos se levantaron exigiendo la liberación de Pierrad con grandilocuentes llamadas a la libertad. ¿Existirá palabra más prostituida? El gobernador llegó a ordenar que, en caso de ser asaltada la cárcel, se fusilase a Pierrad antes de entregarlo. Se desarmó a la Milicia

---

71 *Historia de la interinidad y guerra civil de España desde 1868*, Ildefonso A. Bermejo. Madrid. R. Labajos. (1875). Tomo I, pág. 667.

de Barcelona después de que exigiese que se devolviesen las armas a la de Tarragona. Se declaró en rebeldía y fue necesaria la intervención del ejército, que tomó las barricadas a la bayoneta.

El Gobierno, en su afán por encontrar rey, se fijó en el duque de Génova, sobrino del rey italiano Víctor Manuel, un joven de 15 años, lo que gustaba, pues se le suponía manejable. Pero no contaba con el apoyo de los unionistas que querían un rey de verdad y no una marioneta de Prim. Aún no habían abandonado la idea de Montpensier. Mientras eso pasaba en Madrid, en Jerez Paúl y Angulo —sí, el mismo que era el representante y defensor de los intereses de Prim ante los unionistas—, llamaba a los republicanos a conseguir armas y munición aunque fuese a costa del pan de sus hijos.

El primero de octubre las constituyentes reanudaron sus tareas. Los partidos estaban divididos en mil facciones enfrentadas entre sí, cada una defendiendo su candidato. Si no eran capaces de ponerse de acuerdo en elegir a un candidato a rey de su partido, malamente se podrían poner de acuerdo con los de partidos distintos. Si bajo la reina los partidos estaban divididos la revolución los dividió aun más. Como bien dice Bermejo, «nuestros partidos políticos sabían bien lo que aborrecían, pero no sabían bien los que querían». Una revolución fundada en principios tan etéreos e inconcretos como los del manifiesto de la «España con honra» difícilmente podría tener un objetivo definido. Y así, sin rumbo, andaba España.

Se levantaron partidas republicanas en varias ciudades y se produjeron asesinatos: diez en Vals, en medio de incendios y saqueos de las casas de los que se suponían más ricos; en Sariñena se liberó a los presos y se asesinó a la guardia civil que se entregó con la promesa de no ser atacada. Eso son sólo dos ejemplos. Todo esto lo hacían los que al mismo tiempo decían ser partidarios de la abolición de la pena de muerte y defensores de los derechos personales. Castelar hablaba de fundar la «ciudad del derecho», pero todo lo que se veía era crimen. Sus bonitas palabras no se correspondían con la fea realidad.

La revuelta más importante tuvo lugar en Valencia. El detonante fue la orden de desarmar a la Milicia Nacional, como en tantas otras ocasiones. El combate de la milicia con el ejército fue duro y sangriento. Fueron nueve días de cañonazos y de combates, que terminaron cuando el general Primo de Rivera bombardeó la ciudad. Las revueltas fueron sofocadas, como siempre hasta la próxima vez.

En las Cortes Sagasta se quejaba amargamente de que se hiciese la guerra al Gobierno con armas y pertrechos que el propio Gobierno les había facilitado. Ejemplo de cinismo digno de mejor causa. ¿Había por ventura Topete comprado la escuadra de Cádiz con su propio dinero? Sagasta y el resto del Gobierno se quejaba de que los republicanos siguieran su ejemplo, cinismo solo superado por Prim, que le dijo a Figueras: «Procure el señor Figueras tener lo que le reste de vida la frente y las manos tan limpias de sangre como las tiene este Gobierno a cuya cabeza tengo la honra de encontrarme»[72].

En estas páginas están las comunicaciones del Gobierno ordenando fusilar sin formación de causa a los prisioneros. Por si eso no fuese bastante, es bueno recordar que el señor Prim fue condenado por asesinato, en 1844, y del cumplimiento de su merecido castigo se libró por el indulto de la magnánima reina, contra la que se sublevó y a la que en verdad debía la vida. Además, después, siendo capitán general en Puerto Rico, ordenó fusilar a un desdichado por el delito de burlarse de él robándole el caballo.

Había que encontrar un rey pronto para salir de la interinidad y estabilizar el país. El duque de Génova parecía ahora el mejor colocado, apoyado por los progresistas, que parece que ya comprendieron que su primer candidato don Fernando Coburgo no cambiaria de opinión y que su rechazo era firme. Aunque, como era habitual en ese punto, tampoco había unanimidad entre los progresistas, habiendo quien insistiese en la candidatura de Montpensier. Los partidos buscaban un rey que fuese solo de ellos, alguien a quien poder manejar y que les debiese el trono, y que en pago de

---

72 *Así cayó Isabel II*. R. Olivar Bertrand. Ediciones Destino (1955), pág. 222.

ese trono les otorgase el poder. Tal y como ocurrió en todo el reinado de Isabel II, alcanzar un consenso constructivo era una entelequia. La victoria sobre los republicanos que se había obtenido con las armas quedó diluida cuando los monárquicos no eran capaces de llegar a un acuerdo. Los vencedores morales eran los republicanos, que sí sabían lo que querían.

Las diferencias provocaron la salida del Gobierno de Topete. El Gobierno quedó sin ministros unionistas. Solo había ministros progresistas y demócratas, ocupados en encontrar monarca. Poco se ocupaba el Gobierno de los asuntos de Hacienda, que en su primer año ya acumulaba un déficit de mil millones. Esto no era obstáculo para que las Cortes constituyentes quisieran competir en munificencia con Isabel II, repartiendo pensiones a todo aquel que presentaba méritos revolucionarios. La diferencia es que la reina era generosa con su propio peculio y los revolucionarios lo eran con el dinero del Estado. Deberían pensar lo mismo que piensan hoy sus herederos, que el dinero del Estado es inagotable y que lo que es de todos no es de nadie.

La desfachatez llegó al extremo de que Laureano Figuerola, ministro de Hacienda, tuvo la ocurrencia de decir que la reina había «robado» —así con esa palabra— las joyas de la Corona. La mentira era tan grosera que no costó mucho desmontarla, más cuando existen cartas de José Bonaparte a Napoleón en las que describe su apurada situación económica y cómo se vio en la necesidad de vender todas las joyas que encontró en palacio. Pero ya sabemos que se podía echar mano de la mentira cuando de maltratar a doña Isabel II se trataba.

Era tal la indignidad de la acusación lanzada que hasta alguien tan poco isabelino como los diputados carlistas Cruz Ochoa y Vinader se vieron en la necesidad de salir en su defensa, pidiendo pruebas de lo que se afirmaba. Dijo Vinader:

«Triste espectáculo sería que una señora augusta que ha perdido un trono y gime en el infortunio hubiese sido condenada sin que pidiesen los datos del proceso, sin que despegaran los labios en defensa suya, los que han recibido de ella honores y condecoraciones, y cruces, y empleos, y distinciones, y títulos, y grandezas, y muestras de amistad que habéis pregonado algunos con orgullo. Tal vez, y sin tal vez, me escucha alguno que ha recibido de aquella señora beneficios y a quien la gratitud no levanta de su asiento, para pedir lo que pide uno que pertenece al partido que le ha negado siempre el derecho a la Corona»[73].

Estas palabras llenarían de vergüenza a cualquiera, a condición claro está de que conociese lo que era la vergüenza. Al menos sí quedaban algunos caballeros en España.

Los republicanos no salían de su asombro viendo que alguien que se decía monárquico les hiciera el trabajo sucio, llegando a extremos a los que ellos no habían llegado. Los diputados carlistas le recordaron a Figuerola que antes los presupuestos tenían un déficit de 300 millones y que ahora era de 1.000 millones, que sería mejor que a eso dedicase su tiempo, sintiendo aludió Elduayen también tomó la palabra, lo mismo que Cánovas para defender a la reina, recordando de paso las muestras de afecto de María Cristina e Isabel II hacia Prim, en la misma época en que él recibía sus favores, de los que no renegaba, en un intento de que Prim se pronunciase sobre el tema, en el que hasta ese momento no había dicho nada. En su discurso desmontó una por una todas las peregrinas afirmaciones de Figuerola. Prim no pudo esconderse más y tuvo que responder a Elduayen. Lo hizo poniéndose de perfil, quejándose de las alusiones, pero sin responderlas ni rebatirlas, cosa imposible. Dejó a Figuerola que se defendiera solo. Muy en su estilo, sin apoyar las palabras de su ministro, tampoco las desmintió. Nadar y guardar la ropa era su especialidad.

El diputado Bugallal, docto jurisconsulto, remachó los argumentos de Elduayen. El revolcón parlamentario a Figuerola era antológico. Era incomprensible cómo se había metido en ese jardín sin necesidad. Se podría pensar que era un topo de los republicanos, pues su iniciativa solo pretendía ensuciar la idea de la monarquía, como dice la teoría de la navaja de Ockham. La teoría más sencilla suele ser la más

---

73 *Historia de la interinidad y guerra civil de España desde 1868*, Ildefonso A. Bermejo. Madrid. R. Labajos. (1875). Tomo I, pág. 748.

cercana a la verdad, y parece que la verdad es que simplemente Figuerola era estúpido. La faena la remató Cánovas del Castillo, que le puso un par de rejones a Figuerola de los que hacen historia. Destacó Cánovas que, si Figuerola acusaba de ladrona a Isabel II, igualmente se podía suponer que su hermana, la esposa de Montpensier, era culpable del mismo delito, pues las joyas de ambas venían del mismo origen. ¿Intentaba Figuerola tirar la piedra contra Luisa Fernanda y esconder la mano? ¿Intentaba Figuerola patear a Montpensier en el culo de Isabel II? Cánovas de todos modos no dejó pasar la ocasión de anotar ese detalle. Lo cierto es que el espectáculo de esa inicua acusación debió dar mucho que pensar a los que se proponían como candidatos a la Corona, que se lo pensarían mucho antes de ver su nombre arrastrado por el barro como el de Isabel II. Estos episodios no eran como para animar a nadie a aspirar a una Corona que tan fácilmente se convertía en corona de espinas.

A todo esto, ¿qué pensó o dijo Isabel II de esta acusación? Pues lo de siempre: perdonó a quien le insultaba tan injustamente. Es fama que dijo: «Qué barbaridad, ni Figuerola cree eso. Son cosas que se dicen por la pasión política del momento». Evidentemente, como siempre, no le guardó rencor alguno. Ya sabemos cómo trataba Prim a quien decía cosas que no eran de su gusto: le enviaban a unos matones para molerlo a palos. Desde luego que Isabel II era de otra pasta y de otros criterios morales.

En esa época hacían correr los demócratas el temor a una posible restauración, «temer una restauración. Esa gente no perdona y llenará España de patíbulos». El caso es que la restauración se produjo y no se levantó ningún patíbulo, y gente como Figuerola paseaban tranquilamente por España.

Tras estos debates la política nacional caminaba por sus erráticos derroteros. Los poderes excepcionales para combatir a carlistas y republicanos no fueron devueltos una vez apagadas esas revueltas. Sagasta los consideraba necesarios para la gobernación de España. No gozó de tan amplios poderes González Bravo y su presunta dictadura fue excusa de una revolución que como todas repite los errores de los derrocados. Prim, Sagasta y más adelante Castelar se volverán firmes defensores de la obediencia, cuando son ellos los que mandan y creen merecer ser obedecidos. Pero cuando les tocó ser obedientes predicaron la justicia de la desobediencia, sentado el precedente de que la revuelta era el medio de obtener el poder. ¿Cabría esperar que los republicanos no siguiesen el mismo camino que los que ahora ostentaban el poder?

El año 1870 empezó con malas noticias para el Gobierno: el rey de Italia comunicaba que la madre del duque de Génova se oponía firmemente a que su hijo fuese rey de España, decisión que cualquier madre del mundo con dos dedos de frente tomaría, por otro lado. En consonancia, se abandonó esa candidatura. Era un segundo fracaso y dejaba en un lugar poco airoso a España.

Lo normal hubiera sido que el Gobierno, con Prim a la cabeza, hubiese dimitido, pero Prim no era de los que dimiten. Narváez no hubiese durado un día más. Cuando su candidato, Trapani, fue desechado como candidato para la boda real, Narváez no lo dudó ni un instante. Pero los salvapatrias no dimiten nunca. Empezaron a escucharse voces a favor de una dictadura de Prim. La cosa se solucionó cambiando a algunos ministros. Descartado el duque de Génova, el infante don Enrique creyó oportuno enviar una carta a Serrano para recordarle lo muy liberal que él siempre había sido. Y solicitaba que se le devolviese el empleo militar que Narváez le había quitado, con sobradas razones por cierto.

El asunto del buscado rey estaba estancado. Los unionistas empezaban a asumir que Montpensier lo tenía casi imposible en las Cortes para ser aceptado. La parálisis en la cuestión del rey se contagiaba al resto de los asuntos y nada avanzaba. La Hacienda marchaba de mal en peor. La única candidatura que parecía ya posible, a pesar de todos los pesares, era la de Montpensier, quien envió una carta a la prensa en la que decía no ser candidato, y manifestaba estar dispuesto a aceptar lo que las Cortes decidieran. Pero, al mismo tiempo que decía que los que promovían su candidatura lo hacían sin su consentimiento, en ningún momento los desautorizaba ni pedía que dejasen de hacerlo.

Esto ponía de los nervios a muchos, entre ellos al infante don Enrique de Borbón. Su declarado enemigo don Enrique, que impulsado seguramente por malos consejeros, publicó una carta contra Montpensier que provocó un duelo que, como todos sabemos, acabó con la muerte del infante don Enrique. Tampoco estuvo muy bien aconsejado Montpensier cuando aceptó un duelo en el que nada tenía que ganar y bastante que perder.

Se suele decir que ese duelo supuso el fin de las posibilidades de Montpensier, pero yo creo que más bien sus posibilidades ya eran exiguas antes también, casi tanto como las de el infante. Solo tenía el apoyo decidido de algunos unionistas, pero desde luego no unánime a estas alturas. Solo se manifestaban enfáticamente a su favor las plumas que tenía a sueldo. Pero este apoyo no se vio en absoluto modificado por el asunto del duelo.

Los hijos de don Enrique, que era viudo, quedaron bajo la protección de su tío, don Francisco de Asís que es lo mismo que decir de la reina Isabel II, de donde procedía el dinero del rey.

Mientras tanto, los republicanos en marzo volvían a promover desórdenes contra las quintas, en los que se gritaban mueras a Prim. Su popularidad se eclipsaba mientras que los unionistas se separaban más del Gobierno. La unión de las fuerzas revolucionarias unionistas y radicales —pues ese era el nombre que habían tomado los antiguos progresistas— se rompía. Topete abandona el Gobierno seguido de los unionistas que ocupaban cargos en la Administración.

La cuestión de las quintas era tema muy sensible. Como es lógico, a nadie le gusta ser enviado a luchar por cuatro años al otro lado del mar, con muy elevadas posibilidades de hacer solo el viaje de ida, pero es que la torpeza de los ministros no ayudaba mucho. El ministro Rivero, mientras decía que las quintas eran muy malas y que había que suprimirlas, firmaba otras nuevas de 40.000 hombres. Esto alentaba los motines contra algo que los mismos ministros decían que debería ser suprimido y no era raro el caso en que había que cañonear alguna ciudad como Barcelona o Sevilla para poder hacer la recluta necesaria para la guerra que continuaba en Cuba.

Las quintas siempre habían sido un tema muy peliagudo. Era un impuesto de sangre que pagaban las clases menos favorecidas. La redención a metálico pagando 6.000 reales permitía que las familias pudientes librasen a sus hijos del servicio militar. Las clases menos pudientes intentaban librar a sus hijos con una especie de seguro que ofrecían las «sociedades de seguros contra las quintas». A través de una cuota 50 reales, pagadera mensualmente, en estas sociedades participaban políticos de todos los colores, incluidos progresistas como Madoz, que ganaban dinero con el sistema mientras decían querer abolirlo. La quiebra de alguna de esas sociedades dejaba en una situación lamentable a las familias que, habiendo pagado durante años, veían como quien tendría que librarlos del servicio militar desaparecía como el humo.

En mayo de 1870 el gobierno le escribió una carta a Espartero para preguntarle por su disposición y este le respondió que sus muchos años y su salud no le permitían desempeñar tal alto puesto, cosa que por otro lado ya había dicho repetidas veces. La interinidad ya era demasiado larga para todos y a nadie satisfacía. Algunos unionistas, con tal de tener rey, estaban dispuestos a votar incluso a Espartero.

Pero las dinastías europeas estaban escarmentadas de revoluciones en las que con culpa o sin ella siempre salían mal parados. El espectro de Maximiliano no dejaba de sobrevolar sus mentes, lo que los hacía muy prudentes. Todos sabían que el Capitolio estaba muy cerca de la roca Tarpeya y no solo en Roma.

El caso es que el ambiente en España no era nada propicio. En Andalucía la delincuencia alcanzaba cotas pavorosas. El campo estaba en manos de bandoleros y delincuentes variados. Abundaban los secuestros. En Madrid el ambiente también empezaba a enrarecerse. Varios carlistas habían sido asesinados. El Círculo Carlista había sido asaltado, ante la indiferencia —por no decir complicidad— de las autoridades.

En junio Prim desveló que finalmente había un príncipe que sí aceptaba ser rey de España: era el príncipe Leopoldo de Hohenzollern-Sigmaringen. En cuanto Napoleón III se enteró convocó a Olózaga, entonces embajador en Francia, para expresarle su decidida oposición. Un prusiano por arriba y otro por abajo era demasiado para él. Por mucho que Leopoldo fuese también su sobrino, el asunto era un ir y venir de embajadores y telegramas más o menos perentorios, al igual que Luis Felipe hizo con el asunto de la boda de la reina. Los franceses no podían dejar pasar la oportunidad de inmiscuirse en los asuntos españoles, aunque hay que reconocer que su oposición algo de razón tenía. Prim debió preverla, pero tras tantos fracasos ya le valía casi cualquier príncipe que fuese lo bastante atrevido como para aceptar, aunque este príncipe entre sus muchos apellidos llevase también el de Murat, de triste recuerdo en España. El caso es que Leopoldo finalmente renunció. Pero como la renuncia le parecía poco clara, Napoleón III tuvo la ocurrencia de provocar una guerra con Prusia, que le costó la corona y algunos territorios a Francia. Muy listo no era.

El caso es que era otro fracaso para España, pues seguíamos sin rey. Se intentó nuevamente convencer a don Fernando Coburgo y nuevamente nos dio calabazas. Resucitó entonces la candidatura de Amadeo de Saboya, quien inicialmente también había declinado el ofrecimiento. La desaparición del Imperio francés facilitó las cosas. Los prusianos dijeron que ellos no pondrían objeción ninguna a que España lo eligiese como rey. Desde luego tratar con ellos era más fácil que hacerlo con Napoleón III.

El nombre de Amadeo de Saboya había sido uno de los primeros en sonar, pero sus pocas ganas unidas a la oposición francesa habían descartado su candidatura. Amadeo era el tercer hijo del rey de Italia y hermano de la reina consorte de Portugal. Era un guapo mozo de 25 años, casado y con un hijo de veintiún meses.

Entretanto la descomposición social de España esa insostenible. A la pavorosa delincuencia en Andalucía respondió el Gobierno no con la ley, sino con una encubierta ley de fugas, que hacía que los presos temiesen ser trasladados de cárcel. Pero era casi seguro que morirían en el traslado en un presunto intento de fuga. Los familiares de los presos intentaban acompañarlos para procurar que llegasen vivos a destino. La barbarie de la delincuencia se había contagiado al Gobierno.

Es lo que se llamo La Represión Zugasti, nombre del gobernador civil de Córdoba, que seguía ordenes del gobierno de proceder de tal modo. Más de 100 detenidos murieron en supuestos intentos de fuga que nunca fueron investigados por el Gobierno, ese que según Prim no estaba manchado de sangre. El Gobierno afirmaba que la Guardia Civil había sido atacada por cómplices de los detenidos para liberarlos, pero casualmente en ninguno de esos supuestos combates moría nadie más que el detenido. Los que se declaraban defensores de las garantías individuales resultaron violarlas como nunca ningún Gobierno isabelino había hecho ni había pensado remotamente hacer. Tampoco los historiadores dan a esas muertes la importancia que tienen. Y la tiene que un Gobierno que se supone que nace para sustituir a otro «represivo» mate de forma tan cobarde como ilegal a quien está bajo su custodia. Las páginas que estos acontecimientos ocupan en los libros de historia son ínfimas, comparadas con las que melodramáticamente nos relatan los acontecimientos de la noche de San Daniel. Unos muertos valen más que otros. Es lo que tiene no tener un Galdós que hable de «centauros que sacan chispas del pedernal de los adoquines» o cosas por el estilo.

La aceptación de Amadeo supuso un balón de oxígeno para Prim, cuya autoridad moral, si bien aún persistía, estaba en muy bajas horas, comparada con la de septiembre de 1868. Todos los problemas de España se arreglarían como por encantamiento al tener rey, o al menos eso es lo que se parecía pensar, lo cual no era óbice para que se criticara a Amadeo, aun sin saber sus hechos. A quien menos gustaba era a los carlistas, dadas las diferencias del rey de Italia con el Papa. ¿Qué pensaba el pueblo? El pueblo español era o carlista o republicano o indiferente. Estos últimos ganaban por mayoría.

A pesar de todos los pesares, Montpensier aún tenía partidarios entre los unionistas, y algunos como Topete todavía levantaban su estandarte. Pero si Amadeo provocaba indiferencia popular, Montpensier levantaba profundo rechazo. Si en 20 años no había sido capaz de ganarse el aprecio de los sevillanos, en los dos últimos años su reputación entre los españoles no es que creciese, al contrario, cada día era más impopular. Esto era algo ajeno al famoso duelo. En España batirse en duelo era muestra de valor y eso era un punto a favor y no en contra. En todo caso Topete y la mayor parte de los unionistas afirmaron que apoyarían al candidato que apoyase la mayoría. Todo el mundo quería dejar atrás la interinidad.

Amadeo obtuvo el voto favorable de la Cortes y, si bien no hubo algaradas de protesta protagonizadas por los republicanos, tampoco ocurrió ninguna manifestación de alegría popular en su favor. Amadeo no tenía partidarios fuera del Congreso. El pueblo observaba indiferente tal y como observó la caída de Isabel II. Todos los periódicos republicanos y también los partidarios de Montpensier pronosticaron toda clase de males para España, y en eso estaban acertados. Lo que no aclararon es que serían ellos quienes los trajesen. Lo de aceptar la derrota democráticamente era algo que en la época no se estilaba.

El presidente del Congreso, Ruiz Zorrilla, convertido en amadeísta acérrimo, también presidió la comisión enviada a Florencia para ofrecer la corona a Amadeo. Mientras, en un teatro madrileño se estrenaba una obra titulada *Macarroni I*, en la que se insultaba a Amadeo y su familia. La partida de la porra saboteó la obra apaleando a actores y destrozando butacas y decorados. Las autoridades no movieron un dedo para impedirlo, a pesar de las peticiones del empresario teatral. Era un aviso a navegantes de lo que no estaba dispuesto a tolerar el Gobierno. Lo de recurrir a medios legales era algo que no se plantearon en ningún momento las autoridades, pero prohibir era cosa de la «represión de González Bravo de ominoso recuerdo». Lo «democrático» era resolver los asuntos a palos. España retrocedió varios siglos en lo referente al imperio de la ley. La única concesión a la modernidad era que en aquel momento, en vez de defenderse a punta de espada, los españoles lo hacían con modernos revólveres de sistema americano.

En su discurso ante Amadeo, Ruiz Zorrilla alabó la lealtad de los españoles hacia sus monarcas. Pagaría por ver la cara de Amadeo ante tal afirmación. Pero aún le quedaba mucho por ver para comprender quiénes eran aquellos que le ofrecían una corona. En España el Gobierno salvó el bloqueo republicano a las leyes orgánicas que tras año y medio no se habían aprobado. Obtuvo de su mayoría aprobación previa a sus proyectos de ley sin discusión parlamentaria alguna y disolvió las cortes. Esto era en la práctica un renacimiento del absolutismo y la condena a la irrelevancia de las Cortes. Ni Bravo Murillo se hubiesen atrevido a tanto, a pesar de que en la constitución entonces vigente no estaban prohibidas esas autorizaciones legislativas, que sí están expresamente prohibidas en la constitución del 1869. Estaba más que meridianamente claro que eso era plenamente anticonstitucional. Pero ya sabemos que las constituciones eran una cosa que solo tenían que cumplir los otros. Es la diferencia entre estar en la oposición y estar en el poder.

El espectro de la dictadura de Prim era cada vez más claro y ya pocos dudaban de su proximidad. El periódico republicano *El Combate* anunció que suspendía su publicación, pues era el momento de «dejar la pluma por el fusil y repeler la fuerza con la fuerza». Parecía el preludio de una guerra civil.

El 27 de diciembre, Prim sufre el atentado que le costó la vida dos días más tarde. Nunca se supo quién fue el autor intelectual ni los materiales. La nómina de enemigos de Prim era tan larga que pocos eran los que no tenían motivos de agravio. Si aplicamos el principio de *cui prodest* —quién se beneficia—, la lista tampoco es más corta. El primer beneficiado de la muerte de Prim fue el propio país, que se libró de una más que previsible dictadura militar de este salvapatrias. Todos los políticos se libraron de Prim, lo que les abría un campo de posibilidades de medro político que antes estaba cerrado. Incluso Amadeo se puede decir que salió beneficiado, pues, si bien perdió su principal apoyo, también se libró de una tutela de la cual muy difícilmente se podría escapar. Amadeo se libró de ser una marioneta de Prim.

Prim murió a causa de un grave error de cálculo propio. Acostumbrado a los perdones de la reina, debió pensar que sus actuales enemigos eran como ella. Pero, a diferencia de Isabel II, sus enemigos no pagaban las traiciones con perdones o mercedes. Montpensier, los republicanos o los unionistas pagaban las traiciones con plomo y no perdonaban. Ya hemos dicho páginas atrás que Prim en su último día prometió «mano muy dura» a un diputado republicano. Con lo que no contaba era con que sus compañeros de revolución también tenían la mano tan dura como él o más, y que la «dulce mano» como muy bien la definió Galdós de la reina ya no era la que le podía perdonar. El perdón salió de España con la reina y solo quedó la venganza.

La muerte de Prim fue acogida con profunda indiferencia por el pueblo. Sus tiempos de aura popular habían pasado definitivamente. En cuanto tuvo conocimiento de su muerte, la reina doña Isabel II escribió un telegrama de condolencias a su viuda. Conociendo su carácter, no hay duda de que eran sinceras.

El balance del Gobierno de Prim no puede ser muy lisonjero. Sus propias palabras hablan de la necesidad de acabar con la anarquía y el desorden. Esta situación de España es algo que sus propios partidarios confirman cuando dicen que la situación desastrosa se corregirá con el advenimiento del rey. Ante el reconocimiento de la desastrosa situación moral y material por parte de los protagonistas de la situación, poco más se puede añadir.

Si la muerte de Narváez supuso la disolución del partido moderado, o la de O'Donnell la de la Unión Liberal, no esperaba un destino distinto al partido progresista. La división ya comenzada hacía meses se aceleró y profundizó ante la carencia de líder sustitutivo.

Amadeo debía ser un hombre valiente sin duda. De otro modo no se explica que al llegar a Cartagena y ser recibido por Topete, nuevo presidente del Gobierno en sustitución del asesinado Prim, no se diese vuelta y se volviese a su país.

Los historiadores suelen tratar bien a Amadeo. A mí mismo no me cae mal. Estaba bienintencionado, algo que no se puede decir de los hombres con los que tendría que tratar, que eran los mismo con los que tuvo que tratar doña Isabel II, cosa que parecen olvidar los que exculpan a Amadeo de los acontecimientos venideros. Estos culpan a la clase política, lo que no hacen con Isabel II.

Su recibimiento en Cartagena fue frío y en Madrid también. Posiblemente bien aconsejado de que en España gustan los valientes, entró en Madrid a caballo, a pesar del frío clima que le costó la vida a su caballo, muerto de una pulmonía.

Convocó Amadeo a los políticos de todos los partidos a consultas para designar a un nuevo presidente del Gobierno. Para que se fuera enterando de cómo eran las cosas, no se pusieron de acuerdo en dar un consejo útil. Decidió el rey nombrar presidente del Gobierno a Serrano. No sin dificultades, se formó un Gobierno que pretendía ser de conciliación.

La prensa se llenó de elogios al nuevo monarca, que por exagerados eran ridículos y hasta contraproducentes. Por otro lado, los progresistas, fastidiados por no alcanzar empleo, no dejaban de manifestar su descontento. Detalles nimios como que Amadeo se trajese un cocinero italiano era motivo de acres críticas. Se repetía la obsesión de los partidos de rodear a los reyes de servidores fieles al partido y no al rey, tal y como había ocurrido con la exiliada reina. Pasaban los tiempos pero las costumbres no cambiaban.

A la sempiterna desunión de los partidos se añadió las acusaciones de los progresistas a los republicanos de ser culpables de la muerte de Prim. Acusaban a los republicanos de subversivos y de utilizar métodos violentos. Su frágil memoria no recordaba los motines y algaradas por ellos protagonizados y el reguero de sangre que estos dejaban, lo mismo que las muertes alevosas que habían causado desde Canternac hasta aquellos días.

Los republicanos no estaban dispuestos a aceptar la monarquía, pero, eso sí, decían abogar por métodos electorales, acudiendo en coalición con… los carlistas. En España ya nada sorprendía ni parecía imposible. El Gobierno temía el resultado de las elecciones, pues muchos monárquicos conservadores se retraían ante lo confuso de la situación, dejando el campo libre a los republicanos y carlistas, que cobraban nuevo auge. Era una reedición de la unión del 1848 entre republicanos y carlistas, al menos en esta ocasión los medios no eran las armas, de momento. En la política española estaba muy difícil inventar algo realmente nuevo, lo que no significa que no fuesen capaces aquellos hombres de dar un paso más lejos todavía, por disparatado que pareciese.

Ruiz Zorrilla sufrió un atentado, una muestra del enrarecido ambiente político en que se vivía. La única consecuencia que tuvo fue que el Gobierno se dio cuenta de que no podía dejar las cosas en aquel estado y que era necesario un refuerzo de la policía y el principio de autoridad.

Las elecciones ocurrieron en un clima en extremo tenso que no presagiaba nada bueno. Montpensier fue desterrado de Sevilla a Mahón. Los mismos generales a quienes él había sacado con su dinero del destierro canario ahora lo desterraban a él. Otro menos contumaz hubiera sacado la conclusión de que era preciso mudar de camino. Él no lo creyó así.

Las elecciones fueron tan poco limpias como de costumbre, con la diferencia de que fueron más violentas, sin faltar tiroteos y muertos.

Como era lógico, las elecciones las ganó el Gobierno, pero no pudo evitar la victoria de 51 diputados carlistas, uno menos que los republicanos. En cualquier otro país la mayoría gubernamental de 235 escaños sobre 391 se consideraría holgada para poder gobernar con tranquilidad. Pero esto es España, que para algunas cosas es peor que Esparta.

En esas fechas llegó la nueva reina a Madrid. Como el clima era mucho más benigno tuvo mejor acogida de público que su esposo, más por curiosidad que por cualquier otra cosa. Tras la labor de descrédito hacia la monarquía de los revolucionarios, no era esperable otra cosa más que indiferencia hacia los nuevos reyes.

La aristocracia era isabelina en su totalidad. Le hicieron el vacío a los nuevos reyes para enojo de los revolucionarios, que se escandalizaban de que las aristocráticas damas luciesen peineta en sus paseos por la Castellana, por considerarla borbónica, puesto que la reina Isabel II solía lucirla. ¡Como si en España no hubiese asuntos más importantes que atender! Por ejemplo, el de la penetración de la propaganda socialista de la Internacional, que actuaba sin que el Gobierno pareciese importarle. En realidad el Gobierno era como si no existiese, no tenía ningún tipo de iniciativa política más allá de dejar pasar el tiempo. La situación era tal que ni para celebrar el dos de mayo se ponían de acuerdo los partidos políticos. Cada uno pretendía darle el color de su ideología a algo que era intrínsecamente unitario y común a los españoles. Estaba meridianamente claro que la llegada de un nuevo rey no suponía ningún cambio en los firmemente asentados usos políticos de nuestros próceres, dedicados al improductivo trabajo de pelearse los unos con los otros.

El único medio que encontraba el Gobierno para evitar enojosos debates era no hacer nada. No habiendo iniciativas en las Cortes ciertamente, no había debates, al no temer materia sobre la que debatir. El que eso dejase a España a la deriva, sin rumbo, era un efecto colateral al que no se daba importancia.

A pesar de la inactividad, el Gobierno se rompió. Ni para no hacer nada se ponían de acuerdo. Cada partido como era tradición se subdividió en múltiples grupúsculos personalistas, a cuya cabeza había alguien que consideraba que debía ser ministro. Las costumbres no se pierden. Se formó un Gobierno puramente progresista, presidido por Ruiz Zorrilla.

España estaba sumida en el caos. La represión del gobernador Zugasti controló algo las cosas en Andalucía, pero el mal se extendía por España y la capital del Reino también era pasto de la delincuencia, hasta el punto de que quienes junto con la reina Isabel solían pasear por la Castellana o el Prado hasta altas horas de la noche ahora no se atrevían a hacerlo a plena luz del día para no ser asaltados.

En este estado de cosas salió Amadeo de viaje por España. Fue bien recibido en la progresista Valencia. A su paso también dejaba donativos a hospitales y establecimientos de beneficencia como su antecesora, con la diferencia de que donde doña Isabel II dejaba decenas de miles, Amadeo dejaba dos o tres mil reales.

El Gobierno progresista hacia ímprobos esfuerzos por popularizar a su rey y por crear en su entorno una corte, pero no dejaba de ser un pálida sombra de lo que había sido la corte de doña Isabel II. Es ilustrativo de eso una anécdota que nos cuenta Bermejo del viaje de Amadeo por el Levante. En Tortosa, el general unionista Fulgencio Smith se presentó a saludar al rey de paisano y uno de los acompañantes del rey le preguntó: «General, ¿hubiese usted saludado a doña

Isabel con ese traje? A lo que contestó: «¡Quia! Aquello era otra cosa». Nadie tomaba en serio a Amadeo. La única gente que acudía a verlo lo hacía por curiosidad. Los recibimientos, en el mejor de los casos, eran corteses pero fríos. El viaje incluyó una visita a Espartero en Logroño, cosa que se convertiría en una tradición para futuros jefes de Estado.

En Madrid le esperaba al rey la dimisión del Gobierno de Ruiz Zorrilla, tras una derrota parlamentaria consumada con los votos de los que se suponía apoyaban al Gobierno. La causa de la caída del Gobierno era la de siempre: los que no formaban parte de él se sentían agraviados y lo combatían por hacerse con un sillón ministerial. Consecuentemente, los ánimos se exaltaron: los que hacía solo unos días apoyaban al rey, ahora solo lo harían si su opción era la elegida para gobernar; lo que hacía unos días era bueno, ahora era dudoso, cuando no directamente malo. Los radicales de Ruiz Zorrilla se manifestaban ruidosamente pidiendo la disolución de las Cortes. Evidentemente para hacerse una mayoría a medida con los métodos habituales.

Fue Malcampo (sí, el de la fragata *Zaragoza*) el encargado de sustituir a Ruiz Zorrilla. Aun siendo progresista/radical no dejó contentos a los partidarios de Ruiz Zorrilla, que se aprestaron a manifestar su descontento en las calles. Tal y como habían hecho los moderados con Isabel II, los progresistas/radicales eran partidarios de Amadeo mientras Amadeo cumpliese sus deseos; en caso contrario ya no les parecía tan buen rey. Pasan los tiempos, pero las costumbres se mantienen. Ocupados en peleas internas era lógico que no tuviesen tiempo para atender a los asuntos de los españoles, que se puede decir que estaban sin Gobierno desde hacía tres años.

Como el lector podría sospechar que exagero los males de España en esa época, será bueno traer aquí lo que escribió un progresista demócrata de Sevilla el señor Machado dirigido a sus correligionarios:

«Desgracia grande es para los españoles verse condenados a este suplicio de Tántalo, haciendo esfuerzos inútiles y sacrificios sin cuento para alcanzar la libertad, que apenas gustan, cuando el destino adverso la arrebata de sus labios.

Y mientras tanto las leyes administrativas y de diversa índole que deben influir directamente en su bienestar, los principios que enaltecen la moral y la justicia de los pueblos, se hallan completamente abandonados, y la miseria y la prostitución, y la pereza y la vagancia, y los crímenes resultantes de esos vicios crecen y se perpetúan entre nosotros, porque las pasiones políticas, las discordias y ambiciones entorpecen e imposibilitan todo pensamiento que tienda a mejorar la degradación que nos legaron los pasados Gobiernos»[74].

El diagnóstico es certero, pero como los malos médicos es incapaz de ver que su remedio no es eficaz, y solo se le ocurre aumentar la dosis hasta que el paciente muera. Que ellos mismos reconociesen que la revolución era infecunda solo se les ocurría arreglarlo con más revolución. El culpar de los males políticos a la «herencia recibida» es un recurso que no por indigno deja de ser usado. Aún hoy en día tiene seguidores esa escuela de políticos que, incapaces de mejorar lo recibido, culpan a quien antes que ellos gobernó y a quien ellos prometieron mejorar. Como bien dice Bermejo, sería bueno que el señor Machado dijese de los Gobiernos de Isabel II cuál de ellos llevó a España a tan lamentable situación.

No faltaba quien, como Pi y Margall, decía que no había que asustarse de nada, que peor había sido la caída del Imperio romano... Curioso consuelo. Pero hay que reconocer que, visto así, lo que pasaba en España era *peccata minuta*. Nada frenaba a la oposición con tal de derribar a Malcampo. Radicales y republicanos decidieron apoyar a los carlistas, que pedían la libertad de asociación religiosa. Que esos mismos fueran quienes habían disuelto las asociaciones religiosas que ahora pedían restituir no les causaba sonrojo alguno. Malcampo, como buen marino, decidió capear el temporal y suspendió las Cortes.

El que Malcampo tuviese en el bolsillo el decreto de suspensión durante el debate hizo que los radicales lo acusaran de malas artes parlamentarias y se quejasen amargamente. Mala memoria tenían que no recordaban las maniobras de Olózaga, quien además había conseguido el decreto con

---

74 *Historia de la interinidad y guerra civil de España desde 1868*, Ildefonso A. Bermejo. Madrid. R. Labajos. (1875). Tomo II, pág. 478.

engaños a una niña de 13 años y que a la postre le costaron la presidencia del Gobierno. Ruiz Zorrilla, que como todos los revolucionarios maldijeron las camarillas que supuestamente manipulaban a Isabel II, ahora menudeaba las visitas al Palacio Real para discutir los asuntos políticos con el rey. Las camarillas eran malas cuando no se participaba de ellas y buenas cuando sí.

El caso es que, tras la suspensión de las sesiones, siguió la dimisión del Gobierno. El elegido esta vez fue Sagasta. Era el quinto Gobierno de Amadeo en un año y no había razones para pensar que fuese a ser más duradero que los anteriores. Si el anterior Gobierno de Ruiz Zorrilla había durado 67 días, el siguiente de Malcampo duró 76. Sagasta no tardó en obtener una derrota parlamentaria y ofreció su dimisión a Amadeo, que a esas alturas ya empezaba a comprender a su antecesora, y quizás a lamentar su decisión de ser rey de unos impresentables como los políticos españoles, que no eran capaces de ponerse de acuerdo en nada, pues en realidad nada político había intentado Sagasta. Los mismos que entusiásticamente lo habían traído ahora se quejaban amargamente de él por no darles el poder, al cual creían tener derecho en exclusiva.

Las Cortes fueron disueltas y se convocaron nuevas elecciones para el 2 de abril de 1872. El nuevo Gobierno de Sagasta ni siquiera llegó a las elecciones. El intento del ministro de la Guerra Gaminde de ascender a generales a los brigadieres de su cuerda política provocó enfrentamientos internos en el Gobierno. Gaminde se negaba a dimitir. Se elevó el asunto al ya atribulado Amadeo, que pidió responsabilidad a los políticos. Vana aspiración. Dimitió el Gobierno en pleno. Instó el rey a los partidos a que dejasen sus íntimas peleas y divisiones, y pedía la fusión de las múltiples y personalistas tendencias que los dividían, con el resultado esperable.

Sagasta, para salir del atolladero, recurrió al procediendo de costumbre y convocó elecciones, que evidentemente se encargaría de ganar. También como era costumbre, se formó una coalición antigubernamental, esta si cabe aún más delirante que las precedentes: por un lado estaba Sagasta y algunos unionistas, que se denominaban fronterizos por ser de ideas más cercanas a los progresistas; por el otro estaban los radicales de Ruiz Zorrilla, los republicanos, los alfonsinos y los carlistas. También como era costumbre, el Gobierno se quejó de tan contra natura coalición, olvidando otras parecidas en las que habían ellos tomado parte.

Como era esperable, el Gobierno gano las elecciones con el uso de lo que se llamaba eufemísticamente «influjo moral», que no era otra cosa que un cumulo de trampas, triquiñuelas y abusos aderezados con ciertas dosis de violencia donde fuese menester.

Por si la situación no fuera bastante grave, para completarla los carlistas se levantaron en el País Vasco y Navarra. Esta vez las partidas levantadas eran de miles de hombres y se decidió enviar a Serrano para combatirlos. Desde luego que la insurrección carlista no cambio en nada la política de los partidos dedicados a aporrearse entre ellos, para que quedase claro «El imparcial» que de imparcial no tenía nada y era el órgano de los zorrillistas decía.

Este es el curioso concepto de patriotismo que se gastaba en la época: «Aunque los carlistas estuvieran a las puertas de Madrid y tuviéramos que escribir nuestro periódico en las avanzadas, el patriotismo y la consecuencia nos obligarían a perseverar en nuestra actitud resueltamente hostil al Gobierno».

Otro asunto ocupaba al Gobierno. Resultó que, habiendo sido gastada la partida presupuestaria para gastos reservados del Gobierno, este decidió tomar dos millones de reales de la Caja de Ultramar para destinarlos a gastos reservados, cantidad que luego fue restituida. Enterada la oposición se armó gran escándalo. La medida era ilegal. Aunque una ilegalidad más no debería escandalizar a nadie, tampoco podían dejar de usar esa arma para atacar al Gobierno. Se organizó una comisión de investigación parlamentaria y el Gobierno entregó el expediente donde detallaba los informes confidenciales que habían sido pagados con ese dinero.

El expediente contenía informaciones de todo tipo y conspiraciones descubiertas que afectaban a muchos diputados: estaba un expediente donde el embajador en Estados Unidos pedía fondos para desbaratar una expedición que estaba a punto de salir hacia Cuba con hombres y armas; se hablaba de que Serrano maquinaba proclamar a don Alfonso, que Ruiz Zorrilla acordaba con la Internacional una serie de incendios de fabricas en Cataluña para forzar ser llamado al Gobierno; también contenía cartas privadas de diputados interceptadas ilegalmente —tiempos aquellos de los escrúpulos legalistas de la policía de «opresor» González Bravo—. Fue encender el ventilador… Y la suciedad los salpicó a todos, independientemente de la veracidad de esas conspiraciones descubiertas, algo que dados los antecedentes de los implicados tampoco se podían descartar alegremente. También se habló de que parte de ese dinero se había usado en comprar una cartas del rey que Adela Larra (hija del escritor Mariano José de Larra) y por aquellas fechas amante del rey tenía en su poder. Era necesario hacerlas desaparecer. Como los lectores supondrán, los asuntos sexuales del rey no provocaban el mismo escándalo que los de su antecesora.

El caso es que Sagasta se quedó sin la mayoría que se había fabricado y tuvo que dimitir. Tras múltiples negociaciones Serrano fue el elegido como presidente del Gobierno, pero no podía dejar el frente en el norte, por lo que negoció con el rey por telégrafo —cosas de la modernidad—. Se dio la circunstancia de que solo tres de los nuevos ministros votaron afirmativamente en el debate para la elección del rey Amadeo.

El nuevo Gobierno como era esperable disgustó a los radicales, que como siempre se creían merecedores del premio del Gobierno por ser los más activos en derribar a Sagasta. La guerra carlista declinaba y el pacto de Amoravieta parecía ser su punto final. Por ahora.

Duró el Gobierno de Serrano menos de un mes, el tiempo justo para pedir la suspensión de las garantías constitucionales y serle denegadas. En ese tiempo Ruiz Zorrilla anunció pomposamente su retiro de las tareas políticas y, cual Cincinato moderno, se retiró a sus propiedades en el campo, de donde fue rescatado por sus partidarios cuando el rey le llamó para formar nuevamente Gobierno.

Obtuvo Zorrilla la disolución de las Cortes y preparó nuevas elecciones, las terceras en año y medio de amadeísmo. En ellas, como es lógico, obtuvo mayoría. Pero las mayorías en las Cortes durante este periodo, por sólidas que pareciesen, eran como castillos de arena en la playa, que solo duran lo que tarda en subir la marea. Y la marea subió, y subió en forma de debate sobre la esclavitud en Puerto Rico, y sobre todo en forma de conflicto con los artilleros.

A pesar de la jactanciosa afirmación de Ruiz Zorrilla de que acabaría con los carlistas en 15 días, la verdad es que las partidas carlistas en Cataluña y Navarra cobraban cada día más fuerza.

En ese contexto tuvo la idea Ruiz Zorrilla de nombrar capitán general del País Vasco Navarra al general Hidalgo. Este, siendo capitán, había sublevado a los artilleros del cuartel de San Gil en la célebre revuelta de 1866. Hidalgo con esos «méritos» en cuatro años había pasado de capitán a general. Su participación en la revuelta y su meteórica carrera era muy mal vista por el resto de oficiales artilleros, que consideraban que manchaba el nombre del cuerpo. Se negaron a servir a sus órdenes, alegando en grupo estar de baja médica para no cumplimentarlo a su llegada para tomar el mando. Dispuso Hidalgo que pasaran en calidad de arrestados al hospital militar y comunicó al Gobierno lo acontecido. El Gobierno le contestó que «podía» mandarlos a sus casas, sin precisar si era una orden o solo una posibilidad. Ante eso, Hidalgo dimitió y se fue a Madrid.

La verdad es que la milicia estaba llena de militares que se habían sublevado no en una sino en varias ocasiones, pero tenían la fortuna de que sus pronunciamientos no habían causado las muertes de oficiales que ocurrieron en el cuartel de San Gil. Contaba Hidalgo con el apoyo de Ruiz Zorrilla, pero no con el del general Córdova, ministro de la Guerra, con lo que ya tenemos servida otra causa de desunión en el Gobierno. Se le buscó a Hidalgo un mando en Cataluña donde no tuviese artilleros a su mando, lo que era una derrota moral del Gobierno, al que no paraban de crecerle los enanos.

Este asunto, como es lógico, se discutió en el congreso, donde en un alarde de retórica Ruiz Zorrilla fue capaz en el mismo discurso de defender la actitud de Hidalgo levantándose contra el Gobierno y solo unas líneas después defender la necesidad de que los militares obedeciesen al Gobierno en todo momento y circunstancia, haciendo elogio simultáneo de la obediencia y la desobediencia. Y todo esto sin sonrojarse lo más mínimo.

En realidad no tenía nada de raro. Aquellos revolucionarios, como todos los revolucionarios que en el mundo han sido y serán, eran partidarios de la obediencia absoluta cuando ellos mandaban y de la desobediencia total cuando los que mandaban eran otros. Esta es la raíz de todos los males que asolaron (y asolan) España.

Mientras esto sucedía, el Gobierno ordenó el reclutamiento de 40.000 hombres más, lo que provocó disturbios en toda España contra las quintas. La agitación republicana enraizaba en la tropa y sargentos del ejército. El descrédito del Gobierno era total. Intentó Amadeo un acercamiento a Serrano.

Los desórdenes estaban tan extendidos en las provincias que acabaron llegando a la capital. Se produjeron disturbios en Madrid el 11 de diciembre. En la Puerta del Sol se escucharon tiros mientras en el congreso se discutían los presupuestos como si nada pasase, pero la desconfianza era tanta que se repartieron armas a los taquígrafos empleados y porteros del Congreso. Pavía, capitán general interino, sofocó la revuelta tras causar un puñado de muertos entre los revoltosos. Era solo un aviso de lo que pasaría.

En enero, los artilleros presentaron conjuntamente solicitud de causar baja en el ejército. Como los artilleros no estaban dispuestos a transigir, fue aceptaba la baja. Se ascendió a los sargentos a tenientes para contentamiento de estos. Este tipo de ascenso no era nada nuevo.

Finalmente el 9 de febrero Amadeo I presentó su renuncia a la Corona. Escribió una renuncia muy conocida en la que se queja de cosas que ya debería saber cuando la aceptó. Amadeo es un rey por lo general bien tratado por la historiografía, que por lo general carga la culpa de su fracaso en la idiosincrasia de nuestra clase política. Curiosamente esos mismos no tienen las mismas consideraciones con su predecesora, como si la clase política de Amadeo no fuese la misma que la que padeció doña Isabel II y los políticos del 1868 hubiesen llegado al país al mismo tiempo que Amadeo. Nadie habla mal de él, todo el mundo dice que era bienintencionado —e incluso yo tengo cierta simpatía por él—, pero la verdad es que demostró ser mal capitán para guiar la nave de España por los procelosos mares de la política española. Del reinado de Amadeo, Lorenzo Trigo dice: «Significa también un momento esclarecedor en grado superlativo al mostrar la impotencia de un rey recto e inteligente ante la situación que estaba planteada»[75].

Teniendo en cuenta lo muy crítico que es este autor con doña Isabel II, creo lícito preguntarme: si ese que era recto e inteligente solo duró dos años, ¿qué era entonces su predecesora, que había durado 25? La conclusión lógica sería que Isabel II era más recta e inteligente que Amadeo.

Amadeo salió hacia Portugal sin que uno solo de sus ministros lo acompañase siquiera hasta la frontera, y sin que el Gobierno le pusiese una escolta decorosa. Su salida fue como su reinado, en completa soledad. Se dice que la reina Victoria fue una de las que más ayudó a su marido a convencerse de aceptar la Corona. Desconocemos si pensó mucho en ese error, pero lo que sí sabemos es que manifestó alegría de dejar España.

El reinado de Amadeo pasí sin gloria y con bastante pena. Lo único que dejó quizás fue una lección para los que dicen que la solución para Isabel II hubiera sido dar el Gobierno a Prim y compañía. No hay motivos para pensar que el Gobierno de los progresistas con doña Isabel hubiera sido muy distinto del que fue con Amadeo, y hubiera supuesto un deterioro del prestigio de la institución monárquica de muy difícil reparación.

Como curiosidad, con la figura de Amadeo solo se acuñaron monedas de duro, y algunas de oro de 25 y 100 pesetas, si bien estas no circularon.

El oro se siguió acuñando en Madrid con el busto de Isabel II y valor facial de 4 y 10 escudos. En Manila se hacían

---

75 *Historia de España, Tomo XVI: El Sexenio Revolucionario (1868-1874)*, Lorenzo Trigo. Club Internacional del libro. (1984). Tomo XVI, pág. 12.

también a nombre de doña Isabel II monedas de oro de 1, 2 y 4 pesos y de plata de 10, 20 y 50 centavos de peso, todas ellas con fecha de 1868. Estas acuñaciones duraron hasta 1873 en el caso de Madrid y hasta 1877 en el caso de Filipinas.

Otra curiosidad numismática es que en las monedas de la reina dice «Por la gracia de Dios y la Constitución reina de las Españas», en alusión a la doble legitimidad, histórica y constitucional; que en las de Amadeo solo dice «Rey de España», así, en singular, dejando atrás siglos de tradicional plural *Hispaniarvm Rex* o, en castellano, Rey de las Españas, que supongo hoy gustaría más a los partidarios de la multinacionalidad de España. Los duros de Amadeo fueron de curso legal hasta 1936.

«Las Cortes rápidamente proclamaron la república el 11 de febrero. Los que hacía solo unos días eran monárquicos ahora eran republicanos, pero a estas alturas supongo que eso no asombrara a los lectores. Este cambio lo explicó muy bien el diputado señor Martos, en aquel momento presidente del Congreso y miembro de la mayoría radical:

Nosotros creemos dos cosas: que la monarquía no es una abstracción y que la monarquía es una realidad que se encarna en la vida de las sociedades humanas. ¿Y dónde vamos nosotros los radicales a encarnar ahora el principio de la monarquía? ¿La vamos a encarnar en la restauración? Esto para nosotros sería una vergüenza. ¿La vamos a encarnar en el carlismo? Esto es un imposible y un absurdo. ¿Vamos a pensar en la quimera de una nueva elección de monarca? Pues pensaríamos en otro imposible. De modo que seguiremos creyendo que el principio monárquico es un buen guardador de la libertad y de la democracia. Pero, no teniendo encarnación posible, yo pregunto: ¿podemos honradamente hacer otra cosa que votar la república?»[76].

De estas palabras quizás lo más interesante sea la razón para descartar la restauración de los destronados. No la niega por ser malo para la libertad o la felicidad de España. No alega más razón que la vergüenza. Es lógico preguntase de qué tendrían vergüenza. ¿De reconocer su error? ¿De

76 *Historia de la interinidad y guerra civil de España desde 1868*, Ildefonso A. Bermejo. Madrid. R. Labajos. (1875). Tomo II, pág. 919.

tener que reconocer que no habían sido capaces de mejorar nada y todo lo habían empeorado? Triste es que para evitarse la vergüenza de tener que asumir errores propios sometieran a España a lo que la república trajo.

El que la Cortes no tuviesen atribuciones para contra la constitución modificar la forma del Estado, pasando de ser una monarquía a una república, era algo que a nadie pareció importarle. Lo constitucional hubiese sido formar un consejo de regencia y que este convocase elecciones constituyentes, pero todos tenían mucha prisa.

La república fue recibida con alborozo y alegría popular, alegría que solo podía ser fruto de la inconsciencia de lo que se les venía encima.

La primera consecuencia de la república fue el recrudecimiento de la guerra carlista, con el regreso del pretendiente a suelo patrio. La segunda fue que había que decidir qué tipo de república se quería, si unitaria o federal. Nuestros próceres no estarían conformes si no se discutía sobre cuestiones que a nadie en el pueblo interesaban. Y por supuesto se aprestaban a redactar una nueva constitución. El primer presidente fue Estanislao Figueras. Su Gobierno estaba formado por ministros federalistas: Emilio Castelar en Estado; Francisco Pi y Margall en Gobernación; Nicolás Salmerón en Gracia y Justicia y cinco radicales; José Echegaray en Hacienda; Manuel Becerra y Bermúdez en Fomento; Francisco Salmerón en Ultramar; el general Fernando Fernández de Córdoba en Guerra y el almirante José María Beranguer en Marina. Este Gobierno duró poco. El 24 de febrero se prescindió de los ministros radicales. Fue el fin del Gobierno de conciliación, que como todos los anteriores fracasó por falta de acuerdo entre los ministros de distinto origen político. El Gobierno quedó entre dos fuegos: por un lado los republicanos federales intransigentes y por otro los radicales.

La alegría de los republicanos era desbordante. Auguraban todo tipo de bienes y prosperidades a la nación gracias a la república —y de paso a ellos también, que por primera vez se arrimaban a la ubérrima ubre del Estado—. No faltó tampoco quien pensó que la república era la consumación de todos los disparates. En Andalucía hubo quien intentó asaltar las cárceles para liberar a los presos o quien asaltó la casa de los ricos del pueblo. En febrero de 1873, en Montilla los disturbios costaron la vida a varias personas por el delito de ser los ricos del pueblo o ser pariente del alcalde, y el incendio de sus propiedades. De esta forma se entendía la libertad republicana, lo que no es de extrañar viendo el ejemplo que daban los políticos. El algunos pueblos se repartían las dehesas entre la gente sin tierras, lo que provocaba la emigración de los propietarios, que querían conservar la vida, ya que la hacienda la consideraban perdida.

La indisciplina se extendía en el ejército y a los oficiales les costaba ser obedecidos. Difícil era mantener la disciplina cuando el ministro de la Guerra era quien convirtió a sargentos en tenientes o capitanes, o cuando el criterio para dar destinos era la afinidad política. La desmoralización de la tropa era tal que en Málaga abandonó las armas y se autolicenció, siendo sus armas tomadas por el pueblo. Sucesos de ese tipo se repetían por toda España, lo que al Gobierno le pareció normal y nada importante, mientras decía que quería mantener el orden.

Estados Unidos, siempre dispuesta a aplaudir todo lo que supusiese males para España, se apresuró a reconocer la república. También reconoció la república Suiza, que entonces era el modelo de nuestros republicanos federales, que no caían en la cuenta de que Suiza la habitaban suizos y que los españoles distábamos mucho de su comportamiento cívico. La republicana Francia no lo hizo. En doce días ya llevábamos dos Gobiernos y no tenía pinta de que la cosa se estabilizase en un plazo razonable.

Los acontecimientos recientes de la Comuna en París levantaban temores en la población de Madrid, que exigía a los alcaldes de barrio armas para mantener el orden en caso de motín generalizado. Por supuesto los vecinos no confiaban en el Gobierno para imponer la ley, máxime cuando notorios revolucionarios de la Internacional estaban en España y el Gobierno no hacía nada por controlarlos.

Las primeras semanas de la república firmaron el acta de defunción del partido radical, que, habiendo sido antiisabelino cuando se llamaba progresista, pasó a ser amadeísta bajo Amadeo. Ahora pretendía ser republicano. Cualquier cosa con tal de no dejar los despachos oficiales. Pero los federales apretaban fuerte y salieron vencedores. El 9 de marzo se proclamó en Barcelona el Estado catalán por parte de la Diputación, pero un oportuno viaje del presidente Figueras apagó momentáneamente esa proclamación, no sin trabajo.

Mientras tanto en Madrid los pocos diputados que acudían a las Cortes se dedicaban a tirarse los trastos a la cabeza los unos a los otros. Poco edificante ejemplo, que era seguido por el país entero. Se discutía sobre cómo crear nuevos batallones de voluntarios, cuando la guerra lo que necesitaba era más soldados en los batallones que ya estaban en el frente. Eso sin mencionar que nadie decía cómo se había de pagar a esos voluntarios. No faltaban ayuntamientos o diputaciones como la de Barcelona que por su cuenta y riesgo decretaban abolidas las quintas. Todo esto no conviene olvidarlo mientras España tenía a los carlistas en armas en la península y otra guerra en Cuba.

Mientras tanto Castelar, a falta de asuntos importantes de que ocuparse, y con esa manía que tienen los revolucionarios triunfantes de cambiar cosas que a nadie importan y a nadie benefician, se dedicaba a legislar las condecoraciones, suprimiéndolas. Peor era la ocupación de los pocos diputados que acudían a las cortes, ocupados contra toda legalidad y sin tener competencias para ello en aprobar subvenciones a oscuras empresas que el exhausto Tesoro Público no podría cubrir. Del mismo modo que no podía cubrir el ejército de voluntarios pagaderos a 8 reales cada uno, que importaba dos tercios del total del presupuesto público.

El drama de la república es que gente como Figueras, Castelar o Pi y Margall eran magníficos teóricos capaces de escribir magníficas obras que eran la admiración de los teóricos y estudiosos de la política, y que con sus palabras y teorías destruían Gobiernos, pero eran incapaces de construir nada duradero ni digno de perdurar. Los encumbró su verbo, pero las naciones no viven de palabras, y ellos nunca fueron capaces de comprender eso. Veían asombrados que sus teorías se derrumbaban ante los embates de la cruel realidad y no comprendían cómo eso era posible, porque por mucho que supiesen no conocían el alma del pueblo español.

Así, el ministro Castelar en su programa ministerial acertaba con las necesidades de España, que no eran otras que devolver la disciplina al ejército, restaurar el orden público y sanear la hacienda. Pero esto eran cosas que no se lograban con floridos y huecos discursos ni con citas de Suetonio.

La anarquía campaba a sus anchas por España y los más horribles delitos no tenían castigo. Parecía que al Gobierno no le importase nada que ocurriese fuera de Madrid. La animadversión que en anteriores revoluciones fue contra los frailes ahora era contra los burgueses, a quienes ante la ausencia de frailes ahora se acusaba de los mismos males que antes se achacaban a los religiosos. Cambió el objetivo del odio pero no los métodos. Cualquier republicano sensato era acusado de reaccionario. Los que antes eran los radicales más avanzados, ahora habían sido sobrepasados y eran tachados de conservadores. Como Castelar, que pasó de demagogo a conservador sin haberse movido de sus ideas. Las familias pudientes emigraban en masa ya sea a Portugal o incluso a Marruecos, que ofrecía un Gobierno más serio que España y mayores garantías personales. Ya no era que África empezase en los Pirineos. Entonces empezaba en los Pirineos y acababa en Gibraltar.

Regresó Figueras a Madrid dejando Barcelona en calma. Pero solo aparentemente. Los que habían proclamado el Estado catalán desde la diputación seguían en sus cargos y solo esperaban otra ocasión más propicia. Pasaban las semanas y se estaba en la misma situación que el primer día. España había dejado de ser una democracia para ser una oclocracia. Las turbas eran las dueñas de la situación ante la inoperancia del Gobierno. Pi y Margall, preso de un optimismo patológico, decía que no era para tanto y que las cosas se arreglarían por sí solas con algo de tiempo.

El Gobierno suspendió las sesiones de las Cortes. Fue designada una comisión permanente en la que tenían mayoría los radicales, hasta que se formaran las nuevas Cortes constituyentes, que se elegirían entre el 10 y el 13 de mayo. La elección de los miembros de esa comisión fue motivo de peleas personales más que políticas, y una vez formada la pelea continuó para decidir cuáles eran sus atribuciones, en franca disputa con el Gobierno, que no quería ser fiscalizado por comisión alguna.

El desorden era tal que por toda España las manifestaciones de republicanos federales acudían a ayuntamientos y diputaciones para exigir la renuncia de los cargos elegidos democráticamente para ser sustituidos por republicanos elegidos por los manifestantes, contra toda ley y contra el sentido común, que en esa época parecía haber emigrado de España como tanta otra gente. Cuando los alcaldes de Extremadura acosados por las masas pidieron consejo y auxilio al Gobierno, este les contesto que cediesen el poder a las juntas revolucionarias.

La empleomanía no había desparecido de España con la llegada de la república. La diferencia estaba en que antes los cesantes conspiraban para recuperar el puesto y ahora lo hacían al frente de turbas violentas que no dudaban en incendiar o asesinar a quien se les oponía. Ciertamente no parece un adelanto ni un progreso.

Preparando las elecciones, que habrían de ser constituyentes, se formó una unidad de conservadores en la que los pocos antiguos moderados que aún estaban en España salieron de debajo de la cama para unirse con los antiguos radicales, que a su vez habían sido antiguos miembros de la Unión Liberal. La unión entre moderados y unionistas llegaba siete años tarde. Por si los conflictos no fuesen bastantes, el conflicto entre el Gobierno y las Cortes por dilucidar quién tenía preeminencia subió de tono y el 23 de abril Madrid amaneció ocupada por las milicias populares republicanas federales intransigentes, defensoras del Gobierno, para oponerse a un tímido intento de los conservadores de dar un golpe de fuerza, a cuyo frente estaba Serrano y otros generales conservadores. Pero la verdad es que solo demostraron que carecían de tal fuerza capaz de oponerse a los republicanos intransigentes. El enfrentamiento se saldó con una victoria del Gobierno sobre la comisión permanente de las Cortes, que fue disuelta contra toda legalidad. En esta revuelta fue detenido el exministro Figuerola, que fue conducido a la cárcel del Saladero entre gritos de ladrón. Justicia poética hacia quien se atrevió a lanzar esa misma miserable acusación contra la reina. En la cárcel también acabo Topete, aunque después fue liberado al no encontrarse cargos contra él. Otras figuras conservadoras como Serrano tuvieron mejor suerte, huyendo a Francia, aunque también fueron buscados.

Vencedores los federales no faltó quien dijese que la única legalidad válida era la «legalidad revolucionaria» y urgieron al Gobierno a declarar la república federal sin esperar a elecciones constituyentes, disolviendo diputaciones y ayuntamientos para borrar todo vestigio de legalidad constitucional, pues ellos eran la voz de la «voluntad popular». Es una constante que todo vencedor de una revolución se crea ungido de una representación que solo está escrita con la punta de sus bayonetas o en los gritos de las masas. Oclocracia pura y dura.

Está escrito en el destino de las revoluciones que, una vez iniciadas éstas, sus vencedores siempre son los más exaltados. En la búsqueda de Serrano y otros líderes conservadores se allanaron casas como la de su suegra, o la de la marquesa de Montijo y hoteles. Todo ello sin mandamiento judicial ni orden de búsqueda legal. ¡Qué lejos quedaban los tiempos de los legalismos de Bravo Murillo, aquel a quien llamaban —y algunos aún llaman— tirano represor. Sería interesante saber cuál era el pensamiento en esos días de Serrano. El que había sido aclamado hacia unos años como el héroe de Alcolea, que había recibido todos los honores imaginables, que había sido hasta candidato a rey de España, ahora se escondía a salto de mata como un bandolero, hasta llegar despojado de bigote a Francia.

En Francia se declaró abiertamente alfonsino y dijo que si no se presentó directamente a besar la mano de la reina fue para no llamar la atención.

Analizando la situación política se podría resumir en que habíamos vuelto al absolutismo, un absolutismo republicano en el que el Gobierno no tenía que rendir cuentas a nadie y su voluntad era la ley. De la constitución ya nadie se acordaba, quizás porque mencionarla era arriesgarse a ser tachado de reaccionario y acabar con sus huesos en la cárcel.

Dijo el Gobierno: «El Gobierno dará en su día cuenta de esta resolución a las Cortes constituyentes». Se encargaría de hacerlas a su medida, por supuesto.

En este golpe tuvo Castelar una digna intervención —y de justicia es mencionarlo—. Salvó a miembros de la comisión parlamentaria de las turbas y llegó a decirles a los voluntarios republicanos: «Si queréis tener el honor de matar a un republicano de toda la vida, matad a Castelar»[77].

El Gobierno, por escapar de la tutela de las Cortes, había caído en la tutela de las masas, mucho menos flexibles y tolerantes. En el pecado tenía la penitencia. Los conservadores tampoco ofrecían un espectáculo mucho más edificante: a tres días de las elecciones constituyentes aún discutían si presentarse a ellas, ni pensar en nombrar candidato a nadie. Discutían más entre ellos que contra el Gobierno, que los había borrado de un plumazo.

En las elecciones no solo se retrajeron los políticos conservadores, también lo hicieron sus electores. La abstención fue mayoritaria en toda España. En Madrid solo votó el 28 % del censo y en Cataluña el 25 %. Como es lógico, los republicanos federales obtuvieron mayoría absolutísima: 343 escaños de 383 posibles. Como era costumbre, lo que parecía solidísima mayoría pronto se dividiría en múltiples fracciones, que competían por ser cada una más radical que las otras.

Los republicanos federales quedaron divididos en tres facciones: la «derecha» capitaneada por Castelar; un grupo de centro, que pensaba que la constitución sería la solución de todos los males; y a la izquierda los intransigentes, que veían en la revolución la solución a todos los males.

Entre los diputados no faltaba quien quería disolver el ejército, vender los barcos de la Marina y suprimirla, abolir la magistratura y declarar innecesario el ministerio de Fomento. Nada extraño, pues para los socialistas de la época el socialismo consistía en repartirse las tierras y el dinero de los ricos. Qué hacer cuando ese dinero se agotase era algo a lo que no tenían respuesta, pero tampoco importaba gran cosa, porque nadie hacía esa pregunta. Ya en el discurso de

---

77 *Historia de la interinidad y guerra civil de España desde 1868,* Ildefonso A. Bermejo. Madrid. R. Labajos. (1875)Tomo III, pág. 230.

apertura el Gobierno no contentó a casi nadie. Las Cortes se convirtieron en un desfile de reproches mutuos sin que nadie propusiera algo con el más mínimo sentido.

Lo novedoso es que los diputados se agruparon por provincias y regiones, como si el Congreso fuese una cámara de representación territorial —que no lo era—, luchando por imponer sus provincias por encima de las otras. Es fácil pensar cuál sería el resultado de semejante cosa. Era llevar las rivalidades vecinales entre pueblos al Congreso. El cainismo pueblerino de pelearse con el vecino elevado a política de Estado.

Nadie se sentía obligado a obedecer al Gobierno central. Así Salvoechea, alcalde de Cádiz, se quedó con tres millones y medio que el Gobierno de Marruecos había enviado por su puerto a España como plazo del pago de la indemnización de la guerra, diciendo simplemente que eran necesarios en su cantón y que por eso se los quedaba.

Uno de los muchos fracasos de los republicanos fueron los Cuerpos Francos de Voluntarios, que se suponía serían capaces de ganar la guerra carlista y que en realidad solo servían para ejecutar motines y desobedecer a sus oficiales, a quienes no dudaban en amenazar si intentaban poner orden. En Tordera (Barcelona) los Cuerpos Francos violaron a las mujeres después de matar a los hermanos o maridos que intentaron defenderlas. ¿Con soldados así para qué se necesitaban carlistas? Es razonable pensar que la desidia del Gobierno en reprimir tales excesos no era más que un plan preconcebido para disolver el ejército tal y como muchos reclamaban, dejando que la indisciplina y el crimen lo socavasen moralmente y lo demolieran desde dentro. Los federales desconfiaban profundamente del ejército y por eso no movían un dedo por mejorar su condición material, moral y combativa. Las reformas militares pueden ser un buen ejemplo de cómo se legislaba en la época. Lejos de toda lógica y contacto con la realidad, se propone crear un ejército profesional de voluntarios pagados a 8 reales diarios por hombre, lo que daba una cantidad anual de 78.250.000 pesetas, algo que era en todo punto inasumible por la Hacienda pública. Eso no fue óbice para que se votase y se aprobase. Como no se presentaron los voluntarios necesarios fue necesario volver al sistema de quintas, esas mismas que todos habían prometido suprimir.

Así describe Galdós las discusiones parlamentarias del momento:

Las sesiones de las Constituyentes me atraían, y las más de las tardes las pasaba en la tribuna de la prensa, entretenido con el espectáculo de indescriptible confusión que daban los padres de la Patria. El individualismo sin freno, el flujo y reflujo de opiniones, desde las más sesudas a las más extravagantes, y la funesta espontaneidad de tantos oradores, enloquecían al espectador e imposibilitaban las funciones históricas. Días y noches transcurrieron sin que las Cortes dilucidaran en qué forma se había de nombrar ministerio: si los ministros debían ser elegidos separadamente por el voto de cada diputado o si era más conveniente autorizar a Figueras o a Pi para presentar la lista del nuevo Gobierno. Acordados y desechados fueron todos los sistemas. Era un juego pueril que causaría risa, si no nos moviese a grandísima pena.

El 7 de junio de 1873 fue proclamada la república federal por las Cortes. El problema es que cada quien tenía su propia idea de los que significaba federal. Estanislao Figueras dimitió y se encomendó la formación de Gobierno a Pi y Margall, pero sus Gobiernos eran rechazados por los intransigentes en las Cortes, lo que bloqueaba cualquier cambio. Tampoco Figueras podía formar Gobierno, todas sus listas eran rechazadas.

La situación era tal que el 11 de junio de 1873 el presidente de la república, Figueras, dimitió, se subió a un tren y no se bajó hasta llegar a París. De él se puede decir que vio pronto lo que otros tardaron mucho en ver y algunos no alcanzaron a ver nunca. En el tren escribió a Nicolás Salmerón:

«Hemos prometido la federal y la federal es imposible. Hemos prometido hacer la felicidad del país con la república y estamos labrando su desdicha. Yo no debo, no puedo, no quiero hacerme solidario de tamaña felonía. En una palabra, hemos defraudado las esperanzas del pueblo, y para nosotros todo ha concluido»[78].

---

[78] *Historia de la interinidad y guerra civil de España desde 1868*, Ildefonso A. Bermejo. Madrid. R. Labajos. (1875). Tomo III, pág. 393.

Gran lástima que el resto de republicanos no tuviesen su visión de la situación. Tras discusiones de todos contra todos y enfrentamientos de todo tipo, finalmente, en medio de movimientos de tropas y ruido de sables, eligieron presidente a Pi y Margall, un republicano federal que creía que sus teorías eran más importantes que la realidad del país, un teórico que pensaba que si la realidad no se ajustaba a sus teorías peor para la realidad.

Para evitar los anteriores fracasos en la formación de Gobierno, dejó que fuesen las Cortes quienes eligiesen a sus ministros. Lo que resultó en que solo un ministro era partidario del presidente del Gobierno.

En su primer discurso como presidente dijo que el primer problema del país era la disciplina militar y el segundo la calamitosa situación económica. De lo que hizo para solucionarlos trataremos en las próximas páginas.

Por lo pronto se lanzaron los federales a dividir España en cantones, lo que se suponía que sería el bálsamo de Fierabrás que todo lo solucionaría. El caso es que no se ponían de acuerdo ni siquiera en el numero de cantones, y cada quien proponía su ocurrencia. Es destacable la del docto Castelar, ministro de Estado, de dejar el asunto «al empirismo de la tradición», lo que no se puede negar que suena bien. Pero solucionar, no solucionaba nada. Algunos eso sí debieron entender, que con la tradición se refería al regreso a los reinos de taifas musulmanes, pues el resultado no estuvo muy lejos.

Finalmente, toda la filosofía metafísica e intelectual de los doctores universitarios que regían España quedó al albur de lo que en cada pueblo sus analfabetos habitantes decidieran. Eso y no otra cosa significaban las palabras del insigne Castelar.

Los republicanos federales no eran distintos a los demás españoles. Lo primero que hicieron fue asediar a los nuevos ministros con solicitudes de empleo y enchufes de todo tipo. El ministro de la Guerra, Estébanez, se vio obligado a publicar en la prensa que no le escribiesen más porque no tenía tiempo material de leer tantas peticiones de ascensos y favores de todo tipo. Este ministro, como todos sus antecesores, dijo que restablecería la disciplina del ejército, pero la verdad es que los soldados mataban a sus oficiales si no estaban contentos con ellos y, como castigo, solo recibían una reprimenda. El que el ministro hiciese jefes y oficiales a paisanos tampoco ayudaba mucho que digamos. Difícilmente podría recuperar la disciplina del ejército un ministro que estaba acusado de deserción. Siendo capitán en Cuba, Estébanez pidió su baja en el ejército, pero se marchó a México antes de recibir contestación. Con esos antecedentes, sus palabras de disciplina y apego a las ordenanzas sonaban a burla más que nada.

Los federales pronto obtuvieron «todas las facultades especiales que creyesen necesario ejercer en las provincias teatro de la guerra», algo que era anticonstitucional en todo grado. Mucho más llamativo, teniendo en cuenta que los republicanos eran los más firmes opositores a ese tipo de autorizaciones cuando otros Gobiernos las solicitaron y no las obtuvieron. Siendo además esta autorización mucho más amplia que la que por ejemplo le fue negada a Serrano por Amadeo, y mucho más amplia de las que nunca se solicitaron a las Cortes de la reina, incluso en tiempos de guerra con los carlistas a las puertas de Madrid, y por si no era bastante además obtuvo autorización para un impuesto extraordinario de 400 millones, para cobrar los impuestos sin presupuesto aprobado y en general para hacer lo que estimase oportuno y conveniente, lo que resultó en que no hacían absolutamente nada de provecho, ni de legislar en ramo alguno. De elaborar la constitución ya nadie hablaba en ese momento. Se cambió de Gobierno pero nada cambió más que los nombres de los ministros. Bueno, sí, cambió algo: a la autorización extraordinaria anterior el 30 de junio se le eliminó la referencia a las provincias teatro de la guerra, haciéndola extensiva a todo el territorio nacional. Era la dictadura del señor Pi y Margall. Nada nuevo, los mismos federales que reclamaban el cumplimiento de la ley cuando estaban en la oposición. Solo unos días después, cuando eran Gobierno, le ponían un velo a la ley para que no viese sus ilegalidades. Los mismos que defendieron los derechos personales ilegislables e inviolables como la inviolabilidad del domicilio, ahora que eran gobernadores civiles de Madrid escribían bandos en los que decretaban que los vecinos debían abrir sus casas a las fuerzas policiales o a los «voluntarios de la libertad» cuando estas lo solicitasen, sin más requisito.

La anarquía se extendía por España. Fue más evidente en Andalucía. Los milicianos se armaban por las buenas o por las malas y no había quien lo pudiese impedir. En Sevilla asaltaron la maestranza y se llevaron desde los cañones hasta el último sable. Lo que no hacían era viajar al norte con esas armas, donde podrían tener buen uso, eso no. Lo que hicieron fue declarar la independencia de Sevilla, a la que pronto siguió Málaga, que ya lo era *de facto* desde hacía meses. No faltaba quien añorara a Narváez, y con razón. Pero Pi y Margall no era Narváez, no puede ser la solución quien es el problema. Difícilmente podía Pi meter en cintura a los rebeldes cuando estos en realidad no hacían más que aplicar el programa político de Pi y Margall.

Escribió Pi y Margall: «Así las cosas, toda insurrección era un crimen. No hay derecho para rebelarse contra Gobierno alguno mientras no estén cerradas a las ideas las puertas de los comicios, las de la prensa ni las de la tribuna».

Supongo que eso pensaba, porque él era el Gobierno, porque cuando el Gobierno era el de la reina predicaba todo lo contrario.

En Alcoy las huelgas se convirtieron en motines. Se incendiaron casas y fábricas, se saquearon el banco y muchas casas. Murieron unas treinta personas, incluido el alcalde y varios guardias civiles. Las autoridades recuperaron el control de la ciudad al precio de un indulto para los criminales. Mal podía establecerse así orden alguno. Cuando las tropas se retiraron, todas las familias más o menos acomodadas se retiraron con ellas.

A Alcoy siguió Cartagena. Sobre la revuelta de Cartagena se ha escrito mucho y bueno. No creo necesario entrar en más detalles en esta obra.

Finalmente, acusado de incompetente en las Cortes el 18 de Julio, Pi y Margall tiró la toalla y dimitió. Un mes y una semana duró en el cargo. Se eligió a Nicolás Salmerón, en reñida votación contra el propio Pi, al que ahora votaron los intransigentes que se habían retirado de la cámara por su oposición a Pi. Cosas de la política de la época. Curiosamente Pi y Margall es una de esas figuras que tienen buena prensa. Sus libros sobre teoría política federal son muy aplaudidos. En realidad Pi era como un cocinero que, aunque escribe magníficos y refinados libros de recetas, delante de los fogones no sabe hacer un huevo frito. Los resultados de su Gobierno son mucho más elocuentes que sus sesudas y intelectualoides teorías políticas.

Como sus predecesores Salmerón dijo que lo más importante era restablecer el orden, y como sus predecesores tampoco hizo lo necesario para tal fin. Formó un Gobierno con lo que entonces se consideraba derecha de los republicanos.

A Cartagena imitó Valencia, y como Castellón no quería ser parte de Valencia también se independizó. Se cortaban las líneas férreas y se derribaban puentes que tanto había costado construir. Granada se sumó a la fiesta. Al ministro no paraban de llegarle telegramas de nuevas sublevaciones. Era una especie de «maricón el último». El ministro cada día tenía que dar cuenta en el Congreso de las malas noticias, como que se veía en la obligación de declarar piratas a aquellos buques que tanto dinero habían costado al país, y que ahora asolaban las costas del Mediterráneo exigiendo tributos de guerra a las poblaciones costeras.

La situación era tal que en Málaga los cantonalistas, divididos en dos facciones, lucharon entre sí a falta de enemigo.

Uno de los primeros actos de Salmerón fue consultar posibles remedios a la situación a generales veteranos y alejados por no ser republicanos, como los dos generales Concha o Allende Salazar, entre otros. Como era de esperar, lo que le dijeron no gustó a Salmerón. No obstante se decidió a encomendar la dirección de las tropas a generales no republicanos, que a fin de cuentas eran los que tenían experiencia en el arte de la guerra y no habían obtenido sus ascensos por favores políticos. Así se nombró al monárquico alfonsino Martínez Campos para recuperar Valencia, cosa que consiguió. Combatía y vencía también en Sevilla el general Pavía. Se combatió y se venció también en Cádiz. San Fernando, Jerez, Algeciras, Málaga, Alicante, Granada... y un largo etcétera de levantamientos cantonales. ¿Qué hacían mientras tanto muestras Cortes? Pues escuchar embelesados floridos discursos de Castelar y manifestar su desagrado con los diputados que habían tomado armas contra el Gobierno.

En Zaragoza el general Turón identificó y sometió a consejo de guerra a los que habían matado a su coronel, Martínez Llangostera, en el regimiento de cazadores de Madrid. Condenó a muerte a seis soldados y lo comunicó al Gobierno, advirtiendo que de no cumplirse la sentencia mandasen a otro general para ocupar su puesto, pues el no toleraría indisciplinas de tal orden.

En el norte y Cataluña los carlistas avanzaban casi sin oposición. Las evidentes necesidades militares volvieron a poner de actualidad la cuestión de los artilleros, pues estaba más que claro que para manejar cañones se necesitaba artilleros de verdad, y hacer oficiales a los sargentos no se mostró solución satisfactoria. Salmerón decía por activa y por pasiva que haría todo lo necesario para imponer el orden y el cumplimiento de la ley, pero sus palabras no concordaban con sus actos. Así, por ejemplo, se podía ver a un diputado procesado por el levantamiento de Castellón recriminar en las Cortes el desarmamiento de los voluntarios que se habían levantado contra el Gobierno. Eran los conejos tirando contra las escopetas, y todo eso con la más completa impunidad.

❧

La situación en Cataluña no era mejor. Los batallones de cazadores de Béjar y Tarifa en camino de socorrer a Berga sitiada por los carlistas se insurreccionaron y asesinaron a cuatro de sus oficiales. La decisión del Gobierno fue enviar a otros oficiales para mandar esos batallones. Difícil y peligrosísima encomienda si no se les daba permiso para aplicar las ordenanzas sin miramientos, lo que suponía fusilar a los asesinos. Esa petición fue respondida con prisión para los oficiales quejosos.

Que existieran dos tipos de soldados no ayudaba nada. Los reclutados por quintas decían que combatiesen los Cuerpos Francos Voluntarios, que para eso eran voluntarios y además cobraban cuatro veces más. Los Cuerpos Francos pues como que preferían servir en retaguardia, como es lógico.

Finalmente el 7 de septiembre dimitió Salmerón. Duró su Gobierno dos semanas más que el de su predecesor, hay quien pretende ensalzar su figura diciendo que dimitió por no ser responsable de la aplicación de la pena de muerte, olvidando que su conducta política causo muchas más muertes, y de inocentes, no de culpables de asesinato, como eran los que habían sido condenados. Por no dar muerte a unos culpables morían inocentes. No creo que sea algo digno de alabanza.

Le sucedió Castelar, entonces presidente de las Cortes. Salmerón ocupó su lugar, intercambiando puestos. Castelar obtuvo por unanimidad poderes extraordinarios para combatir la anarquía. Después de tantos enjundiosos discursos con las teorías más disparatadas parecía que Castelar por fin le había visto las orejas el lobo. Para tener algo de paz Castelar, tal y como hacían los por el denostados Gobiernos isabelinos, suspendió las sesiones de las Cortes. El que estas fuesen constituyentes y que estando suspendidas también se suspendían los trabajos de la nueva constitución era un detalle sin importancia, al menos para él.

Castelar rehabilitó a los artilleros disueltos, algo que se había esforzado por que Salmerón no hiciese, poniendo todo tipo de obstáculos e intrigas. También firmó las penas de muerte que Salmerón se había negado a firmar, y eso se notó en los frentes de guerra. El nuevo ministro de la Guerra, el general Sánchez Bregue, sí que era partidario de la disciplina, pero no solo de palabra como los anteriores, también lo era de hechos. No dudaba en firmar sentencias de muerte cuando era necesario.

Resistía Cartagena. Era una plaza fuerte y tenía una escuadra blindada. El Gobierno no podía extraer tropas del frente del norte, pero sobre todo resistía porque confiaban en una rápida caída de Castelar y que un previsto futuro Gobierno de Pi o Salmerón les otorgaría ventajosas condiciones.

Salmerón, que dejó el poder voluntariamente y que se declaró «muerto para la política contemporánea», solo unas semanas después tenía ganas de recobrarlo. De reabrirse las

Cortes tendría amplia mayoría para derrocar a Castelar. Que él pudiese formar Gobierno ya era mucho más dudoso. Se le ofreció a Castelar dar un golpe de Estado o al menos prorrogar la suspensión de sesiones de las Cortes, que vencía el 2 de enero, unos meses más, cosa para la que estaba habilitado por los poderes extraordinarios recibidos. Para ello contaría con el apoyo del ejército, que ya notaba los beneficiosos efectos de la disciplina.

Castelar puso por encima de los intereses de la patria lo que él consideraba la legalidad. Pena que no hubiese aplicado ese principio varios años atrás.

Sucedió a finales de 1873 el asunto Virginius, que estuvo cerca de provocar una guerra con Estados Unidos, lo que ya habría sido el colmo de las desdichas. En ese conflicto se cruzaron telegramas entre el capitán general Jovellar y Castelar. Reproduzco un extracto de uno, porque pinta la situación de España en palabras del propio Castelar:

«Importantísimo, urgentísimo. Hasta hoy esperé arreglar cuestión Virginius. Desespero. Estados Unidos resuelto a guerra, que sería nuestra ruina y la pérdida de las Antillas. Nuestro estado es precario. 80.000 hombres tienen los carlistas. El Norte formidable, casi inaccesible. Pamplona y Bilbao sitiados, San Sebastián aislado, Santander amenazado. El Alto Aragón invadido, el Bajo también. Cataluña cada día más molestada. En el Maestrazgo un diluvio de facciones. Cartagena a pesar del horrible bombardeo todavía se sostiene, y parece decidida a sostenerse mucho tiempo. Las fragatas sitiadoras y sitiadas componen nuestra escuadra entera. El patriotismo es palabra tan vana para los partidos españoles que las dificultades internacionales aumentaran su brío y su odio al Gobierno...»[79].

Pena que Castelar no se acordase del patriotismo antes de meter a España en la situación en la que estaba. En lo que sí tenía razón es en que España no estaba como para una guerra con Estados Unidos. Bueno, ni con Estados Unidos ni con nadie.

---

79 *Historia de la interinidad y guerra civil de España desde 1868,* Ildefonso A. Bermejo. Madrid. R. Labajos. (1875) Tomo III, pág. 568.

Los republicanos —entre ellos Castelar—, que habían prometido una república de paz y que denostaban al ejército, ahora en el poder no pensaban más que en cañones y en reclutar las quintas que habían combatido con ardor. Era curiosa esta revolución, que había empezado en 1868 y que convertía a todo el que alcanzaba el poder en retrógrado derechista. Revolucionario se presentó Prim, pero en cuanto tocó poder se le tachó de conservador. Y así ocurrió con todos los gobernantes del sexenio que le siguieron en el poder. Incluso los más extremados demócratas como Castelar salieron del poder siendo conservadores.

Y como a tal supuesto conservador, sus rivales planearon separarle del poder con el arma usual para estos menesteres, que no era otra que la coalición de los que hasta el día anterior eran irreconciliables enemigos entre sí.

La oposición a Castelar estaba capitaneada por unos resucitados Salmerón y Pi y Margall, que al parecen no pensaban que ya habían hecho bastante mal a España y pensaban hacer más. La situación era tan desesperada que hasta Castelar parecía un buen presidente.

Pavía, capitán general de Castilla la Nueva con base en Madrid, en contacto con los jefes de ejército en el Norte y Cataluña, con buen juicio decidió que no se podía volver a los errores de meses atrás y dar un golpe de no salir electo Castelar en la Cortes reabiertas. Radicales y conservadores también estaban de acuerdo.

La sesión del 2 de enero siguió el guion previsto y Castelar fue derrotado por Salmerón. Castelar hizo profesión de republicanismo y es en este debate en el que dice que prefiere una dictadura militar dentro de la república antes que el más bondadoso de todos los reyes. No se puede dudar de la sinceridad de sus palabras, pues ciertamente había destronado a la más bondadosa de todas las reinas para meter a España en la dictadura de la anarquía. En esa sesión también dijo que él era republicano de siempre y que fue condenado al garrote vil por la «dinastía de los Borbones», olvidándose de que había sido la Justicia y no la reina quien lo había condenado, y que fue la reina precisamente quien le salvó de su merecido castigo.

A pesar de la importancia de la sesión, solo tres quintos de los diputados estaban presentes. El 3 de enero y cuando se estaba votando al nuevo presidente —que previsiblemente sería Eduardo Palanca—, la guardia civil, a las ordenes de Pavía entró en el hemiciclo justo cuando los diputados con Castelar a la cabeza decían que morirían en sus asientos. Tras un par de tiros al aire, se disolvió la sesión. Lo de que Pavía entró a caballo solo es una bonita leyenda. Eso sí, a los exaltados republicanos les faltó tiempo para salir por las ventanas, pues la puerta estaba muy lejos al parecer.

No falta quien para demostrar la debilidad del régimen de Isabel II aduce la facilidad con que cayó, olvidando las múltiples intentonas fracasadas antes de septiembre de 1868, y que aun en esas circunstancias la reina encontró a Novaliches y a todo un cuerpo de ejército listo para batirse en su nombre en el campo del honor. La república no encontró a nadie que la defendiera. ¿Qué conclusión deberíamos sacar de esto? A la que llega un servidor es que el régimen verdaderamente decrépito era la república, que en un solo año había consumido toda la ilusión que su llegada había generado entre los incautos que la aplaudieron.

La mañana siguiente en el edificio de las Cortes se reunieron los generales Serrano, Topete y Pavía. Convocaron a todos lo generales de la revolución de septiembre de 1868 y a los civiles: Sagasta, Rivero, Martos, Chao, Becerra Echegaray, Cánovas del Castillo, Elduayen y García Ruiz. Decidieron que Serrano sería presidente del poder ejecutivo de la República, por lo que se puede decir que Serrano era el quinto presidente de la república española. Castelar fue invitado a la reunión pero declinó acudir. Los alfonsinos aplaudieron el movimiento, pero se mantuvieron al margen del nuevo Gobierno. El que mantuviese la ficción de la república en el nombre no les gustó. Ellos preferían una regencia preparatoria del regreso de la monarquía.

El Gobierno quedó formado por Serrano en la presidencia, Sagasta en Estado, Martos en Justicia, Zabala en Guerra, Topete en Marina, Echegaray en Hacienda, García Ruiz en Gobernación, Mosquera en Fomento y Balaguer en Ultramar.

Todos ellos radicales y conservadores menos García Ruiz, que era republicano unitario y partidario de la ley y el orden.

En Madrid no hubo resistencia. Al día siguiente los 10.000 Voluntarios de la Libertad hacían cola para entregar sus armas, obedeciendo el bando de Pavía. La que existió en Zaragoza, Valladolid o Barcelona tampoco fue muy duradera y fue vencida fácilmente en unas horas pese a las amenazas y jactancia de los intransigentes. La indiferencia, cuando no el desafecto, hacia la república federal o no federal era mayoritaria. La gente lo que quería era ley y orden que ya tocaba.

El Gobierno de Serrano fue reconocido por Francia y el resto de potencias europeas, que no lo habían hecho con los Gobiernos republicanos.

Hay que destacar que el golpe no era contra Castelar. Se esperó a que perdiese la votación e incluso se le ofreció participar en el nuevo Gobierno, del que solo se excluiría a carlistas y federales. Pero Castelar, más amante de lo que entendía por legalidad que de España lo rechazó. Es una pena que no tuviese esos escrúpulos cuando de destronar a doña Isabel II se trataba.

Efecto del cambio de Gobierno fue la rendición de Cartagena, una vez disipadas las esperanzas de un Gobierno favorable a sus locas teorías. Así el Gobierno pudo centrarse en la guerra contra los carlistas en el norte. Serrano se puso al frente del ejército del norte, a fin de levantar el sitio de Bilbao. También salió hacia el norte el general Concha, marqués del Duero, y se consiguió liberar Bilbao. Después murió en el ataque a Estella. El general Martínez Campos intentó que el general Concha aprovechase la victoria para levantar la bandera de Alfonso XII, pero con buen criterio Concha le dejó claro que era precipitado.

Volvió Serrano a Madrid. El país era una balsa de aceite en el sentido político. La frenética actividad política desapareció como desaparecen las nubes tras la tormenta. No hubo represión ni hizo falta. Todos los esfuerzos se centraban en la guerra contra los carlistas. Los alfonsinos eran los únicos que podían desvelar un poco a Serrano, pero Cánovas no quería un golpe de fuerza, y era mejor esperar a que Alfonso XII cumpliese algunos años más para evitar regencias de tan infausto recuerdo.

Finalmente Martínez Campos se cansó de esperar y el 29 de diciembre proclamó a Alfonso XII rey de España. El Gobierno presidido por Sagasta, que fue sorprendido por los acontecimientos, convocó un consejo de ministros urgente para tratar el asunto. Serrano estaba en el frente de guerra en el norte. Se detuvo a Cánovas del Castillo y a otros notorios alfonsinos en Madrid. En Valencia el general Jovellar, al frente del ejército del centro, se unió a Martínez Campos. La conspiración militar alfonsina tenía hondas raíces en el ejército y eran muchos los generales implicados. Se levantó la bandera Alfonsina además de en Sagunto en Mérida, en Ciudad Real, en Sevilla, en Cádiz, en Valencia, en Badajoz. También en Madrid el capitán general Primo de Rivera se sumó al movimiento.

Sagasta comprendió la fuerza del movimiento y telegrafió a Serrano: «Esto no tiene remedio». No era solo el ejército, el pueblo también quería tener un rey, y un rey constitucional, no el carlista. Los generales del norte decidieron no retirar un solo soldado del frente para sofocar la proclamación, y así se lo comunicaron a Serrano.

El día 30 conferenció telegráficamente el Gobierno con Serrano, en el cual le comunican que la guarnición de Madrid se ha pronunciado y que no tienen fuerzas que oponer al movimiento. Serrano decide no oponerse a la proclamación. La conferencia telegráfica fue un poco como el diálogo famoso del humorista: «Si no es por no ir. Si hay que ir se va. Pero ir para *ná* es tontería». Serrano se retiró discretamente a Francia. Estando reunido el Gobierno en la noche fue disuelto por Primo de Rivera, sin oposición de los ministros. Primo de Rivera asumió todos los poderes interinamente.

Es razonable pensar que al menos tácitamente Serrano también estaba implicado en el movimiento, o al menos que estaba al corriente y lo dejó actuar. Aunque no es raro en el que teniendo el pleno poder lo ceda sin resistencia, tal y como había hecho en ocasiones anteriores. Es una curiosa figura la de Serrano. Participaba en todas las conspiraciones, pero poco era dado a aferrarse al poder, lo que lo diferencia de otros «salvapatrias» que, una vez se sientan en la poltrona, intentan atornillarse a ella. Como Prim sin ir más lejos, u otros más recientes en la historia de España.

El día 30 se publicó lo siguiente en la *Gaceta*:

«Ministerio-Regencia.

Proclamado por la nación y el ejército el rey don Alfonso de Borbón y Borbón, ha llegado el caso de usar de los poderes que por Real Decreto de 22 de agosto de 1873 se me confirieron. En su virtud, y en nombre de S. M. el Rey, vengo en decretar lo siguiente: El ministerio regencia que ha de gobernar el reinado hasta la llegada a Madrid del rey don Alfonso se compondrá, bajo mi presidencia, de las personas que siguen: ministro de Estado, don Alejandro Castro; ministro que ha sido de Hacienda y Ultramar y embajador en Roma; ministro de Gracia y Justicia, don Francisco de Cárdenas, antiguo consejero de Estado; ministro de la Guerra, el teniente general don Joaquín Jovellar, general en jefe del ejército del centro; ministro de Hacienda, don Pedro Salaverría, ministro que ha sido de Fomento y Hacienda; ministro de Marina, don Mariano Roca de Togores, marqués de Molins, ministro que ha sido de Marina, Fomento y directo de la Academia Española; ministro de Gobernación, don Francisco Romero Robledo, ministro que ha sido de Fomento; ministro de Fomento, don Manuel de Orovio, marqués de Orovio, ministro que ha sido de Hacienda y de Fomento; ministro de Ultramar, don Abelardo López de Ayala, ministro que ha sido de Ultramar.

Madrid 31 de Diciembre de 1874
El presidente del Ministerio Regencia
Don Antonio Cánovas del Castillo»

Es de observar que Cánovas destaca que todos sus ministros han sido ministros anteriormente con excepción de Jovellar, ministro de la Guerra, para hacer ver que sus ministros no eran unos advenedizos sin experiencia en gobernanza, como ocurría en el sexenio. Es de notar también que Martínez Campos no está en el Gobierno, tal y como dijo la reina doña Isabel. Era la primera vez que triunfante el elemento militar cedía voluntariamente el poder al elemento civil. Tras el golpe de Cánovas tampoco hubo represión política, más allá de unos prudentes ceses de los republicanos más significados.

Era el fin del paseo por los infiernos de España y el fin de este capítulo, que si bien se aparta algo del relato del reinado y vida de Isabel II, lo he creído necesario para comprender y comparar acontecimientos y contextualizar comportamientos.

Caricatura publicada en *Vaniti Fair* en 1869 con el texto: «A lo largo de su vida, ha sido traicionada por quienes más leales deberían haber sido».

12. EXILIO

Salió Isabel II de España con treinta y ocho años y aún viviría treinta y seis mas, casi la mitad de su vida. Su primer destino en el exilio fue Pau, en un antiguo y desangelado palacio que Napoleón III puso a su disposición y cuyo administrador acondicionó a duras penas y a contra reloj. La verdad es que Napoleón III, que estaba al tanto de los acontecimientos revolucionarios, si no fue más previsor y lo acondicionó antes quizás fue para no descubrir que estaba en antecedentes de lo que ocurriría.

El caso es que la reina salió de España con parte de su sequito y tuvo que despedir a la mayor parte de él ya en Francia. La acompañaba Marfory, pero no sor Patrocinio, tal y como se afirma en bastantes obras. Sor Patrocinio estaba en Guadalajara, de donde salió para Francia un par de días después por orden del arzobispo de Toledo. Fijó su residencia en Bayona, donde fundó un convento con otras monjas huidas de España.

La estancia en Pau fue breve, mes y medio. Sobre ella ha dejado interesante información la prensa local, que nos cuenta cuáles eran sus actividades, nada fuera de lo normal por otro lado. La reina salía a pasear y acudía a las carreras de caballos —mencionan que era muy entendida en caballos—. Iba al teatro, a conciertos, a misas y a actividades por el estilo. Lo que sí es curioso es que nos dice la prensa francesa que la reina hablaba un «muy aceptable francés». Es curioso, porque una de las muchas cosas que se dicen de la reina es que nunca fue capaz de manejarse correctamente en francés, a pesar de su larga estancia en Francia. Debe ser una más de tantas cosas que se dicen para denigrarla y que a base a repetirse mucho se convierten en «verdades», pero que no resisten el más somero análisis. La reina, ya en París, establecerá estrechos lazos de amistad con la sociedad parisina y con damas como la mariscala Mac Mahón, de la que no se tiene noticia de que supiese una palabra de español. Es imposible esa relación si la reina no se manejase en francés con soltura. Desde luego que la prensa francesa no tenía motivos para mentirnos ni tendencia a los elogios inmerecidos hacia la reina Isabel.

En Pau se les unió momentáneamente la reina María Cristina, que fue trasladada desde Gijón, donde estaba visitando a su hija en una fragata francesa.

El destino decidido era París. Aunque el Papa le ofreció asilo en Roma, nunca se pensó en tal posibilidad. Se compró el palacio Basilewski —luego renombrado palacio Castilla— en lo mejor de París, a un paso del arco del Triunfo, en la que hoy es la avenida Kleber. Hacia allí salió el 6 de noviembre. Fiel a su estilo generoso, al marchar de Pau dejo un mes de sueldo como gratificación para todo el personal del palacio donde se alojó. Su comitiva al llegar a París estaba compuesta por 47 personas, incluyendo las de la familia.

Tras su llegada a París se produce la separación de Francisco de Asís, previo acuerdo económico, no exento de pleitos de una pensión de 150 000 francos anuales. Este acuerdo, como veremos, dará muchos sinsabores y algunos pleitos a la buena de Isabel II. Se instala Francisco de Asís con su inseparable (de «sale especie» diría algún diplomático) secretario Meneses, no muy lejos, en la calle Saint-Honoré. La reina María Cristina también se instala por su cuenta con su marido Muñoz y sus hijos en Ruan, en el palacio llamado Mon Désir.

En París, Isabel II es bien tratada por el pueblo parisino. Napoleón III la recibe en palacio con frecuencia, o van juntos a la opera, y son recibidos en el Palacio de Castilla. La emperatriz Eugenia de Montijo era amiga de la infancia de la reina. También coincide con otra amiga de juventud, su cuñada la infanta Josefa de Borbón. Juntas recuerdan aventuras y diversiones de juventud. La relación con Francisco de Asís desde luego no es tan buena. A él solo le importa su pensión y no quiere saber absolutamente nada de manejos políticos y restauraciones de su hijo.

Además de esas diversiones mundanas, Isabel también se dedica a disfrutar de la niñez de sus hijas, con las que sale a paseo, y a comprarle dulces por las calles de París, disfrutando de un cierto anonimato que no puede dejar de agradarle. Cambronero nos cuenta cómo un militar amigo suyo, el brigadier Pérez de Rozas, la encuentra en una pastelería comprando dulces y cómo le paga la cuenta de la reina, rasgo que la reina reconoció como indudablemente español. La infanta Eulalia recuerda así esa época: «Para mis hermanas y para mí todo era fácil alegre y grato en aquel París risueño del último periodo imperial». La más atenuada etiqueta en comparación con la de Madrid hacía más fácil la vida de las niñas.

De sus hijas únicamente la mayor, Isabel, tenía frecuente relación con su padre don Francisco de Asís. Ella había sido desde niña la hija favorita del rey, y quizás por eso la infanta Isabel siempre trató a su madre con cierto distanciamiento y procuró que su vida fuese diametralmente distinta a la de su madre. Al enviudar en 1871, volvió a vivir con su madre en París, hasta que su hermano, ya rey, la llamó a la corte como princesa de Asturias hasta que el tuviese descendencia.

A pesar de todos los pesares, Isabel II nunca dejó de referirse a su marido en términos respetuosos, cuando no afectuosos. Nunca salió de sus labios palabra que lo denigrase o lo dejase en mal lugar. Así, bastantes años después, cuando la Exposición Universal de París en 1878, mantiene esta conversación con la mariscala Mac Mahón (evidentemente en francés):

«—Con que esta noche recibe usted en el Eliseo a todos los príncipes.

—Sí, señora. Y no se lo he dicho a V. M. porque creo que no tendrá gusto en asistir.

—Pues no es exacto, que iría con mucho gusto.

—Yo creo que V. M. haría mejor no viniendo.

—¿Por qué?

—Porque quizás hallase personas que la desagraden.

—No, señora, yo estoy muy contenta siempre que veo al rey.

—Pero puede haber otros.

—Pues si usted me lo permite iré, nada más por hacer enojar a Molins»[80].

A quien se refería la esposa del presidente de la República francesa no era a Francisco de Asís —que efectivamente asistió y se retiró en cuanto entró su esposa—, sino a Amadeo de Aosta, con quien la reina tuvo una amistosa y divertida charla. Isabel II era inmune a cualquier tipo de rencor y era difícil, casi imposible, encontrar personas que la desagradasen.

Una de las primeras cosas que hace Isabel II en París a las pocas semanas de llegar es intentar la reconciliación con la rama carlista. Para esto sí está dispuesto Francisco de Asís. Tuvieron lugar dos entrevistas que el pretendiente carlista relata en sus memorias. Se decidió hacerlas mientras paseaban por la calle para que fuese en terreno neutral. La primera fue cerca del monumento a Napoleón I, en la avenida de la Grande Armée. Acudió don Carlos con doña Margarita, que paseó del brazo de Francisco de Asís. Charlaron amigablemente mientras sus cónyuges intentaban arreglar sus diferencias que tanta sangre habían costado —y aún habrían de costar—. Tras las cortesías de rigor, le ofreció doña Isabel a su sobrino ser regente de su hijo, lo que este rechazó con estas palabras: «Si yo fuese como tu cuñado Montpensier, aceptaba, pues estaba seguro de a los dos meses ser rey; pero como soy un caballero, no puedo ni hablar de eso». También le ofreció la reina someterse al arbitraje del Papa, lo que fue también rechazado.

La segunda entrevista fue en el bosque de Bolonia. En ella Isabel le presentó a sus hijos el pretendiente. Don Carlos le dijo que el partido alfonsino le sería más una rémora que una ayuda, y volvió a ser ella la que hizo ofertas. Le propuso aceptar a don Carlos como rey siendo Alfonso Príncipe de Asturias y casarlo con Blanca, hija de don Carlos. Señaló que, no teniendo en ese momento hijos varones, no les quitaba derechos, pues ya nacerían sin ellos. La oferta fue nuevamente rechazada, pero, eso sí, se forjó una buena amistad entre la reina y su sobrino y rival dinástico, Carlos.

---

80 *Isabel II y su tiempo*, Carmen Llorca, pág. 216. Ediciones Itsmo, Madrid. (1984). Pág. 306.

Los trabajos en pro de la restauración habían empezado nada más se cruzó la frontera. Uno de los primeros movimientos fue el intento de que el ejército de Cuba participase en la restauración, pero el Gobierno se anticipó desterrando de Cuba a Gutiérrez de la Vega, que había sido enviado desde París para sondear esa posibilidad. El entonces capitán general de Cuba, Caballero de Rodas, al parecer ya tempranamente desencantado de la revolución, no se mostró contrario a la restauración de don Alfonso.

Inicialmente el general Cheste se ocupó de la dirección de los trabajos de la restauración. Muy pronto se suscitó la cuestión de la abdicación. La reina pidió consejo a sus leales sobre el asunto. La abdicación tenía muchos partidarios, pero también muchos detractores, entre los que se encontraba Marfory. Pese a lo que siempre se repite, la cercanía a la reina no suponía que esta siguiese los consejos de quien tenía su afecto. Sabía separar perfectamente las dos cosas. Las regencias siempre habían sido una pesadilla para España y parece prudente que la idea tuviese detractores. Con buen criterio bastantes consideraban que era una baza que se debía jugar en el momento oportuno y que precipitarse no traería beneficio ninguno a la restauración. Era necesario esperar a que la revolución se enfrentase a sus contradicciones y sus funestos frutos madurasen. Cheste fue sustituido por Lersundi al frente de los trabajos restauradores.

Finalmente, el 25 junio de 1870 y bajo fuertes presiones de Napoleón III, en pleno apogeo de la candidatura de Hohenzollern, la reina decide abdicar. La decisión se tomó pese a los muchos consejos en contra. La verdad es que, si la reina pedía consejo a diez personas, obtenía quince consejos distintos. La desunión no había cambiado entre los políticos españoles. También como era tradición, todos los que habían dado consejos desoídos se quejaban amargamente de no ser escuchados. Como González Bravo, que se pasó a los carlistas. Era el último partido que le faltaba para haber militado en todos.

Doña Isabel II, en un deseo de pasar a un discreto segundo plano, adoptó el título de condesa de Toledo, que usó en varios viajes por Europa. Inútil intento. Nunca dejó de ser Isabel II y solo la muerte la hizo dejar de ser la reina de España para muchos.

Los acontecimientos de la guerra franco-prusiana de 1869 y la posterior comuna alejaron a la reina de París. Se trasladó a Ginebra huyendo de la comuna. Allí permaneció hasta 1871 alojada en un hotel y con serios problemas económicos. Fue Olózaga —otra vez embajador en Francia— quien en coches de la embajada sacó a Sor Patrocinio de París. Curiosa historia la de esos dos personajes, siempre enfrentados y al mismo tiempo enlazados en la historia.

Napoleón III, que se complacía en aconsejar a doña Isabel II, no tenía consejos para aplicarse a sí mismo y perdió su imperial corona. Lo mismo que con Luis Felipe, parece que hay una maldición para los monarcas franceses que quieren influenciar demasiado en los asuntos de España.

Los asuntos de la restauración estaban en vía muerta. Isabel II, cada vez más asqueada de la política e incapaz de estar mucho tiempo enfadada con nadie, piensa en reconciliarse con su hermana y piensa en su madre para interceder entre ellas. Las negociaciones pasaron por momentos fáciles y momentos difíciles. En uno de esos momentos escribe a su madre esta carta, que es ilustrativa de su carácter, pero también de que había líneas que no estaba dispuesta a traspasar:

«Bien conocidas te son las condiciones de mi carácter, y sabes, mama de mi corazón, que entre los muchos defectos que puedan deslucirlo no se encuentran los que engendran la vanidad, el orgullo o el espíritu de quisquilla o de presunción. Si de mi sola se tratara, no tendría nada que decir. Me sometería gustosa, sin murmurar una queja, a cuanto de mí se exigiera en obsequio de la paz y ventura generales. Pero es el caso que, no sé si por fortuna o por desgracia, no me encuentro tan sola como algunos han supuesto y como yo misma creía. A mi lado están, como lo prueban las diarias muestras de adhesión que recibo, todos aquellos a quienes la revolución ha ofendido, lastimado o perseguido, que son muchos millares de hombres de las clases más grandes e inteligentes. Cuento además con mi razón, con mi derecho y, sobre todas las cosas, cuento y tengo a mi lado a mi muy querido Alfonso, rey legitimo de España.»[81]

Al final la reconciliación se llevó a cabo y delegó los asuntos políticos primero en su madre María Cristina. Doña Isabel II demostró que era ajena al rencor y al resentimiento y acogió a su hermana en sus brazos con cariño. Después se pensó que Montpensier, ya descartado como candidato a rey y que a pesar de todo no dejaba de tener partidarios, y para sumarlos a la causa Alfonsina, se encargó a este la dirección de los asuntos políticos de la restauración. Pero la ambición de Montpensier era demasiado fuerte y, cuando pretendió encargarse también de la educación del príncipe, se encontró con la decidida oposición de la reina. Por ahí no estaba dispuesta a pasar.

«Sensible es que el Infante Duque no acceda, como el más trivial de los deberá le ordenaba, al sostenimiento de la causa de mi querido hijo, su Rey, y que continúe recorriendo las sendas de la ingratitud, por no darle otro nombre más fuerte y más propio, después de haberle yo brindado con el olvido de amargos recuerdos el amor y la paz»[82].

Vamos, que una cosa es ser buena y otra es ser tonta, algo que a Montpensier le costaba entender. Pero entendió finalmente.

Con inmenso dolor de corazón de su madre, se envió al ya rey Alfonso XII al entonces mejor colegio de Europa, el Theresianum de Viena, acompañado del brigadier O'Ryan. Desde allí se intercambiaba amorosas cartas llenas de ternura con su madre. Escribe la reina: «Comprenderás el salto de alegría que habré dado, a pesar de mi poca ligereza, al recibir tu cariñosa cartita» o « Gracias, millones de gracias por tus cariñosas cartitas del 19 y 22, que te confieso, hijo mío, que he besado. ¡Te quiero tanto!». Demostraciones de cariño que son correspondidas: «Mi muy amada madre de mi alma, he saltado hasta el techo por la alegría que he tenido al recibir ayer tu carta del 12 del corriente». En Viena Alfonso cono-

---

81 *Isabel II y su tiempo*, Carmen Llorca, pág. 216. Ediciones Itsmo, Madrid. (1984). Pág. 244.

82 *Isabel II y su tiempo*, Carmen Llorca, pág. 216. Ediciones Itsmo, Madrid. (1984). Pág. 246.

cerá a Elena Sanz, con quien pasados los años mantendrá una relación que dará para mucho que hablar, y dos hijos.

En el terreno político el descrédito de María Cristina no había desaparecido ni mucho menos, lo mismo que en su candidatura a rey Montpensier no tenía apoyos verdaderos, más allá de los que estaban a sueldo de él. Por supuesto el que había gastado más de treinta millones en destronar a Isabel II no estaba dispuesto a gastar un real en devolver la corona a su sobrino. Por cada partidario que Montpensier sumaba a la causa alfonsina había varios que se apartaban de ella, tal era la desconfianza que el personaje suscitaba. El que hiciese menos de un año que él mismo se postulase para rey hacía que muchos viesen intenciones poco claras en Montpensier, o más bien viesen claramente que quería reinar a través de Alfonso XII.

Aún hizo Montpensier otro intento de asumir la educación del joven Alfonso, a lo que la reina a quien todos acusan de poca resuelta contestó de forma terminante:

«Declaro leal, clara y terminantemente que ni como reina ni como madre estoy dispuesta a consentir la menor concesión sobre el punto al que contesto, y creo poder asegurar que acerca del mismo no consentiría tampoco que lo hiciera el Rey, mi augusto esposo»[83].

Vemos pues que es mujer de firmes decisiones cuando estas lo merecen, y también vemos que la reina siempre trató a su esposo, a pesar de estar muy distanciada de él, con todo el respeto y los miramientos debidos. No se encontrará nada escrito por la reina que desprestigie a su marido. Nunca se supo que hablase de él de forma que lo dejase en mal lugar.

Isabel II en su reinado cedió muchas veces, cuando se le decía que era lo mejor para España, unas veces en asuntos políticos y otras en asuntos personales. Alejaba entonces de ella a personas que habían merecido su afecto, sacrificando sus afectos por supuestas ventajas políticas. Pero ella a lo que no estaba dispuesta era a renunciar a su hijo, por eso no pasaba. Solo se separará de él para enviarlo a España como rey.

---

83 *IIsabel II y su tiempo*, Carmen Llorca, pág. 216. Ediciones Itsmo, Madrid. (1984). Pág. 249.

La dirección política de Montpensier se manifestó como una mala idea. Los conservadores le recriminaban su participación en la revolución. Los revolucionarios, ya desencantados prontamente de la revolución, no confiaban en él y temían que pretendiese reinar como regente. El estar apoyado por María Cristina tampoco gustaba a nadie. Finalmente dimitió Montpensier a comienzos de 1873 y retornó la dirección de los asuntos políticos a Isabel II. Su hijo Alfonso, pese a ser un niño, ya sabía catalogar a la gente. Le escribe a su madre: «Para amigo puede no ser bueno, pero para enemigo, malísimo». La caída de Amadeo fue fuente de ilusiones para la restauración, visto el fracaso de la monarquía electiva. A Montpensier le sucedió Cánovas del Castillo en la dirección política del partido alfonsino.

Tras los sucesos del 23 de abril de 1873, ya narrados en otro capítulo, llegó huido Serrano a Biarritz donde dio palabras de ser profundamente alfonsino. Se manifestó apesadumbrado de los efectos de la revolución que había capitaneado y reconoció su fracaso. Entró en contacto indirecto con la reina, para intentar un pronunciamiento, pero, como no podía ser de otra forma, cambió de idea y se volvió partidario de una república unitaria, como paso previo a una proclamación que él postergaba a un periodo de dictadura. En realidad así fue como ocurrieron las cosas. Argumentaba que no era prudente una nueva regencia y quizás no le faltase razón. Aunque tampoco se debe descartar una rivalidad por el mando con Caballero de Rodas, más partidario de la acción directa. Ya era difícil encontrar a un firmante del manifiesto de Cádiz que no fuese alfonsino. La idea de una república unitaria como paso previo a la restauración no era vista con buenos ojos por muchos monárquicos, que ni como asunto transitorio querían república. En España también era tradición que lo provisional se convirtiese en permanente, además de que, teniendo en cuenta los antecedentes de Serrano, nadie se fiaba de él. Lo que querían era una monarquía y no otra cosa, por muy conservadora que fuese. Temían además que muchos monárquicos en ese caso abrazasen la causa carlista.

Por esas fechas también estaba Cánovas en Bayona, y pese a que tradicionalmente se dice que estaba en contra de pronunciamientos militares, sí que intentó llegar a un acuerdo con Serrano y con Caballero de Rodas —quien había fracasado hacia poco en un intento desde Portugal— para intentar un pronunciamiento en julio en Asturias, apoyado por el general Vega desde Galicia. El plan quedó abortado por falta de dinero y las reticencias de la reina. El asunto enfrió un tanto el alfonsinismo de Serrano, empujado también por su esposa, enemiga de Isabel II —¿celos retrospectivos?— y sus tradicionales acólitos.

En junio de 1873, Isabel II visita al Papa. Era una visita ansiada. Fue recibida muy afectuosamente por el Papa, lo cual fue un bálsamo para el alma de la reina, con renacidos anhelos de reconciliación con su marido. Pero su marido no era nada receptivo. Cuando se presentó en casa de su marido acompañada del nuncio, de la reina María Cristina y de Sor Patrocinio directamente salió huyendo por la puerta de servicio. A él solo le interesaba cobrar puntualmente su pensión.

En agosto de 1873, Cánovas del Castillo se hizo cargo oficialmente del partido alfonsino. El pretendiente carlista volvió a España y en pocos meses se estableció sólidamente en el País Vasco y en Navarra, con algunas victorias militares.

Por instigación de Cánovas, que comprendía que para mandar a los espadones había que ser militar, hacer del rey un *primus inter pares*. Alfonso XII pasó a estudiar en la Academia Militar de Sandhurst, en Inglaterra, de ambiente mucho más liberal que Austria, mientras los problemas económicos acosaban a la reina, Francisco de Asís no quería que se gastase un solo real de su pensión en los gastos políticos, de los que se mantenía totalmente alejado.

Como ya he tratado en otro capítulo sobre los azares políticos de España, no es necesario repetir que su caótica situación hacía más por la restauración que los esfuerzos de Cánovas. Si muchos no se declaraban abiertamente alfonsinos era por no asumir la vergüenza de cambiar por enésima vez de bando. Otros no lo hacían por ser incapaces de ver la situación aunque les estuviese atropellando. El dogma era más fuerte que la evidencia del desastre.

Cánovas no hacía más que navegar a favor de la corriente. Isabel II se esforzaba por consolidad la autoridad de Cánovas, en un partido que, como todos los españoles, no sabe de liderazgos que no sean contestados. En ese sentido escribe a Cheste:

«Que se pongan de acuerdo, si no para olvidar para siempre sus rivalidades y reveses, como yo quisiera, al menos para contribuir unidos a un objeto tan importante. Es la primera de las necesidades de nuestra amada España. Cánovas tiene mi representación y poderes, porque sobre merecer mi confianza. He creído que es preferible que esté al frente de cuanto se haga una persona sola, bien relacionada, de notoria inteligencia y actividad e independiente del Gobierno, por no ser militar ni empleado, a que sean dirigidas las operaciones por una Junta o Comité y que no haya unidad en ella ni sea fácil guardar secreto de nada»[84].

Esta carta es un magnífico ejemplo del talento político de la reina Isabel II. Tenía más claro que los políticos cuál era el problema de España y cuál era la solución. La falta de unidad de sus partidarios provocó su caída. La unidad sería la que daría la corona a su hijo. Decir que era una mujer de pocas luces en realidad demuestra las pocas luces de quien tal cosa afirma.

Finalmente Martínez Campos, quien ya lo había intentado cuando el golpe de Pavía, infructuosamente recogió la fruta madura y en Sagunto proclamó como rey a Alfonso XII. Cánovas pidió que el rey regresase a España pero que lo hiciera solo. Empezó para Isabel II una nueva etapa, con su hijo rey, pero no exenta de humillaciones y sinsabores. Ella, que pese a lo que pensaba el presuntuoso Cánovas fue la que hizo posible la restauración, pasa a ser para el nuevo Gobierno una figura incomoda. Ni habiendo dejado la corona deja de recibir ingratitudes, cosa que, pese a la

---

84 *Isabel II y su tiempo*, Carmen Llorca, pág. 216. Ediciones Itsmo, Madrid. (1984) Pág. 836.

larga experiencia que tiene en recibirlas, no deja de doler a su blando corazón.

Cánovas tiene la desfachatez de escribir a la reina para justificar su negativa a que viaje a España.

«Después de que yo haya hablado, nadie se atreverá a poner en duda que la restauración, tal y como se ha verificado, ha sido ante todo, obra mía.

Y ahora debo también declarar ingenuamente que, si yo me hubiera podido figurar que V. M. lo que desea a los dos o tres meses de la restauración, y que podía obtenerlo, jamás hubiera aceptado el peligroso, y en tal caso inútil honor de acometerla y llevarla a término».

A lo que la reina contesta:

«Además de la abdicación, fundamento de todo, obra mía fue la elección de tu persona para la dirección del partido alfonsino, obra mía el sostenerte contra asperezas y rivalidades que dentro de él se suscitaron, obra mía el papel que con mi firma al lado de la de mi hijo no tuviste más que presentar a los generales de Sagunto, en las mismas horas del triunfo, para que por vez primera se verificase en España el fenómeno feliz de que el elemento militar, en el acto de un alzamiento victorioso, entregase su poder al elemento meramente civil obra mía fue por lo tanto, junto con mi hijo querido, tu ya glorioso ministerio/regencia».

Eso es lo que se llama apagar faroles.

Cánovas no quería a doña Isabel en España, pero no por miedo a que el pueblo la rechazase. No la quería para que el nuevo rey solo escuchase sus consejos. Cánovas no quería competencia en el Palacio, quería que su voz fuese la única que el rey escuchase. Esa y no otra es la razón de su resistencia al regreso de la reina.

Cánovas era alguien muy pagado de sí mismo, característica muy común de los políticos decimonónicos. Todos ellos se creían tocados por la mano de Dios, pero pese a ser verdaderamente alguien muy inteligente y muy culto no tuvo la habilidad de conocer el carácter de la reina, que de ser bien tratada nunca se metería en política de la que sinceramente estaba muy cansada. La reina solo quería que la dejasen vivir su vida en paz, y en España. Nunca dejó de ser española y no podría ser otra cosa.

Escribió la reina a Cánovas: «En cuanto a mí, yo aquí estoy al cuidado de mis hijas, pero esperando ir pronto con ellas a respirar el aire de mi amada patria, ajena yo en cuanto a política se refiere»[85].

Son inútiles las sinceras promesas de mantenerse alejada de la política. Cánovas se muestra inflexible. Aún exigió Cánovas un nuevo sacrificio a la reina al reclamarle que Marfory se aleje. Marfory es el que decide el alejamiento. Con desgarro de su corazón, la reina accedió. Triste destino el suyo, condenada permanentemente a la soledad afectiva. Alejar a Marfory a estas alturas no aportaba nada, solo era la manifestación de una antipatía política y aún más personal de Cánovas, que veía en Marfory la influencia del partido moderado en la reina. Cánovas veía visiones. Esa influencia no existía. Nunca la reina dejó de seguir ninguna de las indicaciones de Cánovas, con una lealtad que no era correspondida por este.

Esta es la carta de despedida de Isabel II a Marfory:

«Marfory:

Quiero que estas palabras mías se graben en una medalla que lleves siempre como testimonio de mi eterna gratitud por la lealtad, abnegación y ejemplar desinterés con que me has acompañado en mi desgracia, dando consejos y cooperación para mis trabajos políticos a través de todo género de dificultades y amarguras, hasta que con el auxilio de Dios y de los leales españoles tenga el placer de ver en el trono a mi muy querido hijo Alfonso XII. Tú que has sido mi más fiel cortesano de mi dolor, cuando la soledad y los desengaños me agobiaban, y que al lucir para mis mejores días, decides contra mi voluntad separarte de mi lado. Recibe al menos como única recompensa, que quieras aceptar, la expresión indeleble del reconocimiento y del cariño que te conservará siempre en el corazón de tu buena amiga, la reina Isabel»[86].

---

85 *Isabel II y su tiempo*, Carmen Llorca, pág. 216. Ediciones Itsmo, Madrid. (1984). Pág. 258.
86 *Isabel II y su tiempo*, Carmen Llorca, pág. 216. Ediciones Itsmo, Madrid. (1984) Pág. 260.

Es difícil escribir algo más sentido y afectuoso, y es fácil imaginar a la reina escribiendo esas líneas entre lágrimas, un sacrificio más. ¿Será este el último? No, aún le quedan muchos desengaños que sufrir. El más inmediato es que su hija Isabel es llamada a la corte mientras que ella deberá quedarse en París o instalarse en Mallorca. Sacrificar a Marfory no le pareció bastante a Cánovas. Se podría pensar que intencionalmente desea humillar a la reina. Las cartas donde se le comunica esa decisión, escritas por el rey, las entrega en mano el nuevo embajador, el marqués de Molins. A la reina se le ofrecía quedar en París o instalarse en el castillo de Bellver en Mallorca, lo que en realidad se parecía demasiado a los destierros que sus Gobiernos decretaban a los generales sediciosos. Si no era una ofensa se le parecía demasiado. El que fuese su hijo quien entre palabras de afecto le comunicase tal decisión debió herir el corazón de Isabel hondamente, pero nuevamente se sacrifica por su hijo. Le contesta con ojos llorosos la reina a Molins: «Yo no haré nunca sino lo que quiera mi hijo, pero es triste cosa que siempre me toquen a mí los sacrificios». Declinó el ofrecimiento mintiendo al decir que «ni atada pensaba en volver a Madrid». Mentira infantil que le perdonamos, sabiendo lo dolida que estaba, cuando todo el mundo sabía que ese era su único y más ardiente deseo, pero no volver a Madrid para instalarse en el palacio de su niñez, al que estaban ligados todos sus recuerdos vitales. A esas alturas ella lo que deseaba era volver a Madrid para borrar el recuerdo de septiembre de 1868 y recibir el cariño del pueblo madrileño una vez más. Para ella el afecto del pueblo era como el afecto de los hijos para una madre.

El asunto del regreso de la reina era tema de discusión política. Al respecto es interesante y esclarecedora la carta que Martínez Campos escribió al rey sobre el asunto:

«Yo soy, señor, de los que creen que S. M. la Reina Madre debe detener por algún tiempo su venida, atendiendo a razones de alta política y, sobre todo, a que penetre el convencimiento en el ánimo de algunos, que si hoy son adictos a V. M. no pueden olvidar que han sido enemigos de aquella augusta señora, y teman aunque infundadamente que S. M.

no pueda olvidar o tal vez trate de influir en política... Pero, según he sabido, ha herido las fibras más delicadas de su dignidad y sentimientos un telegrama del Gobierno en el que le veda en términos absolutos la vuelta a España. A la reina perdóneme V. M. solo el rey puede y debe ordenarle, no el Gobierno... Ábrense las puertas de la patria hasta a malvados, no se puede cerrar oficialmente a la que era irresponsable. La conveniencia podrá aconsejar que continúe en París, pero no debe tocarse el asunto, ni por la prensa, ni por el Gobierno... Mañana, de otro modo, podrían vuestros enemigos acusaros de ingratitud contra vuestra augusta madre, que tan cariñosa ha sido, que se ha desprendido de su corona, desoyendo consejos de muchos, para ceñirla en las sienes de V. M.

Cuando estuve en Madrid manifesté a algunos ministros mis sentimientos y lo que hería a la equidad el que hubiera autorizado la vuelta del Duque de la Torre estando fuera la reina. Hoy, según se me ha dicho, S. M. está temiendo que vuelvan los duques de Montpensier antes que ella, Señor, yo no lo creo posible. La Reina quedaría rebajada a los ojos de Europa. Ruego por lo más sagrado a V. M. que no permita que este acto se lleve a cabo. Bueno es que perdone V. M., esto es lo propio de un rey digno y generoso, pero lo es de un rey de carácter no olvidar, y los tíos de V. M. son casi los principales autores de la revolución de 1868 y los males que han sobrevenido.»[87]

Lo que nos muestra que la reina no era la única que pensaba que estaba siendo injustamente tratada. Para no asustar a los culpables de los males de España, que ahora eran adictos a su hijo se maltrataba a su madre. Para evitar los infundados temores de «caballeros de la volta casaca» como decía Amadeo, se ofendía a quien no tenía pecado alguno que purgar, así eran las cosas políticas de la época.

Las explicaciones que Cánovas escribe a la reina no convencen a nadie: «V. M. no es una persona, es un reinado, es una época histórica, y lo que el país necesita hoy es otro

---

87 *Isabel II y su tiempo, Carmen Llorca, pág. 216. Ediciones Itsmo, Madrid. (1984). Pág. 264.*

reinado, y otra época diferentes a las anteriores». En realidad solo son palabras vacías que no convencen ni a quien las escribió. Según esa política no deberían haber vuelto a España ninguno de los que participaron en épocas anteriores, que se pretendían superar.

La cuestión del regreso de la reina es tratada incluso por la prensa francesa, que dice que el pretendiente carlista le ha ofrecido a la reina la costa que controla por si desea tomar baños de mar en España. Cánovas se sube por las paredes como es lógico, a pesar del desmentido de la reina a tales informaciones.

A Marfory lo sustituye como jefe de la casa de la reina el conde de Puñoenrostro, inquebrantable adicto a la reina. Cánovas totalmente paranoico, cree que Isabel intentará entrar en España de incógnito y le pone un espía que la sigue en sus habituales viajes a tomar los baños de mar.

Cánovas, no satisfecho, agravia aún más a la reina: manda detener a Marfory y lo envía a un castillo en Cádiz, cuando no había nada de que acusar a Marfory. Se le detiene solo para que la reina pida su liberación y así poder negársela. Se busca la humillación de la reina y nada más que eso. En las cartas que escribe al Gobierno y a su hijo pidiendo su liberación se muestra su lealtad y su fidelidad a los que la sirvieron y por parte del Gobierno solo se ve mezquindad y miseria moral. Quizás para que esto quede más claro todavía en esas fechas el Gobierno otorga el título de duque de Baños a Meneses, el eterno «secretario muy privado», cuyo único mérito era desagradar a Isabel.

Hipócritamente Cánovas escribe al embajador Molins:

«El destierro de Marfory obedece a motivos que el Gobierno no puede en ningún caso dar a la publicidad. Su presencia aquí producía una gran excitación y era pretexto a un recrudecimiento de pasiones ya extinguidos. Procúrese calmar a S. M. la reina, apelando a los más nobles sentimientos de su alma y hágase conocer la necesidad en que el

Gobierno está de velar por los altos intereses que por nada ni por nadie dejará jamás sin defensa»[88].

Evidentemente era mentira: ni la reina ni Marfory tenían la más mínima intención de causar problema alguno al Gobierno ni al rey, solo era una mala excusa de Cánovas, deseoso de demostrar que quien mandaba era él. Narváez nunca tuvo que recurrir a tan sucio truco para imponer su voluntad o demostrar su autoridad, quizás por tener más altas miras que Cánovas. Es que, además de la imprudencia, lo que más molestaba a la reina era la falsedad y la traición. El Gobierno sabía del regreso de Marfory y no puso ninguna objeción a su viaje para retirarse a su Loja natal, para después traidoramente detenerlo sin cargo alguno. Esa mentira indignaba a Isabel, de la que no se conoce durante su reinado una promesa no cumplida.

Era hasta contraproducente la acción del Gobierno que, deteniendo a quien no tenía poder político alguno, se lo otorgaba con sus imprudentes actos. La reina se desvivió por aliviar la suerte de Marfory demostrando una lealtad de la que carecían todos los que en España algo mandaban. Escribió al gobernador de Cádiz y abrió una cuenta en un banco de Cádiz para que no le faltase nada.

El Gobierno insulta sibilinamente a la reina con un telegrama del ministro de Estado — que el embajador transmite a la reina— en el que dice extrañarse del interés de la reina por Marfory, y que no entiende por qué se muestra ofendida. La reina demuestra serlo dándoles una lección de dignidad que evidentemente no supieron aprovechar:

«La contestación que envía no es contestación a nada, que ya se sabe que mi profundo disgusto por el destierro de Marfory es el mismo que tendría por cualquier persona que nos hubiera sido leal y consecuente en la desgracia y que yéndose definitivamente a su casa y sabiendo el Gobierno y mi hijo, el Rey, a quien yo se lo escrito con anticipación y cuyas cartas por el mismo se que están en su poder, le dejan ir para luego prenderle, que así, pues, que le dejen en com-

---

88 *Isabel II y su tiempo*, Carmen Llorca, pág. 216. Ediciones Itsmo, Madrid. (1984) Pág. 272.

pleta libertad para venirse al punto del extranjero que él crea mejor»[89].

De tener vergüenza al ministro debería caérsele la cara al leer esta carta, pero la vergüenza no era muy frecuente en los políticos isabelinos, y los de la restauración tampoco eran muy distintos a los anteriores.

A las peticiones siguen las súplicas, desatendidas también. Cánovas hace saber que es él quien manda en España.

Isabel II fue receptora de muchas ingratitudes como ya hemos relatado, pero quizás la peor de todas fue la de su amado hijo. Ella, que estaba dispuesta a todo por su hijo, no recibió de este el más mínimo detalle de gratitud. Alfonso XII fue incapaz de imponerse a Cánovas cuando la razón y la justicia estaban de su lado. No alzó su voz para defender a una madre que había hecho todos los sacrificios por darle una corona. Prefirió no incomodar a Cánovas aunque esto supusiese un insulto hacia su madre.

En realidad la distorsionada imagen que hoy tiene el común de los españoles sobre Isabel II es así gracias a Cánovas y a Alfonso XII. Cualquier otro rey restaurado en el trono procedería a limpiar el nombre de su madre, arrastrado por el barro por sus enemigos. Nada de eso se hizo, más bien lo contrario: no solo no se disiparon las mentiras sobre Isabel II, sino que se premió a los que la insultaron. Recordemos que en el primer Gobierno de Cánovas estaba el autor de la tristemente famosa proclama de la «España con honra». Evidentemente el dicho ministro no sabía lo que era la honra ni tenía noticias de que tal cosa existiese. Así se consolidó la imagen de Isabel II que el público tiene hoy. Es la imagen que hicieron sus enemigos en 1868 y que después nadie, ni siquiera su hijo, se molestó en corregir. Y así hasta nuestros días.

La mentira triunfó sobre la verdad por incomparecencia del oponente. Nadie salió a defender la verdad.

Por eso una somera búsqueda en internet nos muestra entre los primeros resultados las obscenas acuarelas de los

---

89   *Isabel II y su tiempo*, Carmen Llorca, pág. 216. Ediciones Itsmo, Madrid. (1984) Pág. 274.

ingratos hermanos Bécquer, o articulitos de cretinos que creen que insultando a una reina de hace 150 años se acerca más otra república más, como si España no hubiese tenido bastante con las dos previas.

Quizás para demostrar que su relación con Marfory está rota definitivamente, o quizás como muestra de rebeldía, o quizás porque su afligido corazón necesita un bálsamo que lo alegre, la reina, que aún es una mujer joven, inicia otra relación. A finales de 1875, Ramiro de la Puente y González, capitán de Artillería, sevillano y joven —30 años tenía él y 45 ella—, apareció en la vida de la reina cuando más lo necesitaba. La soledad afectiva, sumada a la ingratitud de todos, hubiesen sido demoledoras para la pobre reina. Se agarró a él como a un clavo ardiente. Alegre, con ganas de vivir, algo fanfarrón y sobre todo con bonita voz de tenor, parecía hecho a la medida para doña Isabel, que lo nombra al instante su secretario particular. El que estuviese casado tampoco era tan importante, a fin de cuentas doña Isabel no buscaba otro marido. Ella siempre se consideró casada con Francisco de Asís. Solo necesitaba olvidar a Marfory y las ingratitudes. Fue quizás la más superficial y menos profunda de las relaciones de la reina. De la Puente nunca podría alardear de haber recibido el amor de la reina.

El embajador Molins, escandalizado, escribe a Cánovas: «Diga al rey que aquí hace gran falta Puñoenrostro», quien se había ausentado por asuntos familiares. Entre las muchas cosas que agobiaban a la reina estaban también los problemas económicos. Ella solo sabía gastar y no administrar, algo que nunca hizo. Los acreedores la asediaban. Decide disponer de sus joyas, lo que alerta a Francisco de Asís, que ve peligrar su pensión, que esas joyas respaldaban. La restauración había fijado una asignación tanto para el rey como para la reina, pero Francisco de Asís no estaba dispuesto a renunciar a nada de lo que reina se había comprometido a pagar, y pide al embajador que haga guardar la joyas en sitio seguro, entendiendo por seguro lejos de su esposa. Doña Isabel II se ve obligada a decirle al embajador Molins que las joyas son suyas y que si quiere las tira por la ventana. La reina estaba bastante harta del chismoso embajador y con fundados motivos. Esa intromisión en sus asuntos privados no la podía pasar por alto.

Con Ramiro de la Puente entraron en el palacio de Castilla un grupo de amigos suyos que intrigan para hacerse con el poder de manejar los asuntos de la casa. La reina es consciente y los llama «la sociedad de los trece». Es también incapaz de deshacerse de ellos. No quiere ofender a De la Puente. Ella también está deseando el regreso de Puñoenrostro para poner orden en sus asuntos. Como este no puede acudir acepta la oferta de Cánovas de enviarle al marques de Cabra, Martín Belda. Al poco de llegar este, Puñoenrostro también regresa a París. Isabel II, fiel a su carácter, decide no desprenderse de ninguno de los dos para no desairar a ninguno.

Cabra era un hombre recto y de bastante mal carácter a quien la reina con su dulce y encantador carácter consiguió domesticar un tanto. Incluso el iracundo Cabra estaba imposibilitado para enemistarse con doña Isabel. Consigue eso sí saldar algunas deudas y expulsar de palacio a la «sociedad de los trece», pero con Ramiro de la Puente no puede. Él se queda porque la reina lo necesita a su lado.

Agotada en lo anímico y en lo físico en diciembre, cae la reina gravemente enferma de sarampión, lo que a su edad es lo bastante grave como para que se tema por su vida. Recibe la visita en el lecho de enfermedad del pretendiente carlista don Carlos y su esposa Margarita, con quien tiene estrecha relación de amistad —para desespero de Cánovas, incapaz de entender y separar la diferencia de las relaciones personales y familiares de las políticas—.

Molins, que le vio las orejas al lobo, escribe al Gobierno: «La resolución inmediata del asunto Marfory facilitaría mucho todas las soluciones». También se suma el marqués de Cabra a los que piden la libertad de Marfory, pues, a pesar de de la Puente, su cárcel es un peso en el alma de doña Isabel y quien la trata no puede dejar de notarlo. Cánovas cede al fin y libera a Marfory.

Las cosas parece que se empiezan a solucionar. Cánovas empieza a tratar las condiciones para el regreso de la reina. La reina pone sus condiciones: regresar a España acompañada de sus tres hijas cuando el rey vuelva al norte, conservar el derecho a entrar y salir de España cuando quiera, pasar por Madrid para después instalarse en Sevilla o Barcelona —algo aún no decidido—, conservar a su lado a sus tres hijas hasta que se casasen y nombrar su servidumbre sin intromisión del Gobierno. Cánovas aceptó las condiciones, no sabemos si con intención de incumplirlas. Pero lo cierto es que las incumplió, no así Isabel II, que siempre cumplía sus compromisos.

Cabra escribe a Cánovas que no tema que la reina pretenda inmiscuirse en política, que lo único que la reina desea es que la dejen vivir en paz con sus tres hijas pequeñas y que nadie se meta en su vida privada, condiciones razonables, inocentes, que serían bien fáciles de cumplir si el Gobierno tuviese intención de hacerlo. La reina pasa sus últimos meses en París en diversiones con de la Puente y recepciones oficiales con el marqués de Cabra, que no se separa de ella. A pesar de su arisco carácter no puede dejar de tener afecto a la bondadosa Isabel.

Para pasmo y casi ictus de Cánovas don Carlos escribe a doña Isabel: «Sé que vuelves a España, y yo te ruego que vuelvas por aquí. Mandaré poner la vía expedita y tendré mucho gusto en acompañarte hasta las avanzadillas de tu hijo y que te presenten armas estos setenta mil hombres»[90].

Estas cosas solo podrían pasar en el romántico siglo XIX, pero el viaje para tranquilidad del Gobierno será por mar, quizás un pequeño desquite de que la Marina que con su pronunciamiento la había expulsado de España unos años después la traiga de vuelta, embarcar en un navío español mientras la marinería de la fragata Numancia, cubriendo candeleros y subida a la gavias tras las salvas de artillería, gritaba «Viva la Reina». Debió ser uno de los mejores momentos de la vida de la reina. Era el desagravio que sin duda se merecía y así lo refleja su hija Eulalia, que la acompañaba en sus memorias: «Después de tantos avatares, de tantas intrigas y de sufrimientos tantos, se volvía a sentir Isabel II. Fue una de

---

90 *Isabel II y su tiempo,* Carmen Llorca, pág. 216. Ediciones Itsmo, Madrid. (1984). Pág. 288.

las pocas veces que recuerdo a mi madre con los ojos húmedos y el pecho palpitante»[91].

El 30 de julio de 1876 regresaba Isabel II a España. Tenía 45 años. Es recibida con los honores de ordenanza y las aclamaciones populares que restauraron su corazón lo mismo que volver a ver a su hijo y a su hija Isabel. Ella estaba algo más delgada, fruto de su reciente enfermedad, lo que también le quitaba algunos años a su aspecto. Durante unas semanas se queda en Ontaneda tomando sus habituales baños de mar. Cabra, a pesar de que con el regreso a España acaba sus funciones, no se separa de la reina. Ahora es su confidente. Ella le cuenta sus cuitas, con las imprudencias de la Puente, que Cabra quisiera solucionar por las bravas, cosa que como es lógico la reina no permite. Dice Cabra: «Cuando considero tanta grandeza y tanta abnegación, y tanta ternura a merced de un miserable como este, me siento inclinado a matarle». Incluso el agrio carácter de Cabra sucumbe al dulce encanto personal de doña Isabel, quien cumple escrupulosamente con sus compromisos con Cánovas. Todos sus fieles la visitan y a todos les prohíbe hablarle de política. No es solo el cumplimiento de la palabra dada, en realidad Isabel II esta hastiada de política y, aunque no mediase compromiso alguno, tampoco querría participar en lo que fue la causa de todos los males de su vida.

A mediados de septiembre llegó al Escorial, parada previa a una entrada en Madrid, que si bien es lógico ansiara no dejaba de generar suspicacias. Por más que en todos los modos y tonos dijese que no quería saber nada de política, no faltaba quien quisiese calentarle las orejas. Ella, con la lealtad que la caracterizaba, pidió a Cánovas que se acercara al Escorial para ponerlo al tanto y disipar cualquier duda sobre su actitud. Ni sus adeptos la dejaban disfrutar de su ansiado regreso, y la actitud del Gobierno no dejaba de ser reticente.

Finalmente regresa a Madrid el 13 de octubre de 1876. Solo fue una visita de unas horas: entró a media mañana

---

91 *Memorias de doña Eulalia de Borbón*. Doña Eulalia de Borbón, infanta de España. Ediciones Juventud (1967). Pág. 20

y a media tarde ya estaba de salida. Visitó a la Virgen de la Paloma y el palacio casa de su niñez y juventud. Paseó por el Retiro, ahora abierto al público, y por los barrios de Atocha y Salamanca, algo muy parecido a lo de los turistas japoneses de hoy en día. El Gobierno, si bien no puso impedimentos, se cuidó mucho de organizar la recepción que en verdad se merecía. El poco público que la reconoció, eso sí, la aclamó con cariño.

Se decide marchar cuanto antes a Sevilla, estar cerca de Madrid era demasiado doloroso para ella e inexplicablemente molesto para el Gobierno. En Sevilla se instala en el Alcázar. El recibimiento organizado por sus partidarios sí que es clamoroso. El pueblo sevillano la recibe con cariño. El Alcázar no estaba amueblado y decorado para tan regia habitante y a toda prisa se intenta acondicionarlo. A ella todo le parece bien y no pone pegas a nada. El que con el paso de los siglos, como pasó en muchas otras murallas, se hallan adosado casas a los muros del Alcázar y que incluso algunas de esas viviendas tengan ventanas abiertas a sus jardines es algo que acepta con su resignación infinita.

Pocos días después llegan los Montpensier a Sevilla, su residencia habitual —cuando no estaban justamente desterrados—. Doña Isabel hace todo lo posible por estrechar lazos con su hermana y su cuñado. Van a los toros y al teatro juntos y organizan bailes en sus respectivas residencias. Pero algo no estaba bien en la reina. En ella los males del alma se convertían en males físicos. Finalmente cae enferma. No acaba de encajar en Sevilla. Ella, más aún que española, es madrileña, y por mucho que se esfuerce no lo puede evitar.

Ella atribuye su enfermedad a la espada de su difunto yerno, el Conde Girgenty, que le habían regalado. Girgenty se había suicidado dejando viuda a su hija Isabel —quien no debió sentirlo mucho, por otro lado—. La reina estaba convencida de que tenía una maldición, y quizás tuviese razón. Envió la espada a la armería del Palacio Real y a los pocos días se desató un devastador incendio en la armería.

Para colmo de males su hijo decidió casarse con su prima Mercedes de Orleans. A la reina le gustaba mucho la chica, lo que no le gustaba eran sus padres. Pensaba, y con razón, que era un triunfo de Montpensier, a quien Cánovas inexplicablemente trataba con menos suspicacias que a ella. Por otro lado como madre se alegraba de que su hijo se casase por amor, algo que para ella fue imposible. Quizás eso también le duela íntimamente. Quizás, sin ser ella misma consciente de ello, este cruce de sentimientos la tiene en constante zozobra. Siente que pierde a su amado hijo, quien tiene muchas atenciones con sus futuros suegros.

Si el Gobierno y su hijo el rey fuesen más atentos con doña Isabel, ella todo lo perdonaría. ¿Hay algo a lo que no alcanzase su perdón? Pero no es así, nadie se lo dice pero ella nota que todos la preferirían en París.

Montpensier, más seguro del terreno que pisaba, ya empieza a poner objeciones a la presencia de la Puente junto a la reina. Deja de visitarla en el Alcázar y si la reina acude a algún acto con Ramiro de la Puente él se ausenta. Estos asuntos dan que hablar a los sevillanos, amantes como es normal de los chismes y las murmuraciones.

Un momento grato es la visita de la emperatriz Eugenia, que quizás inconscientemente hace que la reina asocie lo grato y agradable con lo que viene de París, ciudad en la que empieza a pensar más.

Para preparar su regreso a París, momentáneamente se aleja de la Puente, que regresa a París y a quien sustituye en la jefatura de su Casa por el marqués de Montsalud. Cánovas presiona para que la reina acepte el matrimonio del rey, y no se le ocurre otra cosa más que repetir lo de Marfory y detener a de la Puente. La frágil paz con el Gobierno se ha roto. Ella ha cumplido escrupulosamente con sus compromisos, cosa que Cánovas no puede decir.

En septiembre de 1877, regresa la reina al Escorial y está un mes allí. En ese periodo hubo todo tipo de reuniones, reconciliaciones y diferencias. Además de la boda del rey, se trata del destino de sus hijas, que el Gobierno desea se queden en Madrid, otro incumplimiento más, y otra dolorosa separación más para doña Isabel, que acepta con el argumento de que estando en la Corte es más fácil concertarles un matrimonio ventajoso, pero eso no consuela su corazón de madre. Sus hijas —Pilar tenía dieciséis años; Paz, quince; y Eulalia, trece— nunca se habían separado de su madre.

El regreso a París fue un alivio para la reina. Por fin podía respirar tranquila sin que los espías del Gobierno le mirasen por encima del hombro e informasen de sus más mínimos actos. Lo primero que hace es reponer a de la Puente en su cargo de jefe de su Casa. El embajador Molins se escandaliza y dice que «no piensa ir a palacio». La reina lo resuelve no invitándolo a su palacio. El Palacio de Castilla es ahora su único reino y no está dispuesta de abdicar de él. Entabla estrechas relaciones con la buena sociedad de París, que la recibe con los brazos abiertos. La esposa del presidente de la república Mac Mahón es íntima amiga de la reina. Para que quede claro le escribe a Cánovas:

«Lo vivido en Sevilla, sometida a una mal disimulada vigilancia de todos, cuyas pruebas guardo en mi poder y que, por consiguiente, no solo se ha faltado de una manera incalificable a todo lo convenido, sino que con promesas y algo más, solo se pretendió sacar de mí el consentimiento para la boda de mi hijo, que teniéndolo no se hizo bastante cargo del sacrificio que su madre hacia, pretendiendo imponérsele y hasta impidiéndole venir como tú sabes... Decidida a la vez a no residir en ninguna provincia de España, me privo desde luego, y con harto dolor mío, de regresar a mi país, aun en los solemnes días de la boda de mi querido Alfonso, sin que en mi corazón haya odio, animosidad ni antipatía, que no caben en mi corazón... Mi casa es el único reino que me queda y del cual no pienso abdicar ni ahora ni nunca»[92].

Es ley de vida que los hombres prefieran a sus esposas a sus propias madres, pero la verdad es que una madre como Isabel II bien merecía un mayor esfuerzo de Alfonso XII. Intenta el Gobierno por intermediarios convencer a la reina, pero está demasiado dolida. Para colmo de males un agregado a la embajada española se dedica a cruzar artículos periodísticos con de la Puente en los que indirectamente queda en mal lugar la reina. Han tensado demasiado la cuerda.

Finalmente la política ha separado a la madre y al hijo.

---

92 *Isabel II y su tiempo*, Carmen Llorca, pág. 216. Ediciones Itsmo, Madrid. (1984). Pág. 320.

Con razón doña Isabel II reniega de la política, que destruye todo lo que ama.

La reina se toma sus desquites y así el 25 de diciembre de 1877 en el palacio de Castilla se celebra una fastuosa recepción: lacayos con librea, se encienden todas las lámparas y con todo el boato, toda la pompa y etiqueta posibles. Se recibe a... don Carlos Luis de Borbón y de Austria Este, duque de Madrid, y a doña Margarita. Por el Palacio de Castilla habían pasado muchos reyes destronados o no destronados y algunos presidentes de república, pero a nadie se había recibido con tanto esmero.

Pero era algo más que un desquite o una revancha, era una demostración de libertad. Ella ha intentado por todos los medios la reconciliación de la familia, y como asunto de familia no considera que necesite permiso del Gobierno para hacer lo que considere necesario para tal fin. Cánovas es incapaz de comprenderlo, sería necesario tener un corazón como el de la reina para tener su generosidad con los vencidos. Cánovas se cree en la necesidad de redactar un comunicado en el que diga que Isabel II es una persona particular que nada tiene que ver con el Gobierno. Hubiera sido bueno que pensara eso antes de inmiscuirse en la vida de quien según él sólo era una «persona particular».

Isabel II se centra en su reino, es decir, su casa. Amplía los jardines, compra una finca de caza en Fontenay y disfruta de una tranquilidad que su alma necesitaba. En Madrid, aunque tarde, parece que por fin comprenden que la tienen que dejar en paz.

El París de la época es la capital de Europa y ella es perfectamente comprendida y aceptada en ese París. Acude a fiestas y a cacerías, y más fiestas, y opera, y teatro. Es el remedio que encuentra contra la soledad en la que la ausencia de sus hijas la ha dejado. En una de esas fiestas coincide con Amadeo de Aosta, con el que mantiene una animada y divertida charla. Sería interesantísimo conocer esa conversación, pero solo la podemos imaginar. Lo que es seguro es que estando Isabel II se habló de España. Por su residencia pasaban artistas, reyes como el *sha* de Persia y príncipes como el de Gales — que era visitante asiduo—, más cortés con doña Isabel que la hipócrita y estirada de su madre Victoria. En una ocasión, al llegar al palacio de Castilla, encontró en animada charla a la reina con Amadeo de Aosta y con doña Margarita, la esposa del pretendiente carlista. De ser Cánovas el que entrase se moría del berrinche o de un ictus. Isabel II en París distaba mucho de ser una paria como pretendieron tratarla en Sevilla.

En 1878 muere su nuera Mercedes, contra la que no tenía nada y de la que nunca dijo nada malo. Su madre María Cristina también fallece ese año. Es el año en el que tiene que vender sus joyas. Ramiro de la Puente le da alegría a su vida, pero también deja exhaustas sus cuentas. El tren de vida de la reina es muy elevado. En las frecuentes cartas a sus hijas les cuenta su vida en París, sus bailes y sus baños, pero necesitaba volver a España. Las diversiones de París no eran capaces de sofocar ese deseo.

Al año siguiente, la segunda boda de su hijo supone una reconciliación más con el Gobierno que con su hijo. Ella nunca podría estar enfadada con él. Está interesada en acudir a la boda. María Cristina de Habsburgo-Lorena pasa por París a visitar a su futura suegra. Formalmente el encuentro es grato, pero en realidad nunca congeniaron, por más que ambas trataran de disimularlo. La reina asiste a la boda y ansía estar en España, pero la mala experiencia sevillana la hace desconfiar. Hace hincapié en que solo estará «los días puramente necesarios». El que le nieguen que sus hijas menores pasen temporadas con ella en París desde luego que no ayuda. También le imponen un veto a la asistencia con de la Puente y una absurda fiscalización de los gastos. El viaje duró diez días, y no regresó contenta salvo por haber visto a sus hijas.

Volvió para el primer parto de María Cristina, pero no sin que el asunto Puente levantase nuevas controversias entre la reina, su hijo y el Gobierno. Estaba claro que no la dejaban disfrutar de sus viajes, siempre sometidos a limitaciones.

En agosto del 1879 muere en España a los 18 años su hija Pilar, lo que la sume en la tristeza. Hay quien afirma que era su hija predilecta.

En 1880 se hace un arreglo que pretende ser definitivo del asunto económico con su esposo. La reina vendió sus joyas y pagó una cantidad a su hijo. Asume así la pensión de su padre, que recibió una cantidad de un millón de francos, con la que compró el castillo de Épinay sur Seine unos kilómetros al norte de París y que hoy en día es la sede del Ayuntamiento de la ciudad y vio reducida su pensión a 75.000 francos. Isabel II se desvinculó del asunto y respiró aliviada.

Algo bueno trajo 1881: el molesto Molins dejó de ser embajador y fue sustituido por el general Serrano. Es famosísimo el recibimiento que le hizo Isabel II: «¡Pero qué viejo estás, Serrano». Serrano era 20 años mayor que ella. El caso es que los recibió con afecto y desde luego sin ningún reproche. La reina nunca tenía reproches para nadie. Tenía la suerte de tener muy mala memoria para los agravios.

Como parte de los arreglos económicos se envía al marqués de Villasegura para hacerse cargo de la casa de la reina. Ciertamente enderezó los asuntos económicos, pero no sin disgustar a la reina, que no estaba acostumbrada a economías. Aun así duró diez años en el cargo, lo que nos muestra una vez más la resignación de Isabel II. Villasegura suprime el cazadero de Fontenay, que era un pozo sin fondo de recursos.

Por el palacio de Castilla en estos años pasan dos niños que dan mucha alegría a doña Isabel. Son los hijos de Elena Sanz y su hijo Alfonso, los que ella llama «mis nietos ante Dios». Esto, que no es desconocido por su nuera María Cristina, no ayuda ciertamente a crear buenas relaciones entre nuera y suegra, que, si bien era en apariencia corteses, nunca fueron de verdadera confianza ni auténticamente familiares.

En 1882 la relación se agota con Ramiro de la Puente y se separan, no sin que antes la reina le consiga varias condecoraciones de diversos países y un título italiano que el Gobierno español autoriza a usar. Cánovas empieza a ablandarse ante la bondad de Isabel II y ya le cuesta mucho negarle nada. Como contestación a un regalo de año nuevo de la reina, Cánovas contesta a Isabel II:

«Después de una larga carrera que debo ya considerar no muy lejana de su fin, los frecuentes testimonios de estimación que V. M. me ofrece no pueden menos de satisfacerme altamente. Nacen ellos sin duda, y en primer término de la bondad de V. M. nunca agotada, ni aun para los que menos han procurado merecerla, bondad que será uno de los mayores timbres de su vida. Para mí, sin embargo, quiero creer que tengan otra significación, y es que cualesquiera que hayan podido ser mis errores, como hombre falible que soy, siempre he servido con leal y desinteresada intención a V. M. y a su augusta y legítima dinastía»[93].

Y dos años después dice también: «Crea V. M. de todas veras que nada puede ser tan agradable como ocuparse en complacerla, a su antiguo servidor y siempre fiel súbdito».[94] A Cánovas le costó más, pero también acabó rindiéndose ante la bondad de la reina. No parecen cartas escritas por él mismo que secamente le prohibía el regreso a España. Por supuesto cartas olvidadas hacía años por doña Isabel II.

Los años junto a de la Puente quizás sean los más divertidos y activos socialmente de la reina, pero ya no es una niña. Con 52 años empieza a sentirse mayor. Desaparecido Puente, los viajes a España se convierten en más frecuentes y prolongados. Hasta 1885 pasó más tiempo en España que en París. Así en

---

93 *Isabel II y su tiempo*, Carmen Llorca, pág. 216. Ediciones Itsmo, Madrid. (1984). Pág. 314.
94 *Isabel II y su tiempo*, Carmen Llorca, pág. 216. Ediciones Itsmo, Madrid. (1984). Pág. 316

1882 pasó el verano en el norte y La Granja y en invierno estaba en el Alcázar de Sevilla hasta entrada la primavera. La reina desde niña era inmune al frío y cuando reina en sus viajes se burlaba de quienes se abrigaban demasiado, pero parecía no gustarle el calor. Por eso siempre se desplazaba eludiéndolo y escogía para sus veraneos mares fríos como los del norte, además de por el calor del verano madrileño, en invierno elude la residencia en Madrid para no disgustar al ingrato de su hijo.

En 1883 repitió el veraneo en el norte y el invierno en Sevilla, pasando por Madrid breves días. En este año también se casa su hija Paz con Luis Fernando de Baviera y Borbón. Paz se fue a vivir a Baviera, donde su madre la visitará con cierta frecuencia.

En 1884 veraneó en Zarauz, de donde se desplazó a La Granja, donde la esperaban sus hijas Isabel y Eulalia, que eran las que estaban viudas y solteras respectivamente, y donde se dieron algunas cacerías. Cuando joven Isabel II era intrépida amazona y cazadora y aceptable tiradora, pero ahora con la edad más bien asistía a la comida y tertulia de la caza más que a disparar sobre las piezas.

El 25 de noviembre de 1885 muere su hijo Alfonso XII. Isabel II está en Madrid a su muerte. Cánovas cede el poder a Sagasta. Intenta doña Isabel instalarse más tiempo en Madrid, pero Sagasta cortésmente se lo «desaconseja». Madrid le sigue vedado mas que para cortas estancias.

En 1886 se casó su hija Eulalia con Antonio de Orleans y Borbón, hijo de Montpensier y Luisa Fernanda. Fue un matrimonio impuesto por la voluntad de su difunto hermano y que acabó tan mal como el de su madre. Se separó de él en 1900 y se fue a vivir con su madre hasta la muerte de esta. Curiosamente Eulalia apreciaba mucho a Montpensier, a quien consideraba casi como un padre, ante la inexistente relación con Francisco de Asís.

Los viajes a España se hicieron más esporádicos a partir de 1889. En la década de los noventa quedaron atrás los años de fiestas y diversiones. Hacía una vida mucho más tranquila en París. Recibía muchas visitas de españoles que pasaban por París y querían presentarle sus respetos.

Isabel II con Francisco de Asís en Épinay

Los años noventa son los años de la soledad para la reina. En esta década mueren casi todos los que habían sido copartícipes de su vida. Además de su hijo, muere también Serrano, casualmente en el mismo día. En 1897 había muerto asesinado Cánovas. Muere también Sor Patrocinio en 1891 y muere Marfory en 1892. En 1878 había muerto su madre María Cristina y su marido Fernando Muñoz en 1873, quien por cierto murió debiéndole cinco millones que nunca pagó a doña Isabel, lo que no era óbice para que hablase mal de ella. En ese mismo año de 1873 murió Olózaga. Su hermana María Luisa murió en 1897 y su marido Montpensier en 1890. Espartero había muerto en 1879. Casi solo quedan ella y el rey, que en los últimos años frecuenta más el Palacio de Castilla para hacerse mutuamente compañía. Tendrían tantos recuerdos que intercambiarse... Pasaba la reina mucho tiempo escribiendo y leyendo cartas. En sus ratos libre se dedicaba a la lectura. Lo que nunca cambió en su vida era la costumbre de acostarse muy tarde, raramente antes de las dos de la madrugada.

Son años en los que la reina se dedica a ejercer de abuela visitando a sus nietos en Baviera o mucho más raramente en España. La compañía de la reina se limita a un grupo de fieles: su cuñada la infanta Pepita (su íntima amiga de juventud), su hija Eulalia, la condesa de Valencia (viuda de Narváez), Sofía de Nápoles, la duquesa de Almodóvar y un reducido grupo de nobles de fidelidad más que probada.

En los años finales del siglo llega a París como embajador Fernando León y Castillo, a quien la reina con humor llamaba Fernando Armas de España. Sería un asiduo visitante y las impresiones que había dejado sobre la reina ya están en otro capítulo de esta obra. Él nos cuenta que la principal actividad de la reina eran las tertulias con viejas amigas como la emperatriz Eugenia y españoles que de paso por París no dejaban de presentar sus respetos a la reina. La reina recibía a todos los españoles sin importar su signo político y a todos recibía bien. Pasaron por allí gente como Salmerón o Galdós, que en su *Memoranda* dejó escrito sus impresiones de la entrevista que merecen ser reproducidas.

«La primera vez que tuve el honor de visitar, en el palacio de la Avenida Kleber, á la Reina doña Isabel, me impuso la presencia de esta señora un adelado respeto, pues no es lo mismo tratar con majestades en las páginas de un libro ó en los cuadros de un museo, que verlas y oírlas, y tener que decirles algo, dando uno la cara, en visitas de carne y hueso, sujetas á inflexibles reglas ceremoniosas. Por mi gusto, me habría limitado á las fórmulas de cortesía y homenaje, tomando ó renglón seguido la puerta, sin intentar siquiera exponer el objeto de mi visita, el cual no era otro que solicitar de la Majestad que se dignase contar cosas y menudencias de su reinado, haciendo la historia que suena después de haber hecho la que palpita... Pero el embajador de España, mi amigo de la infancia, que era mi introductor y fiador mío en tal empresa, hombre muy hecho al trato de personas altas, me sacó de aquella turbación, y fácilmente expresó á la Reina el gusto que tendríamos de oír de sus labios memorias dulces y tristes de su tiempo azaroso. Con exquisita bondad acogió Isabel II la pretensión, y tratándome como á persona suya, que por suyos tuvo siempre á todos los españoles, me dijo: "Te contaré muchas cosas, muchas: unas para que las escribas... otras para que las sepas".

A los diez minutos de conversación, ya se había roto, no diré el hielo, porque no lo había, sino el macizo de mi perplejidad ante la alteza jerárquica de aquella señora, que más grande me parecía por desgraciada que por reina. Me aventuraba yo á formular preguntas acerca de su infancia, y ella con vena jovial refería los incidentes cómicos, los patéticos, con sencillez grave; á lo mejor su voz se entorpecía, su palabra buscaba un giro delicado que dejaba entrever agravios prescritos, ya borrados por el perdón. Hablaba doña Isabel un lenguaje claro y castizo, usando con frecuencia los modismos más fluidos y corrientes del castellano viejo, sin asomos de acento extranjero, y sin que ninguna idea exótica asomase por entre el tejido espeso de españolas ideas. Era su lenguaje propiamente burgués y rancio, sin arcaísmo; el idioma que hablaron las señoras bien educadas en la primera mitad del siglo anterior; bien educadas digo, no aristócratas. Se formó, sin duda, el habla de la Reina en el círculo de señoras, mestizas de nobleza y servidumbre, que debieron componer su habitual tertulia y trato en la infancia y en los comienzos del reinado. Eran sus ademanes nobles, sin la estirada distinción de la aristocracia modernizada, poco española, de rigidez inglesa, importadora de nuevas maneras y de nuevos estilos elegantes de no hacer nada y de menospreciar todas las cosas de esta tierra. La amabilidad de Isabel II tenía mucho de doméstica. La Nación era para ella una familia, propiamente la familia grande, que por su propia ilimitación permite que se le den y se le tomen todas las confianzas. En el trato con los españoles no acentuaba sino muy discretamente la diferencia de categorías, como si obligada se creyese á extender la majestad suya, y dar con ella cierto agasajo á todos los de la casa nacional.

Contó pasajes saladísimos de su infancia, marcando el contraste entre sus travesuras y la bondadosa austeridad de Quintana y Argüelles. Graciosos diálogos con Narváez refirió, sobre cuál de los dos tenía peor ortografía. Indudablemente, el General quedaba vencido en estas disputas, y así lo demostraba la Reina con textos que conservaba en su memoria y que repetía marcando las incorrecciones. En el curso de la conversación, para ella tan grata como para los que la escuchábamos, hacía con cuatro rasgos y una sencilla anécdota los retratos de Narváez, O´Donnell ó Espartero, figuras para ella tan familiares, que á veces le bastaba un calificativo para pintarlas magistralmente... Le oí referir su impresión, el 2 de Febrero del 52, al ver aproximarse á ella la terrible figura del clérigo Merino, impresión más de sorpresa que de espanto, y su inconsciencia de la trágica escena por el desvanecimiento que sufrió, efecto, más que de la herida, del griterío que estalló en torno suyo y del terror de los cortesanos. Algo dijo de la famosa escena con Olózaga en la cámara real en 1844; más no con la puntualización de hechos y claridad descriptiva que habrían sido tan gratas á quien enfilaba el oído para no perder nada de tan amenas historias... Empleó más tiempo del preciso en describir los dulces que dio á don Salustiano para su hija, y la linda bolsa de seda que los contenía. Resultaba la historia un tanto caprichosa, clara en los pormenores y precedentes, obscura en el caso esencial y concreto, dejando entrever una versión distinta de las dos que corrieron, favorable la una, adversa la otra á la pobrecita Reina, que en la edad de las muñecas se veía en trances tan duros del juego político y constitucional, regidora de todo un pueblo, entre partidos fieros, implacables, y pasiones desbordadas.

Cuatro palabritas acerca del Ministerio Relámpago habrían sido el más rico manjar de aquel festín de Historia viva; pero no se presentó la narradora, en este singular caso, tan bien dispuesta á la confianza como en otros. Más generosa que sincera, amparó con ardientes elogios la memoria de la monja Patrocinio. "Era una mujer muy buena —nos dijo; —era una santa, y no se metía en política ni en cosas del Gobierno. Intervino, sí, en asuntos de mi familia, para que mi marido y yo hiciéramos las paces; pero nada más. La gente desocupada inventó mil catálogos, que han corrido por toda España y por todo el mundo... Cierto que aquel cambio de Ministerio fue una equivocación; pero al siguiente día quedó todo arreglado... Yo tenía entonces diez y nueve años... Este me aconsejaba una cosa, aquél otra, y luego venía un tercero que me decía: ni aquello ni esto debes hacer, sino lo de más allá... Pónganse ustedes en mi caso. Diez y nueve años y metida en un laberinto, por el cual tenía que andar palpando las paredes, pues no había luz que me guiara. Si alguno me encendía una luz, venía otro y me la apagaba... Gustosa de tratar este tema, no se recató para decirnos cuán difíciles fueron para ella los comienzos de su reinado, expuesta á mil tropiezos por no tener á nadie que desinteresadamente le diera consejo y guía. «Los que podían hacerlo no sabían una palabra de arte de Gobierno constitucional: eran cortesanos que sólo entendían de etiqueta, y como se tratara de política, no había quien les sacara del absolutismo. Los que eran ilustrados y sabían de constituciones y de todas estas cosas, no me aleccionaban sino en los casos que pudieran serles favorables, dejándome á obscuras si se trataba de algo que en mi buen conocimiento pudiera favorecer al contrario. ¿Qué había de hacer yo, jovencilla, reina á los catorce años, sin ningún freno en mi voluntad, con todo el dinero á mano para mis antojos y para darme el gusto de favorecer á los necesitados, no viendo al lado mío más que personas que se doblaban como cañas, ni oyendo más que voces de adulación que me aturdían? ¿Qué había de hacer yo?... Pónganse en mi caso..."

Puestos en su caso con el pensamiento, fácilmente llegábamos á la conclusión de que sólo siendo doña Isabel criatura sobrenatural, habría triunfado de tales obstáculos. Si yo hubiera tenido confianza y autoridad, habríame quizás atrevido á decirle: «¿Verdad, señora, que en la mente de Vuestra Majestad no entró jamás la idea del Estado? Entró, sí, la realeza, idea fácilmente adquirida en la propia cuna; pero el Estado, el invisible ser político de la Nación, expresado con formas de lenguaje antes que por pomposas galas que hablan exclusivamente á los ojos, rondaba el entendimiento de Vuestra Majestad, sin decidirse á entrar en él».

Ya me gustaría preguntarle a Galdós en cuál de los políticos que la destronaron estaba alojada la idea del Estado. ¿La tenían por ventura los doctos presidentes de la primera república? Aunque tendremos que perdonar a Galdós, a fin de cuentas se nota que quedó gratamente impresionado y él, que era republicano en las novelas que publicó, tras esa entrevista el personaje de la reina sale mucho mejor parado que en las previas.

En 1902 murió el rey Francisco de Asís. Sobre esa figura y su muerte nos deja su hija Eulalia una crítica demoledora a su paternidad:

«Errabundo, perdido unas veces en los caminos italianos, en Bélgica otras, siempre distante, mi padre casi no había existido para mí. Ya viejo, cuando comenzó a sentirse solo y había mucho frío en torno a él, solía acudir a París, visitando a mi madre y a nosotras. Pero nos parecía dolorosamente extraño. Ajeno, aquel hombre menudo y fino que tenía unas manos bellísimas y un hablar dulce que no encontraba eco en nuestro corazón. Ni un recuerdo, ni un simple detalle que tiñera de emoción, nada lo unía a mí. Era una orfandad dolorosa la mía. Habíamos sido ajenos el uno al otro, y se hundió en las sombras dejándome apenas el recuerdo de sus manos, que nunca fueron paternales, y de su voz, que, tan suave como era, jamás tuvo palabras de cariño para mí»[95].

Sobre los últimos años de Francisco de Asís también nos dejó su opinión Fernando de León y Castillo, testigo privilegiado de aquellos años desde la embajada española:

«Iba a París con poca frecuencia y venía a España lo menos posible. Sobre las razones que aconsejaban esto último me dijo: «Los reyes destronados, como los actores silbados, deben renunciar para siempre a la escena».

Una leyenda de supersticioso y sobre todo de fanatismo se había hecho en España en torno al rey Francisco. En la iniciación de los tiempos revolucionarios, cuando se hablaba de las camarillas palaciegas y de manejos reaccionarios en que se suponía complicados al Padre Claret, confesor de la reina, y a la milagrosa monja de las llagas Sor Patrocinio, señalose como principal amparador de aquellas intrigas que empujaron la voluntad de Isabel II, en el camino de la perdición, el fanatismo irreductible del Rey consorte.

Cuando yo lo conocí después de 1887, no encontré huellas de sus ideas de antaño, si es que las tuvo. Cuantos entonces le trataban pueden atestiguar de su espíritu despreocupado y un tanto escéptico. Frecuentemente, en sus conversaciones

---

95 *Memorias de doña Eulalia de Borbón*. Doña Eulalia de Borbón, infanta de España. Ediciones Juventud (1967). Pág. 94.

con la reina, gustaba de poner a prueba los escrúpulos religiosos de esta con bromas en que mezclaba sagacidad de ingenio y una desenfadada ironía, que no encajaban en un espíritu estrecho y dominado por preocupaciones y prejuicios»[96].

Fue también León y Castillo testigo de los últimos días de la reina, y así nos lo cuenta:

«Conyaleciente aún de un ataque gripal, tuve el honor de ser recibido por Su Majestad. Recibiome la reina muy abrigada, cubriendo su cuerpo un recio mantón. Al poco rato vinieron a anunciar la llegada de la emperatriz Eugenia. Rápidamente la reina Isabel despojose del abrigo, que estimaba solo utilizable en presencia de sus familiares y de las personas de confianza, abandonó el bastón con que ayudaba siempre la torpeza senil de sus movimientos al andar, y adelantose hasta la escalera para recibir con toda la etiqueta palatina a la augusta visitante.

Como siempre que llegaba a París, en aquella ocasión la emperatriz Eugenia hacía su visita al Palacio de Castilla. Convaleciente aún de una gripe maligna, la reina Isabel salió al encuentro. Los saludos cambiaronse, prolongados y afectuosos, entre ambas en el rellano superior de la escalera, donde hacíase sentir el cambio de temperatura. Con discreto modo hice notar a la reina que no era prudente en su estado continuar allí, y entró con la emperatriz en un salón, sin que en aquel momento al hecho se le concediese importancia. Desgraciadamente, la tuvo. Sobrevino la recaída, luego la gravedad, poco después, la muerte»[97].

Tuvo la infanta Eulalia aún tiempo de avisar a sus hermanas Isabel y Paz, quien vino con su marido Luis Fernando de Baviera, que era un eminente médico. Pero nada pudo hacer. Tuvo la suerte la reina, antes de morir, de ver juntas a sus tres hijas que aún estaban vivas.

Sobre el reinado de Isabel II escribió Galdós una emotiva reseña:

---

96 *Mis tiempos*, F. León y Castillo. Librería De Los Sucesores De Hernando (1921) Tomo II, pág. 52.

97 *Mis tiempos*, F. León y Castillo. Librería De Los Sucesores De Hernando (1921). Tomo II, pág. 50.

«El reinado de Isabel se irá borrando de la memoria y los males que trajo y así los bienes que produjo pasarán sin dejar rastro. La pobre reina, tan fervorosamente amada en su niñez. Esperanza y alegría del pueblo, emblema de libertad, después hollada, escarnecida, y arrojada del reino, baja al sepulcro sin que su muerte avive los entusiasmos ni los odios de otros días. Se juzgará su reinado con crítica severa. En él se verá el origen y embrión de no pocos vicios de nuestra política, pero nadie niega ni desconoce la inmensa ternura de aquella alma ingenua, indolente, fácil a la piedad, al perdón, a la caridad, como incapaz de una resolución tenaz y vigorosa. Doña Isabel vivió en perpetua infancia y el mayor de sus infortunios fue haber nacido reina y llevar en su mano la dirección moral de un pueblo, pesada obligación para tan tierna mano. Fue generosa, olvidó las injurias, hizo todo el bien que pudo en la concesión de mercedes y de beneficios materiales, se rebeló por un altruismo desenfrenado, y llevaba en el fondo de su espíritu un germen de compasión impulsiva, en cierto modo relacionado con la idea socialista, porque de él procedía su afán de distribuir todos los bienes de que podía disponer y de acudir a donde quiera que una necesidad grande o pequeña la llamaba. Era una revolucionaria inconsciente, que hubiera repartido los tesoros del mundo si es su mano los tuviera, buscando una equidad soñada y una justicia que aún se esconde en las vaguedades del tiempo futuro… Descanse y sueñe en paz.»

Galdós acertó en algunas cosas. Ciertamente su muerte pasó desapercibida. Pero no puedo dejar de hacer notar algunas cosas con las que no se puede estar de acuerdo. Doña Isabel no era socialista. Los socialistas de la época —y de la actual también— son partidarios de repartir, sí, pero los bienes de otros. Doña Isabel no era generosa con dinero ajeno, lo era con el propio, y eso no es propio de socialistas. Doña Isabel solo dejó como único capital la casa en la que vivía, que tuvo que ser vendida para poder pagar los donativos que dejó en su testamento ante la falta de otro capital.

En lo que sí tiene toda la razón es en que el reinado en España era una pesada carga para tan dulce mano. Y para que no todo sean ditirambos hacia la reina, haré una crítica:

España le hubiese agradecido que su mano no fuese tan dulce y rápida en el perdón. Si en su momento hubiese mandado cumplir la sentencia contra Prim, o hubiese mandado fusilar a Montpensier, Serrano, Dulce y demás generales, traidores del 68, España se hubiese ahorrado muchos sufrimientos y decenas de miles de muertos. Pero eso es como imaginar un Cristo con dos pistolas.

Para finalizar este libro, nada mejor que un párrafo del testamento de doña Isabel II:

Despidieron las autoridades de París a la que se consideraba su más insigne vecina extranjera con todo el decoro y los honores que merecía. Su féretro fue conducido desde el Palacio de Castilla por los vecinos Campos Elíseos, con escolta de lanceros a caballo ante una multitud respetuosa, hasta la estación de D'Orsay. Camino del Escorial, donde le esperaban su esposo, su hijo y todos sus antepasados

«Encargo a mi muy querido nieto el rey don Alfonso XIII que tenga por la nación española el gran cariño que siempre le profesó su abuela, y que haga toda clase de esfuerzos para desarrollar la fe y alcanzar la gloria y la grandeza del país, que rinda siempre culto a la justicia y que haga saber a España, después de mi fallecimiento, que muero amándola, y que si Dios me admite en su divina presencia, intercederé por su prosperidad».

BIBLIOGRAFÍA

— *Alfonso XII*, S.A.R. Pilar de Baviera Editorial Juventud 1959.

— *Así cayó Isabel II*, R. Olivar Bertrand, Editorial Sarpe 1986.

— *Bandolerismo y delincuencia subversiva en la baja Andalucía*, Constancio Bernardo de Quiros Editorial Renacimiento 1992.

— *Crónicas del tiempo de Isabel II*, Carlos Cambronero y Martínez Editorial La España Moderna 1896.

— *Crónica del viaje de sus majestades y altezas reales a las islas Baleares Cataluña y Aragón en 1860*, Antonio Flores Editor M. Rivadeneyra 1861

— *Domingo Dulce, General Isabelino*, Joaquín Buxo. Editorial Planeta 1962.

— *El trono vacío*, Francisco Climent Editorial Ensayo 2001.

— *Historia de la interinidad y guerra civil de España desde 1868* (tres tomos), Idelfonso Antonio Bermejo. Editado por Establecimiento Tipográfico de R. Labajos 1875.

— *Isabel II* (dos tomos), Germán Rueda Editorial RH, Ediciones 2013.

— *Isabel II Íntima*, Carlos Cambronero Editorial Montaner y Simón 1908.

— *Isabel II y su tiempo*, Carmen Llorca Editorial Istmo 1984.

— *Isabel II reina de España*, Pedro de Rapide Editorial Espasa Calpe 1932.

— *Isabel II Reina de España*, Pierre de Luz. Editorial Juventud 1962.

— *Isabel II Una biografía*, Isabel Burdiel Editorial Taurus

— *La España del siglo XIX*, Manuel Tuñón de Lara Editorial Laia 1978.

— *La España isabelina*, Mónica Soto, Editorial Altalena 1979.

— *La Estafeta de Palacio. (Historia del último reinado de Isabel II) Cartas transcendentales al rey Amadeo*, Ildefonso Antonio Bermejo Editor Carlos Railly-Bailliere 1872.

— *La practica parlamentaria en el reinado de Isabel II*, Juan Ignacio Macuello Benedito Editado Monografías Congreso de Diputados 1980.

— *La reina del triste destino,* Francisco Cánovas Ediciones Corona Borealis 2005.

— *La vida y la época de Isabel II,* Eduardo G. Rico, Editorial Planeta 1997.

— *Memorias,* Condesa de Espoz y Mina Editorial Tebas 1977.

— *Memorias de Isabel II,* Fernando González Doria. Editorial Bitácora 1991.

— *Mis tiempos* (Dos tomos), Fernando León y Castillo, Ediciones del Excelentísimo Cabildo Insular de Gran Canaria 1978.

— *Memorias del reinado de Isabel II,* Marques de Miraflores Editorial Atlas 1964.

— *Prim,* Rafael Olivar Bertrand Editorial Tebas 1975

— *Un drama político. Isabel II y Olózaga,* Conde de Romanones Editorial Espasa Calpe 1942.

— *Viaje de Isabel II a Cartagena Murcia y Orihuela,* Fernando Cos-Gayon Editorial Athenas ediciones 1969.

— *Viaje de SS. MM por Castilla, León Asturias y Galicia verificado en el verano de 1859,* Juan de Dios Rada y Delgado Editorial Aguado 1860.